À toute Berzingue !

LORÀNT DEUTSCH

PARCOURIR LES VILLES DE FRANCE
ET CONNAÎTRE LEUR HISTOIRE
À TOUTE VITESSE !

W0241046

Michel Lafon
À toute Berzingue prod
LORÀNT DEUTSCH

A toute Berzingue ! Troisième année...

Heureux qui, comme Ulysse, a fait un beau voyage… Tu l'as dit, Joachim !

Il est beau mon voyage, elle est belle mon odyssée. J'ai quitté mon Ithaque voilà maintenant sept années pour aller me perdre avec délice dans les replis et les frondaisons de notre si beau jardin : la France. Je me suis donné quinze ans pour en faire le tour, au pas de course, quinze ans pour l'embrasser du regard et en caresser les formes. Avec l'espoir chevillé au corps, et aux semelles, d'en déchiffrer les secrets, pour ainsi mieux sentir palpiter son cœur, au plus près.

Aujourd'hui voici pour vous un troisième carnet de bord, un nouveau point sur la route. L'occasion de vous présenter quinze nouvelles escales dans ma grande traversée, dans ce grand œuvre qui me gonfle d'orgueil. Oserais-je me comparer à ces marins magnifiques, ces super-héros des temps modernes que j'ai eu le bonheur de croiser lors d'une étape aux Sables-d'Olonne : le roi Jean Le Cam, Guirec Soudée ou Benjamin Dutreux ? Bien sûr, la comparaison s'arrête avant même de doubler la fameuse Nouch Sud, cette bouée mythique postée à la sortie du chenal des Sables, mais moi aussi, j'ai mes océans qui m'attendent, mes terres inconnues. Ce sont les plaines de Beauce, les contreforts des Alpes, les hauts plateaux des Causses ou encore le bocage. Moi aussi j'ai mes phares et mes caps.

C'est parti !

Pour cette troisième édition, j'ai pointé sur la carte Bordeaux, Béziers, Strasbourg ou encore Arras. Quinze nouvelles cités, quinze nouveaux rivages que je connaissais si mal et qui m'auront, par leur histoire, gorgé de trésors et de merveilles. En collant mon oreille contre leurs vieux murs, j'ai entendu ces illustres cités chuchoter les rêves, les craintes et les espoirs de nos aïeux, ces millions d'hommes et de femmes qui les ont façonnées au fil des siècles. Tous ces secrets, tous ces récits, tout ce passé qui fait notre présent, je vous les confie aussi ; ils sont la clé du mystère, l'explication du miracle qui a donné vie à notre cher pays.

À Bordeaux, voilà Michel de Montaigne, l'un des plus grands humanistes de la Renaissance, qui s'impatiente dans sa salle de travail. À Béziers, contemplez ces vieilles pierres lui affirmant qu'elle est, avant Marseille, « à jamais la première ». Et que dire de Saint-Tropez déjà très fan des sixties durant l'Antiquité ?

Alors plongez avec moi dans cette folle odyssée, que vous êtes d'ailleurs de plus en plus nombreux à suivre sur ma chaîne YouTube À toute berzingue ! *: déjà plus de 200 000 membres d'équipage ! Soyez-en remerciés, car c'est vous, compagnons, qui êtes le vent dans mes voiles, mais sans plus attendre, chaussez vos baskets et sonnez-le boute-selle. Bonne terre et bon vent, la France nous attend !*

15 étapes A toute Berzingue !

Sommaire

Du nord au sud :

ARRAS

À toute Berzingue !

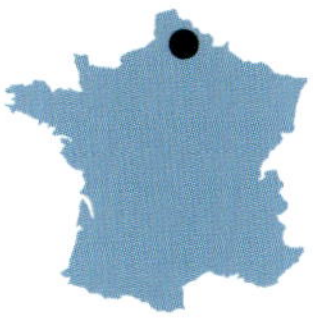

Arras, préfecture du département du Pas-de-Calais en région Hauts-de-France, est située au cœur de l'Artois. *Dès l'Antiquité, sous le nom de* Nemetacum, *la ville fut la capitale du peuple celte des Atrébates, avant de devenir un important centre romain. Berceau du grand révolutionnaire Robespierre, Arras est également célèbre pour ses deux grandes places bordées de maisons à pignons flamands. Aujourd'hui, elle est une ville riche de son patrimoine, et très facilement accessible par l'autoroute du Nord (A1), la reliant aux grandes métropoles régionales et européennes.*

« Arras c'est **Nemetacum,** *une ville romaine construite par* ***l'empereur Auguste.*** *»*

ARRAS

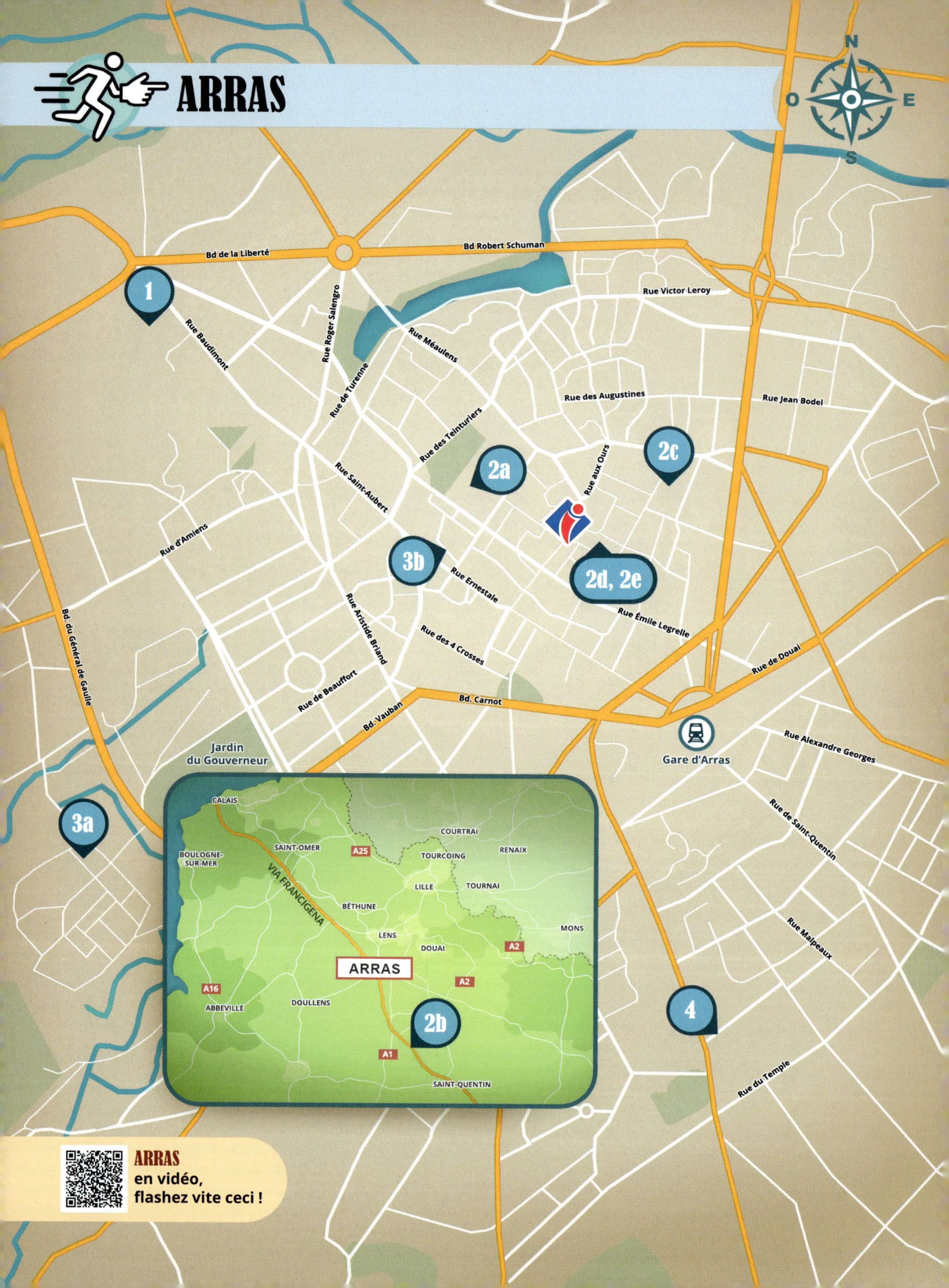

ARRAS
en vidéo,
flashez vite ceci !

1 ANTIQUITÉ
COM ET SES COMPAGNONS

1 • SITE ARCHÉOLOGIQUE DE NEMETACUM,
77, rue Baudimont

Dans les derniers siècles avant notre ère, les premiers occupants de la région dont nous connaissons le nom s'appellent les Atrebates.

Cette tribu d'origine celte, dirigée par le roi Commios, ou Com, se soulève contre l'envahisseur romain aux côtés de Vercingétorix. Battus, Com et son peuple seront obligés de prendre la fuite et fonderont un nouveau royaume de l'autre côté de la Manche. Nous sommes autour de 20 avant notre ère, mais l'histoire ne s'arrête pas là...

Pièces de monnaie des Atrebates, un peuple celte, qui donnera son nom à Arras et à l'Artois. César, dans sa **Guerre des Gaules**, *les associe aux Belges.*

Une fois le terrain libre, Auguste, premier empereur romain et successeur du divin Jules, aurait peut-être lui-même décidé de la fondation d'une nouvelle cité, capitale des Atrebates devenus des Gallo-Romains. Son nom d'alors, *Nemetacum*, viendrait d'un mot celtique signifiant « bois sacré » ou « sanctuaire ».

Comme toutes les villes fondées par les Romains, *Nemetacum* reprend un plan précis, dit orthonormé. Derrière ce mot compliqué, une idée simple : la cité est découpée en rues à angles droits, organisées autour d'un axe est-ouest (le *decumanus*) et nord-sud (le *cardo*). Et on retrouve encore dans la ville actuelle l'empreinte de cette colonne vertébrale, puisque la rue Baudimont recouvre le tracé du *cardo*. Cette voie se prolonge dans la ville moderne, rue d'Estrée – mot qui vient du latin *strada*, « rue pavée », et que l'on retrouve dans bon nombre de langues, *street, straße*...

Sans surprise, cette artère se jalonne de nombreux vestiges antiques sur la colline de Baudimont. Empruntons justement la rue... Baudimont, jusqu'au numéro 77, vous y trouverez le site archéologique de *Nemetacum*, qui expose les vestiges de la cité gallo-romaine : une authentique rue vieille de deux mille ans, striée d'ornières creusées par les roues des chariots, longée par des canalisations en bois et dotée d'un trottoir couvert par un portique, pour se promener à l'abri de la pluie... bref, tout le confort d'une ville de l'empire bénéficiant des progrès de la *pax romana*...

Dans le Nord, il ne pleut jamais... ou presque ! Les habitants de Nemetacum *avaient pourtant anticipé les caprices du climat : ils marchaient sur des trottoirs couverts par des portiques.*

Vaast, né dans une famille noble gallo-romaine, fonde l'abbaye qui porte son nom et combat le paganisme, symbolisé par un ours.

2 MOYEN ÂGE
UNE VILLE DANS DE BEAUX DRAPS !

2.a • ABBAYE SAINT-VAAST ET MUSÉE DES BEAUX-ARTS, *22, rue Paul-Doumer*
2.b • VIA FRANCIGENA
2.c • GRAND' PLACE
2.d • HÔTEL DE VILLE, *4, place des Héros*
2.e • LES BOVES, *4, place des Héros*

Cette époque s'achève dans les flammes lors de la chute de l'Empire romain. La cité d'une dizaine d'hectares, bien que protégée par des remparts, devient la proie d'envahisseurs germaniques au Vᵉ siècle. Et ce ne sera pas la dernière fois ! La vie urbaine renaît au VIᵉ siècle sous la houlette de son premier évêque, saint Vaast.

L'abbaye Saint-Vaast

En 667, une abbaye est fondée sur les bords du Crinchon, la courte rivière (19 kilomètres) qui traverse la cité du sud au nord. Cette abbaye, dédiée à saint Vaast, est à l'origine de la ville médiévale et abrite aujourd'hui le musée des Beaux-Arts et la médiathèque.

Sous les Carolingiens, forte d'une centaine de moines, elle devient un lieu de savoir renommé. Mais attention ! Lorsque vous la visiterez, pas d'architecture romane en vue, mais un superbe monastère bénédictin de style classique – le plus grand de France – construit au XVIIᵉ siècle sur l'emplacement de l'abbaye médiévale.

Au Moyen Âge, la *via Francigena*, une route de pèlerinage, qui relie Londres à Rome, passe par Arras. Coup de chance, cet itinéraire est, au XIIᵉ siècle, plus fréquenté que celui qui mène à Compostelle. Grâce à cet axe routier européen majeur, Arras connaît un nouvel âge d'or.

Cloître de l'abbaye.

La Route de pèlerinage qui reliait Cantorbéry, en Angleterre, à Rome, la via Francigena, empruntée par des milliers de pèlerins – et de marchands ! –, joue un grand rôle dans le renouveau économique d'Arras au XIIe siècle.

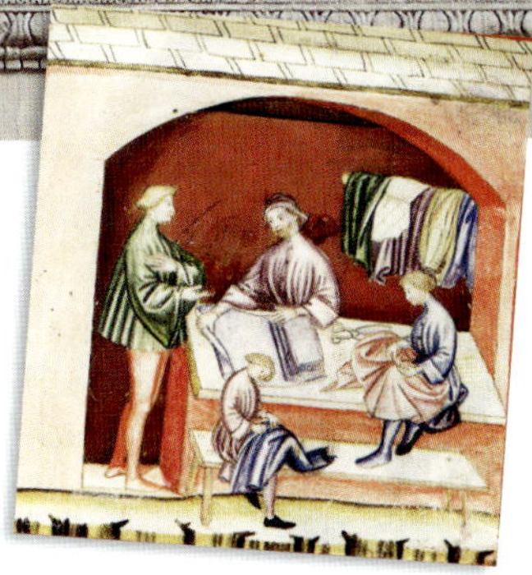

> « **Arras** est une **place commerciale** située sur un axe routier majeur : *la* via Francigena. »

Car les pèlerins ne sont pas les seuls à emprunter cette *via Francigena* ! Avec elle, le monde méditerranéen se reconnecte à l'Europe du Nord, au grand bonheur des marchands arrageois qui trouvent un débouché pour leurs productions de draps et de tissus…

Car la ville, en plus d'activités bancaires et du commerce du vin, devient, jusqu'au XVe siècle, la capitale européenne de la tapisserie. Réunis en une association marchande – la hanse, qui regroupe plusieurs cités drapières de la région – les commerçants arrageois écoulent leurs produits, notamment leurs tapisseries de haute-lice. Ce dernier terme provient du latin *licium*, qui signifie « fil ». Car les tapisseries constituent de véritables œuvres d'art, réalisées en tissu et, pour les plus prestigieuses, en fils d'or. Ce dernier, dit fin fillé d'Arras, assure la renommée des ateliers de la ville.

La tapisserie dite Histoire de Saint Piat et Saint Eleuthère, conservée à Tournai, est l'une des rares pièces tissées à Arras en 1402 à avoir survécu.

Ville ou Cité ?

Au Moyen Âge, Arras se divise en deux quartiers ; *le premier, la Cité situé à l'emplacement de l'ancienne ville gallo-romaine se développe autour des lieux de culte, comme la cathédrale Notre-Dame-en-Cité. Le second, né du développement des activités commerciales, la Ville s'organise autour de ses deux places de marché.*

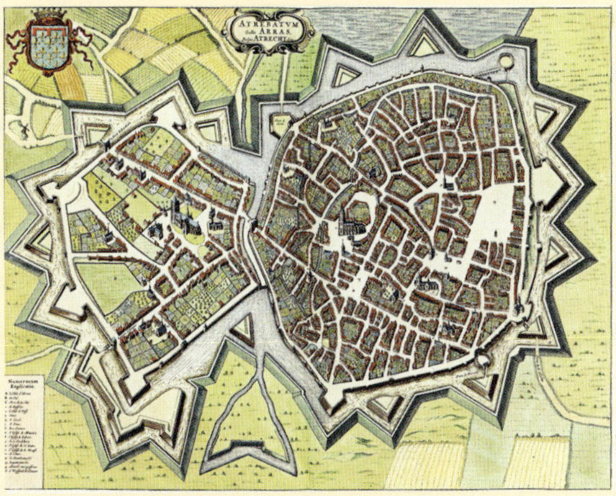

Arras et ses deux quartiers, la Cité (à g.) et la Ville (à dr.) séparés par la rivière Crinchon sur un plan de 1698.

Entre 1492 et 1659, Arras, ce n'est plus vraiment la France ! Si, en 1180, elle fait partie du domaine du roi de France, elle passe ensuite sous domination bourguignonne avant d'être rattachée aux Pays-Bas espagnols durant deux siècles.

Les places

Après avoir fabriqué des draps, il faut les vendre ! On crée alors deux places de marché : la bien nommée Grand-Place – près de deux hectares ! – et, juste un peu plus loin, la place des Héros, un hectare tout de même ! Le visiteur s'y trouve projeté en pleine Renaissance, grâce aux maisons à arcades qui les bordent, bien reconnaissables à leurs pignons à volutes, de style hispano-flamand...

Toujours plus haut...

Une fois sur la place des Héros, difficile de rater l'hôtel de ville. Coiffé de son beffroi – plusieurs fois reconstruit –, il témoigne de la puissance des marchands et des bourgeois arrageois. D'ailleurs, n'ont-ils pas arraché au roi de France Philippe Auguste, une charte communale en 1194, leur permettant de gérer eux-mêmes les affaires de la ville ? Avec cette tour haute de 75 mètres, le pouvoir communal pouvait ainsi en rabattre aux clochers du clergé et aux donjons de la noblesse...

« Orgueil des communes du Nord, des beffrois continuent d'être élevés au XXe siècle comme au Touquet (1931) ou à Outreau (1969) ! »

Les explorateurs *Cherchez le lion*

Le mot « Arras » dérive de l'appellation de la tribu gauloise des Atrébates. Il n'a rien à voir avec les rats. Mais, dès le XIVe siècle, les jeux de mots fleurissent sur le nom de la ville et les rongeurs. C'est pourtant un lion qui symbolise – et domine – la ville.

Un indice : levez la tête. Vous le verrez briller au soleil. Placé au sommet du beffroi après la Première Guerre mondiale, il remplace son aîné, réalisé en 1842, aujourd'hui conservé au musée des Beaux-Arts, qui fut abattu lors d'un bombardement allemand le 21 octobre 1914.

Aujourd'hui, une partie des 24 kilomètres de galeries qui relient les sous-sols d'Arras sont ouverts à la visite. Tour à tour carrières, lieux de stockage, caves mais aussi refuges pendant les deux dernières guerres mondiales.

Les boves

L'histoire d'Arras se découvre aussi sous terre… Depuis le Moyen Âge, on extrait la craie des sous-sols de la cité, pour l'édification des remparts, des lieux de culte puis, à partir du XVIe siècle, des maisons d'habitation. Au fil des siècles, ces carrières et réseaux souterrains, appelés des « boves », finissent par constituer une véritable ville sous la ville.

« Rien de plus compliqué que ce siège d'Arras », écrit Edmond Rostand dans l'acte IV de Cyrano de Bergerac…

3 ÉPOQUE MODERNE

C'EST ENCORE LE SERPENT ET LE DRAGON

3.a • CITADELLE, *49, place d'Armes*
3.b • MUSÉE ROBESPIERRE, *9, rue Maximilien Robespierre*

Arras dépend de la Couronne espagnole jusqu'au XVIIe siècle. En 1640, les armées de Louis XIII parviennent à reprendre la ville – le fameux Cyrano, selon Rostand, aurait participé au difficile siège de la cité, qui dura deux longs mois… Il faudra tout de même attendre 1659 et la signature du traité des Pyrénées pour que la capitale de l'Artois s'arrime définitivement à la France.

Le lion et le rat

Au XVIIe siècle, l'armée espagnole qui tient la ville proclame que « Quand les Français prendront Arras, les souris mangeront les chats ». *Les Français victorieux en 1640 reprennent la formule, un « p » en moins : « Quand les Français rendront Arras, les souris mangeront les chats ».*

Le chat (français) croque les rats (espagnols) à Arras, lors de la prise de la ville par les armées de Louis XIII… À bon chat, bon rat, comme dirait La Fontaine !

La citadelle

Arras fait partie du « pré carré » de la France ; cette expression désigne la série de villes fortifiées par Vauban pour protéger les limites du royaume. Et en 1914, les dangers s'accumulent à nouveau sur cette frontière tant disputée : Arras se retrouve en première ligne.

Les forteresses « en étoile », édifiées par Vauban, permettent à la garnison d'éliminer au maximum les angles morts, pour éliminer un maximum d'assaillants ! En 1668, Louis XIV ordonne la fabrication de plans-reliefs, qui reproduisent les citadelles du royaume, dont celle d'Arras.

Portrait d'un Arrageois :
Robespierre

Quand les États généraux sont convoqués en mai 1789, un petit noble arrageois, avocat de profession, entend profiter de cet événement pour réformer le pays. Un certain Monsieur de Robespierre. Son surnom qui le désignera bientôt ? « l'Incorruptible »... le personnage, sans aucun doute, le plus discuté de la Révolution.

Membre du club des Jacobins, il brille par son éloquence et son opposition aux guerres ; élu député à la Convention en 1792, il devient, un an plus tard, membre du Comité de salut public et défend un programme – résumé en deux mots, « terreur » et « vertu » – qui débouche sur la Grande Terreur. Renversé le 27 juillet 1794, il est guillotiné le lendemain.

Devenue un musée ouvert au public, la maison natale de Maximilien de Robespierre se trouve... rue Maximilien-de-Robespierre. Une adresse facile à retenir !

Pendant qu'il haranguera les députés à Paris, les Arrageois embrassent les idées révolutionnaires, rebaptisent leurs places en « place de la Fédération » et « place de la Liberté » puis abattent la cathédrale de la ville. Depuis, c'est l'abbatiale de Saint-Vaast qui fait office de cathédrale...

La cathédrale d'Arras, implantée dans le quartier de la Cité et disparue au cours de la Révolution, pouvait rivaliser en taille avec ses sœurs gothiques du nord de la France.

4 ÉPOQUE CONTEMPORAINE

ARRAS RENAÎT DE SES CENDRES

La Première Guerre mondiale inflige à Arras des dégâts considérables. Dès les premiers mois de la guerre, la ville se retrouve à proximité immédiate du front. Pendant trois ans, les obus ravagent le cœur historique de la ville.

Les travaux de reconstruction à l'identique, menés notamment sous l'égide de l'architecte Pierre Paquet, ne s'achèveront qu'au milieu des années 1930. Court répit, puisque la ville connaîtra à nouveau les combats le 21 mai 1940 au cours de la bataille d'Arras .

Décorée des croix de guerre 1914-1918 et 1939-1945, Arras a aujourd'hui pansé ses plaies et offre au visiteur ses places baroques, **son beffroi et sa citadelle, tous deux inscrits au patrimoine mondial de l'Unesco.**

Située sur la ligne de front, Arras est détruite à 80 % durant le premier conflit mondial.

Mon Petit Détour

4 • CARRIÈRE WELLINGTON, MÉMORIAL DE LA BATAILLE D'ARRAS, *3, rue Arthur-Delétoille*

On trouvera, au sud de la ville, un étonnant mémorial qui témoigne des sacrifices de la Première Guerre mondiale. En 1916, la guerre dure deux ans et les lignes de front ne bougent plus. Au mois de novembre, l'état-major britannique planifie une attaque surprise pour le printemps 1917 : se rapprocher au plus près des tranchées allemandes pour les prendre d'assaut. Pour ce faire, ils décident d'utiliser le réseau de boves courant à une vingtaine de mètres sous Arras. Des tunneliers néo-zélandais sont chargés de créer un réseau de casernes souterraines, pouvant accueillir près de 24 000 soldats.

Au printemps 1917, surgissant des boves, les troupes britanniques se lancent à l'assaut des lignes allemandes. À quelques dizaines de mètres de la gare, la carrière Wellington, aménagée par des tunneliers néo-zélandais, se visite aujourd'hui.

Une équipe de tunneliers néo-zélandais en 1916 à Arras. Le 9 avril, Britanniques, Canadiens, Australiens et Néo-Zélandais s'élancent des boves. Les Allemands lâchent d'abord du terrain mais se reprennent. Le 16 mai, la bataille d'Arras s'achève sur un statu quo, payé par la perte de 150 000 Britanniques.

Chaque 9 avril, à 5 h 30 du matin une cérémonie se tient devant le mémorial de la bataille d'Arras pour célébrer les combattants britanniques.

POUR PROLONGER LA VISITE :
arraspaysdartois.com

GRATIA
OBIIT

SAINT-DENIS

À toute Berzingue !

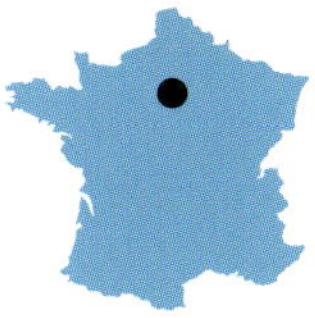

Saint-Denis, ville du département de la Seine-Saint-Denis, est située au nord de Paris. *C'est là que fut martyrisé et inhumé au* III*e siècle saint Denis, premier évêque de Paris. L'histoire de la ville est profondément liée à la basilique, nécropole des rois de France, où reposent les dépouilles de nombreux monarques. Aujourd'hui, Saint-Denis est une ville d'une extraordinaire diversité culturelle, accueillant plus de 150 nationalités différentes. Pour y aller ? Rien de plus simple ! Saint-Denis est très bien desservie par les transports en commun parisien (métro, RER) et est accessible par l'autoroute A1 et l'A86.*

« *La Seine-Saint-Denis,*
c'est de la bombe, bébé ! »

SAINT-DENIS
N
O
E
S
Rue Auguste Poulain
Rue Paul Éluard
Bd Carnot
Bd Félix Faure
D24
Seine
Quai de Seine
Rue Dezobry
1a
Rue Gabriel Péri
2b
Rue de Strasbourg
N186
RER
Saint-Denis
Bd Marchel Sembat
Rue des Ursulines
Rue Gabriel Péri
1b, 2a, 3b
Parc de
la Légion
d'Honneur
D24
Canal de Saint-Denis
Seine
Bd Marchel Sembat
N1
N14
3a
3d
N1
Rue Henri Delaunay
SAINT-DENIS
BD Marcel Sembat
A1
Quai du Châtelet
A86
Av. Jules Rimet
Stade
de France
A1
Rue du Landy
3c
AUBERVILLIERS
A1
SAINT-DENIS
en vidéo,
flashez vite ceci !

1 ANTIQUITÉ
DENIS EN TÊTE !

1.a • RUES CATULIENNE ET DE LA CHARRONNERIE
1.b • LA BASILIQUE, *1, rue de la Légion d'Honneur*

Les rues Catulienne et de la Charronnerie

Saint-Denis, durant l'Antiquité, c'est d'abord un espace articulé autour d'une route, l'Estrée – qui dérive d'une expression latine *via strata lapidea*, « route pavée », latin que l'on retrouve encore en anglais *street*, en allemand *Straße*, en italien *strada*... Ce terme, nous l'avons déjà rencontré à Arras, notamment (lire p. 9). Autour de ce qui deviendra Saint-Denis, on trouve, dans l'Antiquité, un carrefour entre deux voies majeures : l'une se dirige vers le nord, tracé que reprend peu ou prou la nationale 1, vers Amiens et Calais. On peut encore suivre son tracé dans la ville, rue Catulienne, rue de la Charronnerie et rue Gaston-Philippe. L'autre itinéraire prend plein ouest et rejoint Le Havre, comme la future nationale 14, un itinéraire que l'on suit en empruntant la rue des Moulins-Gémeaux. **Saint-Denis naît donc autour d'un important croisement routier antique. Et c'est autour de ces croisements de voies que va se dérouler l'histoire de saint Denis.**

Saint Denis, la longue marche

Saint Denis représenté à Notre-Dame de Paris.

Les événements se seraient produits vers 250. **Le premier évêque de Paris est arrêté par la justice romaine. Son nom ? Denis !** Son crime ? Avoir tenté de convertir les Parisii à la nouvelle religion. Sa peine ? La décapitation. Le bourreau fait son office au sommet de Montmartre. Problème : Denis se relève, prend sa tête entre ses mains et se met à marcher en direction du nord.

Denis, techniquement, c'est un saint céphalophore – un mot aux racines grecques signifiant « qui porte sa tête ». Le voilà donc qui marche sur l'Estrée durant 6 kilomètres. Là, il s'effondre et Catulla, une veuve chrétienne, inhume le corps près de l'Estrée, à l'emplacement de notre future basilique. **L'endroit ne tarde pas à devenir un lieu de pèlerinage pour la communauté chrétienne gallo-romaine.**

La première basilique

Une première église est construite à l'emplacement de la tombe de Denis par sainte Geneviève, la patronne de Paris.

Sainte Geneviève, au ve siècle, non seulement s'y rendait régulièrement, mais fit également édifier une première église à l'emplacement de la tombe présumée du saint martyr, vers l'an 475. **Grâce à la protection de Clovis – premier roi chrétien de l'histoire – le mausolée de Saint-Denis devient un sanctuaire majeur de la région.**

Les premiers dignitaires francs, nouvellement convertis au christianisme, manifestèrent promptement le désir d'être inhumés à proximité de notre saint céphalophore. Cette pratique explique la présence de nombreux sarcophages mérovingiens découverts aux abords immédiats du tombeau du saint. Cette volonté d'être enterré au plus près des reliques saintes s'expliquait par la croyance selon laquelle la proximité physique avec les restes d'un saint favorisait l'accession au paradis. Ce que corrobore l'embouteillage de sarcophages que l'on découvre encore aujourd'hui dans la crypte.

Mais attention, petite précision : les premiers rois francs, les successeurs de Clovis (qui meurt en 511), préféraient se faire enterrer dans Paris même, à Sainte-Geneviève ou à Saint-Germain-des-Prés. Il faudra attendre le VIIe siècle et Dagobert Ier (roi de 629 à 638) pour que Saint-Denis devienne enfin LA nécropole royale. Et Dagobert fait les choses en grand : en faisant bâtir une église abbatiale monumentale et en choisissant d'y être enterré, il lance une mode qui va durer... des siècles !

Dagobert à jamais le premier !

Le VIIe siècle marque un tournant décisif dans l'histoire de Saint-Denis avec l'inhumation de Dagobert. Désormais, l'abbaye deviendra la nécropole des rois de France. Son magnifique tombeau, que l'on peut admirer aujourd'hui dans la basilique, fut en réalité édifié au XIIIe siècle, sous le règne de Saint Louis, lors d'une vaste campagne de réaménagement du sanctuaire.

Regardez un peu le gisant de Dagobert, en bas. Le roi a l'air de dormir paisiblement, mais ce tombeau est, au-dessus, une véritable BD médiévale. Dagobert, qui menait, disons-le, une vie un tantinet dissolue, se retrouve, après sa mort, tourmenté par des démons. Mais trois saints, et pas n'importe lesquels – saint Denis, saint Martin et saint Maurice – débarquent comme des super-héros médiévaux et arrachent l'âme de Dagobert – figurée comme un enfant nu et couronné – de la barque infernale. Exit l'enfer, direction le paradis ! Comme quoi, même après une vie mouvementée, il y a toujours de l'espoir ! Merci qui ? Merci, saint Denis !

2 MOYEN ÂGE
UN REPOS ROYAL

2.a • NÉCROPOLE ROYALE, *1, rue de la Légion d'Honneur*
2.b • L'ANCIEN LENDIT, *place Jean-Jaurès*

La nécropole royale

Les autres gisants de la basilique Saint-Denis ne sont pas en reste : ils sont tout simplement extraordinaires ! Une véritable galerie d'art funéraire qui traverse les siècles, du Moyen Âge à la Renaissance, jusqu'à l'époque moderne.

Et puis, il y a ces destins tragiques, comme celui de Jean Ier le Posthume. Tenez-vous bien : né le 15 novembre 1316, mort le 19 novembre 1316 - soit cinq jours de règne ! Le plus court règne de l'histoire de France. Et pourtant, il a son gisant, comme les autres.

Dans la nécropole, s'alignent 70 gisants et tombeaux sculptés : 42 rois, 32 reines, 63 princes et princesses et 10 grands serviteurs du royaume.

Les explorateurs **« Le courage donne ce que la beauté refuse. »**

Je suis petit, à peine plus d'1,50 m, et franchement pas très beau. Pourtant, on m'a représenté fidèlement, sans chercher à m'embellir. J'ai servi Charles V en pleine guerre de Cent Ans, et j'ai aidé à relever la France d'une situation difficile. Ma devise disait clairement que le courage remplaçait avantageusement la beauté : « Le courage donne ce que la beauté refuse. »
Dans la basilique qui abrite mon tombeau, les sculpteurs sont allés jusqu'à graver sur mon visage une blessure reçue au combat.
Qui suis-je, et quelle est cette blessure ?
Un indice : un détail saisissant, œil pour œil !

Le clou du spectacle, c'est le tombeau d'Henri II (1519-1559) et de Catherine de Médicis (1519-1589). C'est même le sommet de l'art funéraire Renaissance ! Une innovation absolument révolutionnaire : le double gisant. En bas, vous avez les souverains représentés dans leur « transi », c'est-à-dire dans leur nudité mortelle, rappelant que même les plus puissants retournent à la poussière. Et au-dessus – attention, c'est magistral – vous les retrouvez en « priants », dans toute leur majesté royale, vêtus de leurs habits d'apparat, comme ressuscités pour l'éternité. Ce tombeau, réalisé par le grand sculpteur Germain Pilon entre 1563 et 1570, c'est LE chef-d'œuvre de l'art funéraire de la Renaissance !

Le tombeau « à étages » d'Henri II et de Catherine de Médicis, avec en bas, les transis de pierre et en haut, les orants de bronze.

C'est tout naturellement (ou presque) que Denis va devenir le saint patron protecteur de ce haut lieu spirituel du royaume, nécropole des rois de France. Et à partir du XIIe siècle, quand il fallait partir en guerre, le roi de France venait ici, à Saint-Denis, implorer l'aide du saint et retirer l'oriflamme du trésor de la basilique.

Et c'est à un personnage essentiel dans l'histoire de Saint-Denis que nous devons cette tradition. Que dis-je, « personnage » ? Génial communicant plutôt, community manager de génie, **l'abbé Suger (v. 1081-1151) met ainsi en avant deux éléments de com' médiévaux à succès, l'oriflamme rouge et le cri de guerre « Montjoie ! Saint-Denis ! ».**

L'histoire dit que Suger aurait eu l'idée d'une oriflamme en découvrant lors d'un voyage à Rome une fresque représentant Charlemagne tenant l'oriflamme. Mais des historiens précisent que cette bannière rouge de Saint-Denis existait déjà comme étendard royal depuis le règne de Louis VI le Gros, au début du XIIe siècle.

Mais ce qui est sûr, c'est que le génie de Suger apparaît dans son projet de réaménagement de la basilique. Vers 1140, il entreprend de transformer complètement la basilique Saint-Denis. Et quand je dis « transformer », c'est une véritable révolution architecturale !

Nef de la basilique Saint-Denis.

Suger s'inspire bien sûr de ce qui se fait en Bourgogne et en Normandie, mais il va créer quelque chose de totalement inédit. **Son obsession ? La lumière ! Il veut que la basilique soit inondée de lumière divine.** Et pour ça, il invente ces grandes ouvertures et ces arcs-boutants qui permettent de soutenir des murs plus fins, plus hauts. Il invente ce qu'on appellera plus tard le style gothique, ou comme on disait à l'époque, l'*opus francigenum*, « l'art français » ! Et le style continue d'évoluer : au XIIIe siècle, le gothique rayonnant fait son apparition avec une rosace magistrale.

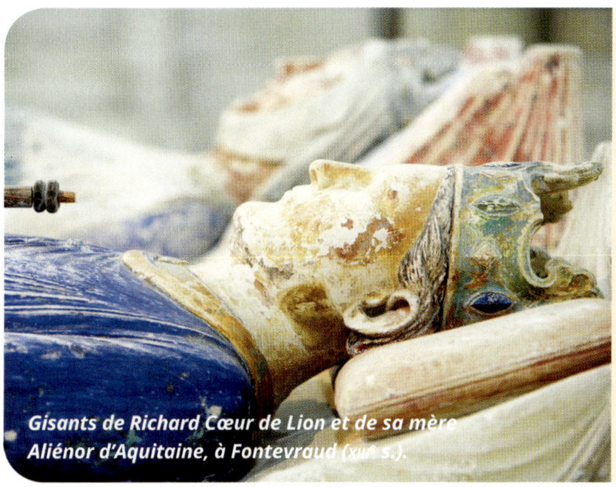

Gisants de Richard Cœur de Lion et de sa mère Aliénor d'Aquitaine, à Fontevraud (XIIe s.).

« Reposer en paix » oui, mais comment ?

D'abord, vous avez le gisant – et ça, c'est le grand classique ! Le défunt est allongé pour une sieste éternelle, dans ses plus beaux habits. Magnifique !

Mais au XIVe siècle – siècle chargé en guerres et en épidémies – arrive le transi. Là, c'est une autre histoire ! Le sculpteur montre le corps en décomposition. Glauque ? Non, pédagogique ! C'est pour nous rappeler qu'on finira tous en poussière, même les plus grands !

Enfin, vous avez le priant, qu'on appelle aussi l'orant. Celui-là, il est à genoux, les mains jointes, tourné vers l'autel. La Renaissance adorait ça ! Et le must du must ? Le tombeau d'Henri II et de Catherine de Médicis à Saint-Denis ! Un véritable deux-en-un : transi en bas, priant en haut. Comme une sorte d'ascenseur spirituel…

Carte postale ancienne montrant l'attachement de la ville au clocher nord de la basilique, démonté en 1846-1847.

Aujourd'hui, Saint-Denis est en travaux. On est en train de restaurer la façade pour – roulement de tambours - reconstruire la flèche nord ! La flèche, haute de 90 mètres, fut frappée par la foudre en 1837, ce qui fragilisa fortement sa structure. Malgré les réparations entreprises par l'architecte François Debret, plusieurs tempêtes survenues entre 1842 et 1845 aggravèrent définitivement son état, conduisant à la décision de la démolir en 1846. Son démontage fut terminé en 1847 sous la supervision de l'architecte Viollet-le-Duc.

Avec la tombe d'un saint protecteur de la France et la nécropole royale, pèlerins, voyageurs, touristes et commerçants affluent. Ainsi, dès le haut Moyen Âge à Saint-Denis, autour des religieux de l'abbaye se sont établis des habitants, des villageois et des commerçants, profitant du flux de pèlerins visitant la basilique.

Pour protéger cette population, en particulier lors des invasions vikings au IXe siècle, une première enceinte de bois et de pierre est construite sous le roi Charles le Chauve. Son tracé est parvenu jusqu'à nous et se situe, à Saint-Denis, au niveau de l'actuelle rue Jean-Jaurès. La forme arrondie de cette rue témoigne de l'ancien tracé de cette première enceinte.

« ***Tellement riche, Saint-Denis,*** *qu'elle attirait les regards… et pas toujours les plus bienveillants ! Alors, ni une, ni deux, on a* ***bâti une première enceinte fortifiée*** *autour de la basilique, histoire de* ***protéger le trésor****.* »

Un exemple de sa prospérité est la foire de Saint-Denis, dite la « foire du Lendit », qui se déroulait chaque année, du 11 au 24 juin. Au Moyen Âge, elle est devenue l'un des marchés les plus importants d'Europe. À l'origine, elle ne se tenait pas à Saint-Denis même, mais dans la plaine entre Paris et Saint-Denis – d'ailleurs toujours appelée la Plaine-Saint-Denis.

Cependant, en raison des dangers liés à la guerre de Cent Ans puis aux guerres de Religion, la foire a été repliée à l'intérieur d'une deuxième ligne de remparts. **Cette deuxième enceinte est encore visible aujourd'hui dans le parcellaire de Saint-Denis, correspondant à la ceinture des boulevards actuels,** que l'on peut observer, par exemple, grâce au tracé du tramway qui en fait le tour.

3 ÉPOQUE MODERNE & CONTEMPORAINE

UNE VILLE EN RÉVOLUTION

3.a • ORFÈVRERIE CHRISTOFLE, *112, rue Ambroise Croizat*
3.b • MAISON D'EDUCATION ET DE LA LEGION D'HONNEUR, *5, rue de la Légion d'Honneur*
3.c • PLAINE-SAINT-DENIS

La foire du Lendit, une fois intra-muros, se tenait devant l'hôtel de ville depuis le début du XVIIIe siècle. Jusqu'à la révolution industrielle, Saint-Denis est restée un petit bourg agricole.

Lors de la Révolution française, en 1789, l'abbaye de Saint-Denis est fermée, marquant un coup d'arrêt significatif pour le rayonnement de la cité dionysienne. **La nécropole royale sera même saccagée et profanée en octobre 1793.**

Les bâtiments de l'abbaye sont ensuite transformés par Napoléon Bonaparte en 1809 en un lycée pour les jeunes filles de militaires récipiendaires de la Légion d'honneur. Ce lycée, toujours actif aujourd'hui, est réputé pour son excellence.

La révolution industrielle du XIXe siècle finit de tourner la page du passé religieux : des dizaines d'industries énergétiques, chimiques et métallurgiques s'installent dans la Plaine-Saint-Denis.

Cette industrialisation fait exploser la ville, dont la population passe de 3 000 habitants à la fin du XVIIIe siècle à 63 000 un siècle plus tard. **L'un des plus beaux vestiges de cette épopée industrielle à Saint-Denis est l'ancienne orfèvrerie Christofle**. Cette orfèvrerie fabriquait toutes sortes d'ustensiles et d'objets, notamment des couverts en maillechort, un alliage de cuivre, de zinc et de nickel imitant l'argent.

La position géographique de Saint-Denis a toujours été un atout pour son développement industriel appuyé sur la route et sur son port sur la Seine. Au XIXe siècle, cette connexion fluviale est considérablement renforcée par la création du canal Saint-Denis, qui relie le canal de l'Ourcq (dans le XIXe arrondissement de Paris) à la portion de la Seine située sur la commune de Saint-Denis.

Des rouges et des Bretons !

Concernant l'histoire de Saint-Denis devenue bastion communiste, on pense à l'expression « banlieue rouge ». Elle est liée à l'immigration bretonne de la fin du XIXe et du début du XXe siècle. Les Bretons, qui constituaient l'une des premières vagues de migration ouvrière, se sont divisés en deux groupes : ceux partis travailler sur les grands chantiers de Paris et ceux, plus révolutionnaires, qui se sont installés à Saint-Denis. L'expression « banlieue rouge » trouve son origine dans l'arrivée des Bretons de Guingamp, connus pour leur esprit contestataire et leur attachement à la laïcité. Ces « laïcards », comme on les appelait, s'opposaient aux « cathos » de Paris. Leur présence et leur engagement politique ont contribué à faire de Saint-Denis une ville caractérisée par son esprit de résistance et sa tradition ouvrière militante…

Local du PCF à Suresnes, une des communes de l'ancienne « ceinture rouge », ces municipalités communistes situées autour de Paris.

Les Magasins généraux à Saint-Denis.

Peu à peu, la Plaine-Saint-Denis se transforme en un centre logistique majeur. Les Magasins généraux s'y installent, créant une vaste zone de stockage pour les denrées destinées à la capitale : sel, sucre, bois, charbon et alcools y transitent en quantités impressionnantes. **La Plaine-Saint-Denis devient la première zone industrielle d'Europe !** Et cette industrialisation s'accompagne d'une montée en puissance du parti communiste, faisant de Saint-Denis l'un de ses bastions les plus solides.

C'est précisément cette concentration industrielle et cette influence communiste qui vont attirer l'attention du général de Gaulle au début des années 1960. En pleine période des Trente Glorieuses, **de Gaulle met en place une stratégie délibérée de désindustrialisation de la Plaine-Saint-Denis !**

Sous couvert de l'aménagement du territoire – qui visait officiellement à rééquilibrer le développement économique entre Paris et la province –, **il affaiblit les bastions communistes de la fameuse « ceinture rouge » parisienne,** en déménageant une bonne part des activités économiques : la première zone industrielle d'Europe devient la plus grande friche industrielle du continent.

Et ce n'est qu'à partir des années 1990-2000 que la Plaine-Saint-Denis connaît une nouvelle transformation avec l'implantation du Stade de France et le développement d'un quartier d'affaires. **Le Stade de France inauguré à l'occasion de la Coupe du monde 1998, que la France a gagnée, c'est aussi la victoire de Saint-Denis !**

Mon Petit Détour

La Street Art Avenue

3.d • LA STREET ART AVENUE, *place de l'Écluse*

La Street Art Avenue, c'est un peu le Louvre à ciel ouvert, mais version 9-3 ! Imaginez, 5 kilomètres de graff qui serpentent le long du canal Saint-Denis, de la Villette jusqu'à la Porte de Paris, en passant par Aubervilliers. Depuis 2016, ce lieu est devenu le théâtre d'une véritable révolution artistique. Plus de 40 œuvres créées par des artistes venus des quatre coins de la planète, c'est un festival pour les yeux ! On bombarde, on peint, on colle, bref, c'est la Seine-Saint-Denis qui devient galerie d'art. Et, chaque année, des nouvelles œuvres débarquent, 9 en 2024. L'association L'Écluse, met le paquet pour que tout le monde comprenne l'histoire du canal à travers ces graffitis. Alors, on enfile ses baskets et on part à la découverte de ce musée urbain, un vrai coup de jeune pour le paysage !

Portraits de Dionysiens : NTM

1991 ! Dans l'univers musical français qui ronronne, un coup de tonnerre éclate avec la sortie de l'album « Authentik », signé par un groupe de Saint-Denis dont le nom détonne, NTM... *Cette année-là débute donc l'épopée de NTM, les bad boys du rap français, les rois de Saint-Denis ! Dans les années 1990, le hip-hop était encore une musique de contestation, un cri de révolte venu des quartiers populaires. NTM, c'est un phénomène social, une voix pour toute une génération.* ***JoeyStarr, Kool Shen, deux gamins de Saint-Denis banlieue rouge, terre d'immigration et de mixité sociale ont grandi dans le 93, au pied des immeubles de la cité Salvador-Allende,*** *le département le plus jeune et le plus métissé de France, et leur musique est le reflet de cette réalité.* ***Saint-Denis, c'est leur ADN, leur source d'inspiration.*** *Ils y ont traîné leurs baskets, tagué les murs, squatté les halls d'immeubles. Des textes crus qui ne font pas dans la dentelle, un flow agressif, des samples percutants... Leur rap parle de la galère, du chômage, des contrôles au faciès, mais aussi de la solidarité, de l'amitié et de la fierté d'être dionysien. NTM, c'est aussi une attitude, un style. Casquettes vissées sur la tête, survêtements de sport, baskets aux pieds... Ils incarnent la culture hip-hop dans toute sa splendeur.* ***Trente ans plus tard, NTM reste un groupe emblématique du rap français.*** *Ils ont marqué leur époque, influencé des générations de rappeurs et contribué à faire connaître Saint-Denis au-delà des frontières de la France.*

Djamel Bensalah

Saint-Denis, mes amis, c'est aussi mes 20 ans et mes débuts au cinéma avec un court-métrage en qui s'appelait *Y a du foutage dans l'air*, réalisé par mon vieil ami Djamel Bensalah... On avait tourné avec pas beaucoup de sous, à l'angle de la rue du Jambon et la rue de la Boulangerie. On l'a commencé en 1995, il est sorti en 1997 et c'est grâce à ça qu'on a pu se lancer dans *Le Ciel, les Oiseaux et ta mère !*, un ovni cinématographique sorti en 1999, un pur produit du 93 qui vous plonge dans l'univers déjanté de quatre potes de Saint-Denis – Julien Courbey, Jamel Debbouze, Stéphane Soo Mongo, et votre serviteur – qui vont vivre l'aventure de leur vie : passer leurs premières vacances hors du 93 en se rendant à Biarritz...

Djamel Bensalah est un enfant de Saint-Denis et son film est le reflet de sa réalité, de son vécu. Saint-Denis, c'est le point de départ des personnages de ce buddy movie ; on y retrouve les codes de la banlieue, le langage fleuri, l'humour potache, la solidarité et l'esprit de débrouille. ***Le Ciel, les Oiseaux et ta mère !*, c'est mes 20 ans, et c'est le son de la banlieue, la voix d'une jeunesse créative et pleine d'espoir.**

POUR PROLONGER LA VISITE :
pop-plainecommune.com

SAINT-MALO
A toute **Berzingue !**

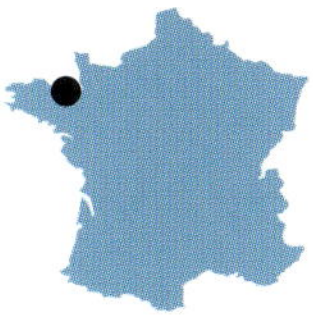

Saint-Malo, cité corsaire du département d'Ille-et-Vilaine en Bretagne, sur la côte d'Émeraude, est née durant l'Antiquité, sur l'île d'Alet, *qui servit de camp romain et abrita la première ville, avant que la population ne se déplace vers l'actuelle ville fortifiée. L'histoire de Saint-Malo, célèbre pour ses armateurs, explorateurs et corsaires, est indissociable de Jacques Cartier, Duguay-Trouin ou Surcouf, qui ont marqué l'histoire maritime française. Aujourd'hui, Saint-Malo est un haut lieu du tourisme en Bretagne, réputée pour ses remparts et ses plages, et, qui plus est, facilement accessible par la route nationale N137 qui la relie à Rennes.*

*« Saint-Malo fait partie des **10 sites préférés** des Français, **le seul** site au nord de **la Loire** avec Paris ! »*

SAINT-MALO

SAINT-MALO
en vidéo,
flashez vite ceci !

1 ANTIQUITÉ
ALLEZ DU CÔTÉ D'ALET

1.a • LES REMPARTS GALLO-ROMAINS D'ALET
1.b • LA CATHÉDRALE D'ALET

Pour découvrir Saint-Malo à l'époque antique, il faut regarder en face de la cité corsaire, du côté d'Alet. Ce petit port maritime appartenait alors à la tribu celte des Coriosolites. Leur principale place forte – un oppidum – se trouvait plus à l'intérieur des terres, à Corseul, alors appelée *Fanum Martis*.

La première occupation du site ne se trouve pas à Saint-Malo même, mais juste à côté, dans l'actuel quartier d'Alet. On y trouve encore un vestige de la muraille gallo-romaine, édifiée au* III*e siècle.

À l'époque où les Celtes, puis les Romains, occupèrent Alet, le futur site de Saint-Malo n'était qu'un rocher isolé, amarré à la terre ferme par une étroite bande de terre, le Sillon. Alet se situait donc du côté de Saint-Servan, sur l'embouchure de la Rance, un endroit idéal pour communiquer plus facilement avec l'intérieur des terres en remontant la rivière.

Sous la paix romaine, Alet devient un port tout équipé qui se dote, vers le IIIe siècle, d'un imposant rempart pour se protéger des invasions barbares. Tellement solide qu'on en retrouve encore des traces aujourd'hui ! Malheureusement, comme souvent dans l'Histoire, les fortifications n'empêchent pas le pillage de la cité. Il faut dire que les envahisseurs se succèdent sans relâche… les Alains, les Saxons, les Bretons et les Gallois – ces deux derniers peuples fuyant eux-mêmes l'île de (Grande-) Bretagne, ravagée par les Saxons et les Angles… Une histoire déjà rencontrée à Vannes (lire p. 70)…

Maclou ou Malo, né à Llancarfan, dans le sud du pays de Galles devient le premier évêque de la région et l'un des sept saints fondateurs légendaires de Bretagne.

Comme dans le reste de l'Armorique, ces Bretons et Gallois débarqués d'outre-Manche apportent une nouvelle religion : le christianisme. Un christianisme teinté d'un accent un peu particulier, puisque ces Bretons très celtisés convertissent des Armoricains « gallo-romanisés ». Résultat ? La nouvelle religion gagne les âmes et, au passage, « celtise » les esprits ! Comme dans le reste de la Bretagne, on retrouve, sans surprise, les dévotions consacrées aux « sept saints fondateurs de Bretagne », saint Brieuc, saint Corentin, saint Pol, saint Tugdual, saint Samson, saint Paterne et un dernier qui va occuper une place certaine dans notre histoire : Malo, mort vers 649.

« Alet va subir, durant tout le Moyen Âge, de nombreuses invasions : saxonnes, bretonnes, franques, vikings et même **une invasion naturelle, celle de la mer !** »

La cathédrale Saint-Vincent.

2 MOYEN ÂGE
DES GUERRES ET DES MURAILLES

2.a • CATHÉDRALE SAINT-VINCENT, *place Jean-de-Châtillon*
2.b • TOUR SOLIDOR, *Quai Sébastopol*
2.c • LE CHÂTEAU DUCAL, *place Chateaubriand*
2.d • GRAND'PORTE

La montée des eaux va engloutir le port antique et pousser les habitants d'Alet à migrer vers une hauteur mieux protégée des vagues, le rocher de Saint-Malo. Désormais, c'en est terminé d'Alet. Et le symbole de ce transfert se matérialise dans un monument de pierre, dont la construction débute à partir du XIIe siècle, la cathédrale Saint-Vincent.

En 1145, le siège épiscopal est transféré d'Alet à Saint-Malo, où est édifiée une cathédrale, la cathédrale Saint-Vincent qui sera détruite en août 1944, elle ne verra la fin des travaux de restauration qu'en 1972.

À la vieille rivalité religieuse existant entre Saint-Malo et Saint-Servan (l'ancien port d'Alet), s'ajoute une compétition internationale qui va durer aussi des siècles, les guerres entre la France et l'Angleterre. Et dans ce match, la Bretagne va se retrouver en première ligne. Son cœur va parfois balancer ; il faut dire que, depuis la fin de l'Antiquité, des liens culturels forts se sont tissés entre la Bretagne et la (future) Grande-Bretagne.

« La Bretagne s'est retrouvée **déchirée entre deux influences :** à l'ouest, on se sent plutôt sous influence **celte** puis anglaise, tandis que l'est de la péninsule baigne plutôt dans une culture **gallo-romaine** puis française. »

Le contrôle de l'embouchure

Cette rivalité séculaire se retrouve ici : Saint-Malo va plutôt avoir tendance à choisir le parti français tandis que Saint-Servan penchera vers le parti anglais. Ainsi, au cours de la guerre de Cent Ans (1337-1453), alors que Saint-Malo renforce ses remparts pour se protéger des attaques anglaises, à Saint-Servan on va faire édifier la tour Solidor (sur des fondations romaines) qui contrôle l'embouchure de la Rance mais, surtout, surveille Saint-Malo... Et attention, la tour Solidor c'est du solide !

En 1369, le duc de Bretagne Jean IV, pro-Anglais, fait ériger la puissante tour Solidor, un donjon fortifié de 33 mètres de hauteur, à une époque où la municipalité tente de se libérer de son autorité. Les fondations de l'édifice reposent sur des fortifications gallo-romaines, qui servaient de poste de défense avancé pour le port d'Alet.

La Bretagne se retrouve coincée entre deux puissants voisins qui ne lui veulent pas forcément du bien. Les Bretons vont donc sortir heaumes, armures et épées pour défendre leur indépendance. Ils vont aussi fortifier leurs cités. Dès sa fondation, au XIIe siècle, Saint-Malo se dote de puissants remparts pour se prémunir des attaques françaises et anglaises. Ce qui n'empêche pas le Capétien et le Plantagenet de revendiquer des droits sur la couronne ducale bretonne !

Début du match en 1337, avec la guerre de Cent Ans qui commence. Les Anglais prennent l'avantage et enchaînent les victoires, tandis que les Français essuient défaite sur défaite, aussi bien en mer – comme lors de la bataille de l'Écluse en 1340 – que sur terre, à Crécy en 1346 ou à Poitiers en 1356.

Mais la durée imprévue de la guerre fait que les deux adversaires se retrouvent un tantinet affaiblis, notamment après le passage de la peste noire, qui éclate en 1348, emportant plus d'un Européen sur trois ! Cette situation soulage paradoxalement les Bretons, et le duc de Bretagne va mener une diplomatie équilibriste, s'alliant à l'un puis à l'autre, tout en caressant l'espoir d'établir un royaume indépendant sur la Bretagne.

D'ailleurs, aux XVe et XVIe siècles, les terres bretonnes connaissent une grande prospérité, dont témoigne encore aujourd'hui Saint-Malo. Et cette puissance s'affiche par un monument : le château de Saint-Malo, construit au début du XVe siècle par le duc de Bretagne pour protéger (ou surveiller) la cité et défendre le Sillon, le seul accès terrestre au continent.

La bataille de Crécy, l'une des premières déroutes françaises de la guerre de Cent Ans.

L'ancien château ducal. Construit au XVe siècle, le château de Saint-Malo fut longtemps un centre de pouvoir. Aujourd'hui, il abrite… l'hôtel de ville !

« À l'époque, l'entrée principale de la ville, c'était cette Grand'Porte qui donnait sur le port. »

L'âge d'or de Saint-Malo ? Il commence avec le textile ! Toute la Bretagne s'enrichit grâce aux fameux draps de chanvre et de lin. Mais ici, à Saint-Malo, c'est la mer qui fait vraiment tourner la boutique ! Et pas n'importe quelle pêche : la morue, celle de Terre-Neuve, tout là-bas, de l'autre côté de l'Atlantique. Une véritable manne ! Et quand la Bretagne est rattachée à la France, en 1532, les Malouins ne s'en formalisent pas : les affaires continuent, et même plutôt bien ! La preuve en pierre ? La Grand'Porte, fière et imposante, qui en dit long sur la prospérité de l'époque.

L'impressionnante Grand'Porte qui date de la fin du XVIe siècle, porte bien son nom puisque, jusqu'au XVIIIe siècle, elle constituait l'entrée principale de la ville. Elle sera remplacée à cette époque par la porte Saint-Vincent.

Cette statue de la Vierge, visible désormais dans la cathédrale, trônait autrefois au sommet de la Grand'Porte. Afin de la protéger des intempéries, elle a été remplacée par une copie.

La porte Saint-Vincent.

3 ÉPOQUE MODERNE
LA CITÉ CORSAIRE

3.a • LE MANOIR DE LIMOËLOU, MUSÉE JACQUES-CARTIER, *rue David-Macdonald-Stewart*
3.b • LA PLAGE DU SILLON
3.c • LA STATUE DE SURCOUF, *face à la Tour Bidouane*

Saint-Malo se tourne résolument vers la mer... Et un des marins les plus célèbres de Saint-Malo c'est évidemment Jacques Cartier (1491-1557). Pêcheur de morues – c'est un métier – il connaît déjà Terre-Neuve comme sa poche. Voilà pourquoi François Ier, le grand roi de France de la Renaissance, le charge d'aller explorer les côtes canadiennes. Une tâche qu'il mènera suffisamment à bien pour recevoir, de la part des historiens, le surnom de « découvreur du Canada ».

En 1541, le Malouin Cartier acquiert une ancienne ferme établie sur les hauteurs de Rothéneuf, au nord-est de Saint-Malo, qu'il transforme en manoir. Une mode qu'imiteront les armateurs de la ville aux XVIIe et XVIIIe siècles en se faisant bâtir autour de Saint-Malo des maisons de maître surnommées « malouinières ».

Médaillons représentant Jacques Cartier et son épouse Catherine des Granges. Façade d'une maison du centre historique de Saint-Malo, en haut de l'escalier de la Grille.

On peut découvrir et sa vie et sa maison, en poussant la porte du musée Jacques-Cartier, au manoir de Limoëlou. Ce musée évoque la vie quotidienne des Malouins et celle de Cartier. Au départ une ancienne ferme que Jacques Cartier transforme, une fois fortune faite, en manoir – l'ancêtre des malouinières. Ce type de résidence deviendra la résidence typique de tous ces riches Malouins, négociants, armateurs et navigateurs, ayant fait fortune en mer. Terminées les maisons retranchées derrière les murailles de la ville… Désormais, les « Messieurs de Saint-Malo » fortunés aspirent au grand air, aux parcs bucoliques… et aux vues sur la mer.

Dans ses collections, le musée Jacques-Cartier expose une copie du plus vieux globe terrestre connu, surnommé *Erdapfel* (« pomme terrestre »). Œuvre de Martin Behaim (dit aussi Martin de Bohême), il date de 1492. Cette année-là Christophe Colomb, ce marin génois au service de la Couronne espagnole, espérait rejoindre l'Inde, en passant – c'était le pari – par l'ouest. Il faudra attendre quelque temps plus tard, Magellan et Cartier, pour se rendre compte qu'il s'agissait d'un continent. Ce globe est donc l'un des tout derniers à représenter le monde sans les Amériques !

« Et sur ce globe terrestre de 1492, qui a inspiré les plus grands navigateurs, il n'existe pas de Nouveau Monde... »

Les explorateurs *À côté de la plaque…*

Jacques Cartier, c'est un peu le Christophe Colomb breton, en moins chanceux sur le plan des épices, mais avec plus de vent dans les voiles ! En 1534, il explore les côtes de Terre-Neuve et du golfe du Saint-Laurent, prenant possession du territoire au nom de la France. L'année suivante, il remonte le fleuve Saint-Laurent jusqu'à Hochelaga (Montréal). Son troisième voyage, en 1541, est plus difficile ; les conditions climatiques sont rudes, les relations avec les Iroquois se détériorent et la recherche d'or et de diamants se révèle infructueuse. Cartier rentre en France, laissant derrière lui une colonie fragile qui finira par être abandonnée. Malgré ces difficultés, il a joué un rôle essentiel dans la découverte du Canada, ouvrant la voie à la colonisation française. Dans la cathédrale Saint-Vincent, vous pourrez vous mettre à la place de ce grand marin malouin !

Un indice : il faudra se mettre à genoux !

À part Cartier, les Français, même bretons, ne seront pas les plus rapides à se lancer sur les mers. C'est avec presque un demi-siècle de retard sur leurs rivaux européens – anglais, hollandais, espagnols, portugais… – que les navires français sillonnent les océans. Louis XIV, le Roi-Soleil, met un coup de boost à cette activité, mais d'une manière un peu particulière : sous son règne, il entre en guerre avec à peu près tous ses voisins européens.

Ces conflits ferment les ports du continent aux armateurs français, qui se tournent alors vers une nouvelle activité : la course. Il s'agit, d'une certaine manière, d'un sport, puisqu'il obéit à des règles ! La course, c'est une sorte de piraterie, mais légale ! Cette légalité repose sur l'autorisation officielle donnée par le roi à un simple particulier d'armer son navire pour « courir sus » aux bateaux des adversaires de la France. Et, très vite, Saint-Malo, grâce à ses marins habiles et à ses puissantes fortifications, devient la capitale corsaire du royaume : entre 1689 et 1713, la cité va armer pas moins de 7 000 navires !

De nos jours, parfois s'amarre à Saint-Malo un navire qui aide à imaginer les navires qui sillonnaient les mers au XVIIe et XVIIIe siècles. **Ouvert à la visite lorsqu'il est à quai, *L'Étoile du Roy* offre la reproduction fidèle d'un vaisseau corsaire, qui a participé à bon nombre de tournages, comme le *Napoléon* de Ridley Scott ou *Le Comte de Monte-Cristo*.** On peut y découvrir le pont, le carré des officiers, le bureau de l'écrivain du bord, qui consignait les routes maritimes et les missions…

Même si la course reste une activité à risques, elle fait la fortune des aventuriers navigateurs malouins. Parmi eux, René Duguay-Trouin (1673-1736) et Robert Surcouf (1773-1827), nés et morts à Saint-Malo. Surcouf fut un marin à la bravoure incontestable et au sens de la répartie acérée. Corsaire « officiel », certes, mais surtout pour son propre compte… Ses méthodes, souvent expéditives – il a parfois rusé pour surprendre l'adversaire en masquant la nationalité de son navire –, et son enrichissement personnel brouillent la fine frontière entre pirate et corsaire !

La plage du Sillon constitue l'un des avantages du port corsaire : à la fois port d'échouage et chantier naval, elle peut accueillir plusieurs centaines de navires.

Ses prises audacieuses et son mépris des conventions en firent une légende. **Il inspire même la chanson de marins *Au 31 du mois d'août*, qui raconte la prise du *Kent*, un gigantesque navire de guerre, vaincu par un modeste bateau malouin.**

Et on lui pardonne tout, parce qu'il avait de l'humour. C'est lui qui a donné l'une des plus belles punchlines de notre histoire : à un Anglais qui lui lançait « Vous messieurs les Français, vous vous battez pour l'argent alors que nous, nous nous battons pour l'honneur » Surcouf répond : « Chacun se bat pour ce qu'il n'a pas ! »

Louis XIV, qui mesure parfaitement l'importance de ses corsaires malouins, va faire en sorte de rendre Saint-Malo imprenable, en renforçant ses défenses avec de nouveaux forts, notamment le Fort Royal (puis National), ceux de la Conchée, du Petit Bé et de l'île Harbour.

« *Le 31 du mois d'août nous aperçûmes,* **vent debout**, *une frégate d'Angleterre ...* »

Portrait d'un Malouin :

François-René, vicomte de Chateaubriand

3.d • LA TOMBE DE CHATEAUBRIAND, *îlot du Grand Bé*

Saint-Malo, la cité romantique... Et ce n'est pas étonnant parce que c'est ici que naquit le père du romantisme, François-René de Chateaubriand (1768-1848).

L'auteur des *Mémoires d'outre-tombe* aimait la Bretagne (autant qu'il la fuyait), les femmes (et elles le lui rendirent bien), la politique (il en changea souvent), mais surtout, il s'aimait lui-même ! Chateaubriand repose, selon ses dernières volontés, sur l'île du Grand Bé, face à Saint-Malo... et face à la mer. Si vous passez près de son tombeau, chut ! Pas un bruit. Il a choisi cet endroit pour n'entendre, dans la mort, que le souffle du vent et le ressac des vagues.

4 ÉPOQUE CONTEMPORAINE
DES TOURISTES ET DES BOMBES

4.a • LE GRAND HÔTEL DES THERMES,
100, boulevard Hébert
4.b • MAISON NATALE DE DUGUAY-TROUIN,
2, rue de la Corne de Cerf

Place aux touristes !

Contrairement à ce que l'on croit, la course disparaît assez tardivement. Les grandes nations ne bannissent cette activité que dans les années 1850. Donc, **Saint-Malo va se recentrer sur son activité traditionnelle, la pêche à la morue, toujours sur les bans de Terre-Neuve, comme à l'époque de Cartier.** Mais une autre source de revenus ne tarde pas à apparaître, liée, comme dans le reste de la Bretagne, à une nouveauté : le chemin de fer : grâce à lui, des bancs entiers de touristes vont tomber dans les filets des Malouins !

Mais, au XXe siècle, Saint-Malo traverse une épreuve terrible : en août 1944, la cité corsaire disparaît sous un tapis de bombes américaines. 80 % de la ville intra-muros se retrouve pulvérisée. Un bombardement parfaitement inutile, qui reposait sur de mauvais renseignements : non, la ville ne s'était pas transformée en une redoutable forteresse défendue par des milliers de soldats allemands…

Affiche de 1888 vantant les bains de Paramé, un quartier de Saint-Malo.

Dès les années 1840, apparaissent les premières stations balnéaires, tout près d'ici, du côté de Saint-Servan, sur la plage du Rosais et des Bas Sablons. Et pour favoriser cette nouvelle activité, on facilite l'accès aux plages en aménageant le Sillon, ce cordon de mer qui reliait le rocher de Saint-Malo à la terre ferme en érigeant une digue surélevée et des brise-lames de chêne aujourd'hui centenaires.

Et le Sillon, aujourd'hui, peut prétendre au titre de l'une des plus belles plages de France, longue de 3 kilomètres, jusqu'à Paramé. La vague touristique emporte Saint-Malo mais aussi Dinard, sa voisine, qui s'élève face à elle. Pendant très longtemps, Dinard s'est imposée comme la plus prestigieuse station balnéaire de France !

Après-guerre, on essaiera de guérir de ce traumatisme en reconstruisant la cité dans un style historicisant plutôt coquet, qui tente de reproduire l'ancien tissu urbain.

Le charme de la ville reconstruite perdure, notamment grâce à la survie des remparts qui offrent de merveilleuses promenades... Saint-Malo, c'est une cité magnifique, qui a réussi à faire de son passé une force pour son avenir et ce n'est pas un hasard si, aujourd'hui, elle fait partie des dix sites touristiques préférés des Français – c'est même la seule cité au nord de la Loire avec Paris !

La maison natale de Duguay-Trouin, au début du XXe siècle et aujourd'hui, après sa reconstruction.

Mon Petit Détour

4.c • LES ROCHERS SCULPTÉS DE L'ABBÉ FOURÉ, *Rothéneuf*

À Rothéneuf, près de Saint-Malo, un spectacle insolite attend le visiteur : les rochers sculptés de l'abbé Fouré, un chef-d'œuvre de l'art brut. Imaginez un prêtre, Adolphe-Julien Fouré (1839-1910), qui, après un AVC le contraignant à abandonner son ministère, se lance dans un projet titanesque : transformer la falaise en un musée à ciel ouvert.

Pendant plus de treize ans, il va faire émerger du granit un bestiaire un peu fou de centaines de figures étranges, de monstres marins inspirés de légendes locales, de personnages bibliques et de saints locaux. Cet ensemble témoigne d'une énergie créatrice et de la permanence des influences celtiques dans le christianisme breton.

POUR PROLONGER LA VISITE :
saint-malo-tourisme.com

STRASBOURG

À toute Berzingue !

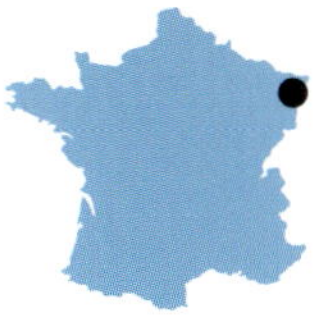

***Strasbourg, préfecture du Bas-Rhin, siège de la région Grand-Est, et ville frontalière située sur la rive du Rhin, est dès l'Antiquité romaine connue sous le nom de* Argentoratum.** *Mais Strasbourg, c'est aussi l'histoire d'une ville profondément européenne : elle fut une ville libre impériale du Saint Empire romain germanique, un centre important de la Réforme protestante, et est aujourd'hui le lieu des institutions européennes. Actuellement, Strasbourg est une ville dynamique économiquement, dont le centre-ville est classé au patrimoine mondial de l'Unesco. Pour y aller ? Rien de plus simple ! Elle est desservie par l'autoroute A4 qui la relie à Paris et l'Allemagne, ainsi que l'A35.*

« Depuis toujours, Strasbourg est **sur un axe routier essentiel** du nord de l'Europe. D'ailleurs « Strasbourg », ça veut dire **la ville des routes.** »

STRASBOURG

STRASBOURG
en vidéo,
flashez vite ceci !

1 ANTIQUITÉ
À MOI LA LÉGION !

1 • LE CAMP ROMAIN, *rue des Juifs, rue des Hallebardes et rue du Dôme*

À la fin du Ier siècle avant notre ère, les Barbares donnent bien du souci à Auguste, là-bas, à Rome. C'est pourquoi l'empereur décide de transférer une légion sur une île au bord du Rhin, afin de surveiller les tribus qui s'agitent de l'autre côté du fleuve.

Vers 12 avant J-C, **les militaires donnent les premiers coups de pioche et élèvent un camp fortifié,** un *castrum*, sur un ancien site gaulois protégé par plusieurs cours d'eau. *Argentoratum* vient de naître. Son souvenir subsiste dans la voirie (comme dans de nombreuses villes de ce livre), via les tracés du *cardo* (rue du Dôme) et du *decumanus* (rues des Juifs et des Hallebardes) qui se croisent à angle droit.

Les briques servant à édifier les bâtiments à la mode romaine sont fabriquées par les légionnaires et sont estampillées « Auguste LEG VIII », le nom de leur légion.

À la fin du Ier siècle de notre ère, les militaires de la VIIIe légion Auguste rebâtissent le *castrum* en dur. Quelques siècles plus tard, aux IIIe-IVe siècles, la caserne a donné naissance à une ville. Menacée par les Barbares, elle se ceint d'une puissante muraille hérissée de tours. Et, pour découvrir l'une d'entre elles, il faut se rendre au supermarché du 47, rue des Grandes-Arcades. Là, dans le sous-sol du bâtiment, subsistent **les imposants vestiges de l'une de ces tours circulaires.**

« Pendant 400 ans, **la même unité** tient garnison à Strasbourg, **la légion VIII Auguste !** »

Drusus, beau-fils d'Auguste, supervise l'établissement du camp légionnaire qui deviendra Strasbourg. Ce général romain est également à l'origine de la ville de Mayence, en Allemagne, née elle aussi d'un établissement militaire.

2 MOYEN ÂGE
C'EST L'APPARITION DU DAUPHIN

2.a • CATHÉDRALE, *place de la Cathédrale*
2.b • MAISON DE L'ŒUVRE NOTRE-DAME, *3, place du Château*
2.c • PONTS COUVERTS

La ville survit aux invasions et surmonte les crises – ce sera un leitmotiv de son histoire ! Nous la retrouvons au haut Moyen Âge à l'avant-scène de l'histoire européenne : c'est ici qu'en 842 **Charles le Chauve et Louis le Germanique – petits-fils de Charlemagne – signent une alliance militaire contre leur frère aîné, Lothaire Ier.** Une alliance immortalisée sur parchemin, sous le nom de « Serments de Strasbourg ». Rédigés en tudesque (l'allemand du haut Moyen Âge) et en roman (l'ancêtre de notre langue), ils marquent la naissance du français...

La cathédrale doit sa couleur unique à l'usage du grès rose des Vosges.

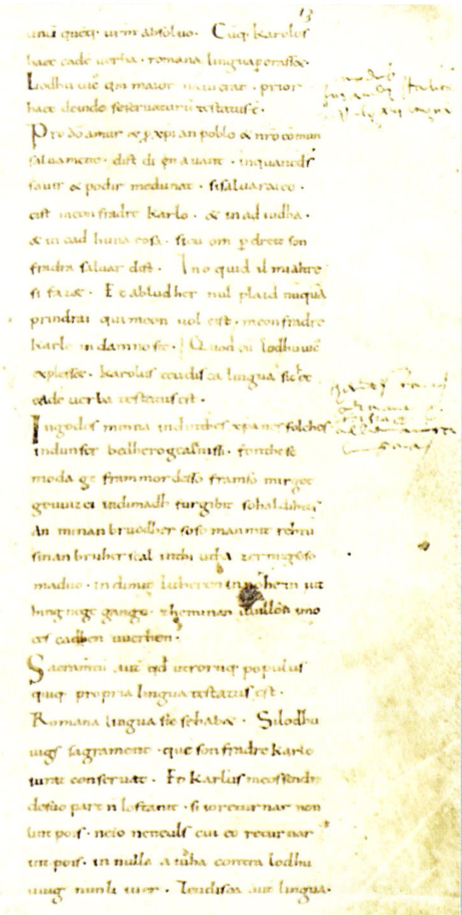

Les Serments de Strasbourg.

Un an plus tard, l'éclatement de l'empire est acté lors du traité de Verdun : à Charles le Chauve revient la France ; à Louis, les terres germaniques. Quant à Lothaire Ier, il reçoit la Lotharingie – cet espace qui court de la mer du Nord à la Méditerranée, en passant par la vallée du Rhône, où s'élèvent l'ancienne capitale impériale, Aix-la-Chapelle, et les prestigieuses cités de Milan, Lyon et… Strasbourg.

Rien d'étonnant alors à ce que la ville, qui dépend d'un évêque dès l'époque mérovingienne (vers 500-750), se dote d'une imposante cathédrale. **Les travaux de construction durent cinq cents ans**, mais quel résultat ! Pendant quelques siècles, Notre-Dame de Strasbourg sera même le plus haut bâtiment de la chrétienté – 142 mètres de hauteur – et ne sera détrônée qu'au XIXe siècle…

« Le véritable triomphe de cette cathédrale, **c'est la flèche.** C'est une vraie tiare de pierre avec sa couronne et sa croix. **C'est le prodige du gigantesque et du délicat.** J'ai vu Chartres, j'ai vu Anvers, il me fallait Strasbourg. »

Victor Hugo, Le Rhin.

Depuis le XIIIe siècle, cette institution laïque réunit les artisans chargés de la construction – et aujourd'hui de la restauration – de la cathédrale. **Depuis 1347, son siège se situe dans une maison autrefois siège de la loge des tailleurs de pierre.** Restaurée après un bombardement américain en août 1944, elle abrite désormais un musée d'art.

La Maison de l'Œuvre Notre-Dame, de style gothique et Renaissance, qui abrite le siège de l'institution, est installée à la même adresse, à deux pas de la cathédrale… depuis six cent soixante-dix-huit ans !

Comme dans de nombreuses autres villes médiévales, les habitants réclament plus de franchises et de libertés… **À côté de la cité épiscopale, fleurit une ville bourgeoise, enrichie par l'évolution économique** : depuis toujours, Strasbourg se situe au croisement de plusieurs voies européennes, celle qui unit Paris aux cités du Saint Empire germanique et la grande route commerçante qui relie les villes du nord de l'Europe à Rome.

Florin de Strasbourg en or, battu au XVIe siècle.

En 1262, les habitants se libèrent de l'autorité de l'évêque et Strasbourg obtient le statut de « ville impériale libre », placée sous l'autorité d'un maire, l'*Ammeister*, entouré d'élus et d'un conseil.

La ville obtient même le droit de battre monnaie. Et qui dit argent dit murailles ! La corporation la plus puissante de la ville, celle des bateliers qui contrôlent le commerce sur l'Ill, lance de vastes travaux. Cette ville laïque, qui se développe à l'ouest de la cité épiscopale, offre aux visiteurs de superbes monuments médiévaux.

Un système défensif est édifié dès le XIIIe siècle. Pour enjamber la rivière et pénétrer dans la ville, on emprunte des ponts couverts, défendus par des tours.

L'ancienne douane

Au Moyen Âge, Strasbourg s'enrichit grâce à son « eautoroute », l'Ill. Et, hier comme aujourd'hui, qui dit commerce dit taxes ! En 1358, sur le point d'accostage des marchandises est édifié ce bâtiment qui abritait les services douaniers, des entrepôts et des commerces. ***L'édifice, un imposant bâtiment de pierre, témoigne d'une époque où Strasbourg était une plaque tournante du négoce rhénan.*** *L'ancienne douane a traversé les siècles, les guerres – dont un terrible bombardement le 11 août 1944 –, les changements de régime, mais elle est toujours là, fièrement dressée sur les bords de l'Ill. De nos jours, elle a toujours quelque chose à déclarer et abrite une bibliothèque ainsi que de nombreux événements culturels !*

Depuis l'Antiquité, la ville, fortifiée et placée sur un carrefour commercial, mérite bien son nom : « Strasbourg » (Straße, « route », et Burg, « place forte »)…

3 RENAISSANCE
VILLE MODERNE

3.a • PLACE GUTENBERG
3.b • NEUE BAU, *place Gutenberg*

La place Gutenberg

La Renaissance marque un âge d'or. Les affaires prospèrent, Strasbourg remplit pleinement son rôle de place commerciale au point de se doter, à la fin du XVIe siècle, d'un imposant édifice à la fois Bourse, mairie et centre commercial, **le *Neue Bau*. Le bâtiment, construit en pierre – comme la cathédrale, alors que le reste de la ville est édifié en bois –, symbolise le dynamisme de Strasbourg.** Une vitalité qui se traduit dans les affaires, mais aussi dans le domaine de l'esprit…

En effet, de nombreux historiens soutiennent que c'est à Strasbourg – et pas à Mayence – que Gutenberg a inventé l'imprimerie. C'est en observant une presse à vin – d'Alsace naturellement ! – que serait venue à Johannes Gensfleisch zur Laden zum Gutenberg l'idée de la presse à imprimer. *Se non è vero, è ben trovato*.

Pour les certitudes historiques, on sait que Gutenberg, orfèvre né à Mayence, passe dix ans à Strasbourg, de 1434 à 1444. On sait aussi que les artisans y travaillent le métal (la ville bat monnaie, on l'a dit) et le papier. De plus, les élites locales se tourneront bientôt vers le protestantisme. Gutenberg a, sans aucun doute, bénéficié d'un certain « air du temps » pour peaufiner son invention… Une fois la Bible imprimée, elle est plus facile à lire et à partager. Les gens commencent à l'interpréter chacun à leur façon, ce qui finit par faire naître des critiques. C'est dans ce climat que Luther apparaît et lance la Réforme.

***Le Neue Bau** vers 1860. Ce « Nouveau Bâtiment » est, en réalité, le plus ancien édifice Renaissance de la ville, bâti en 1585 pour remplacer l'ancien hôtel de ville.*

Sur la place Gutenberg, s'élève la statue de… Gutenberg, réalisée par David d'Angers (1788-1856). L'inventeur de la première bible imprimée tient à la main un parchemin sur lequel se lit l'inscription tirée de la Genèse, « Et la lumière fut ».

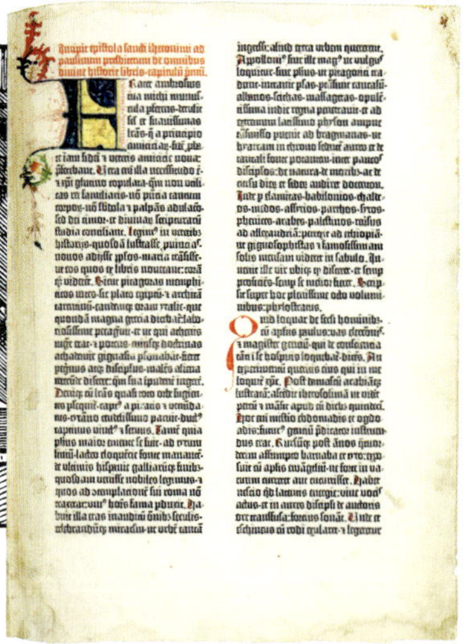

Une page de la Bible de Gutenberg, réalisée vers 1454-1455.

Portrait d'un Strasbourgeois : Sébastien Brant

Né à Strasbourg, cet universitaire docteur en droit ne vous dit sûrement rien. Il est pourtant l'auteur, en 1494, d'un best-seller européen, devenu, au XVIe siècle, le livre le plus lu après la Bible. Intitulé *La Nef des fous*, il dénonce, de manière satirique, toutes les folies qui entraînent les hommes à leur perte, de l'avarice à la luxure, en passant par celle de l'auteur, qui se dépeint comme un fou bibliomane ! En ces temps de pré-Réforme, l'ouvrage traduit surtout les inquiétudes religieuses qui traversent l'Europe au sortir du Moyen Âge. Cette savoureuse galerie de fêlés a très vite inspiré les artistes : Dürer illustre l'ouvrage peu après sa sortie et Bosch en tire un tableau, aujourd'hui visible au musée du Louvre.

La Nef des fous*, de Bosch (détail), v. 1510, musée du Louvre.*

4 ÉPOQUE MODERNE
FRANÇAISE ET CATHOLIQUE !

4.a • LYCÉE FUSTEL-DE-COULANGES, *1, place du Château*
4.b • PALAIS ROHAN, *2, place du Château*

Bouleversement religieux

Ville du Saint Empire romain germanique, cité protestante, Strasbourg se méfie du roi de France très chrétien ! Pour ce dernier, sécuriser les frontières de la France, le long des fleuves et des montagnes, devient une obsession.

Après la fin de la guerre de Trente Ans (1648), qui a ravagé le Saint Empire, la cité-État alsacienne se retrouve bien seule face à Louis XIV. En 1681, les troupes françaises se présentent sous les murs de la cité le 28 septembre. Après deux jours de négociations, la municipalité, à 16 heures, ouvre les portes de la ville. Symboliquement, une partie du rempart est abattue et, surtout, la cathédrale est rendue au culte catholique, tandis que le roi accorde la liberté de culte aux habitants.

Une fois la ville officiellement rattachée au royaume, en 1697, il faut la franciser et la catholiciser ! C'est pour cette raison qu'en 1685 – année de la révocation de l'édit de Nantes (qui garantissait, depuis Henri IV, des droits aux protestants) – on fait appel aux jésuites... Ces religieux logent dans un nouveau collège (qui deviendra le lycée Fustel-de-Coulanges) construit à l'ombre de la cathédrale et à deux pas du nouveau palais épiscopal, le palais Rohan, commandé par le premier prince-évêque français, Armand de Rohan-Soubise, que l'on dit fils naturel de Louis XIV.

*« Un vent de **catholicisme** souffle sur Strasbourg. »*

Robert de Cotte, beau-frère du célèbre Jules Hardouin-Mansart, quant à lui élève, à l'emplacement de l'ancien palais des prince-évêques, un édifice à la hauteur de ses ambitions. Symbole du classicisme français et du luxe, il réunit un palais épiscopal et un palais royal, puisque c'est ici que le souverain est logé quand il réside dans sa bonne ville de Strasbourg, comme en 1744, lors de la visite de Louis XV.

*« Avec sa façade classique donnant sur l'Ill, le palais Rohan porte bien son surnom de **« Petit Versailles »**. »*

Le prince-évêque Armand Gaston Maximilien de Rohan confie au fameux architecte Robert de Cotte la mission de remplacer l'ancien palais épiscopal. Le choix du style classique, typiquement français, s'impose après la conquête de l'ancienne cité allemande...On voit ici le bâtiment illuminé pour célébrer la venue de Louis XV.

Les explorateurs **Le Büchmesser**

C'est le ventre de la ville ! Il ne s'agit pas des Halles de Paris, dépeintes par Zola, mais on y parle aussi de nourriture. Ce lieu – monument historique depuis 1936 – se nomme le *Büchmesser*, « mesureur de bedaine » : on dit que les bourgmestres nouvellement élus devaient pouvoir se glisser entre une colonne de grès, datant de 1567, et le mur. Ce qui vous laisse 35 centimètres pour vous faufiler...
Un indice : vous la trouverez au bout de la seule rue qui permette de voir la cathédrale dans son ensemble, du parvis jusqu'au sommet de sa flèche.

Portrait d'un Strasbourgeois : Philippe Frédéric de Dietrich

Ce protestant, issu d'une famille de banquiers, s'illustre d'abord dans le domaine scientifique. Ouvert aux idées nouvelles, franc-maçon, ami des encyclopédistes et de La Fayette, il devient maire de la ville en 1790. Et c'est chez lui, dans son salon, que Rouget de Lisle interprète pour la première fois un hymne révolutionnaire que nous connaissons tous : ***La Marseillaise***. Mais, en ce temps-là, le vent tourne vite : en 1793, les révolutionnaires jugent Dietrich à Besançon puis l'acquittent… avant que le Tribunal révolutionnaire le condamne à mort à Paris, où il est guillotiné.

Le musée historique de Strasbourg conserve *Rouget de l'Isle chantant la Marseillaise*, le fameux tableau que peint en 1849 Isidore Pils. Le compositeur chante, sous le regard de Dietrich (assis) tandis que l'épouse de ce dernier l'accompagne au clavecin.

5 ÉPOQUE CONTEMPORAINE

GUERRES ET PAIX

5.a • NEUSTADT
5.b • LE PARLEMENT EUROPÉEN,
1, avenue du Président Robert Schuman

Sous l'impulsion du chancelier Bismarck (1815-1898), le royaume de Prusse prend, peu à peu, l'ascendant sur ses voisins allemands et autrichiens. Après avoir vaincu les armées de l'empereur viennois en 1866, les Prussiens bousculent les armées françaises en 1870, capturent Napoléon III, campent sous les murs de Paris, fondent le IIe Reich dans la galerie des Glaces à Versailles et s'emparent de l'Alsace-Lorraine !

Édifié entre 1884 et 1889, l'ancien palais impérial se nomme désormais le palais du Rhin.

Les explorateurs **Sommeil explosif**

Le 19 juillet 1870, la guerre éclate entre la Prusse et la France. Strasbourg se retrouve en première ligne et, du 23 août jusqu'à sa capitulation le 28 septembre, sous le feu des canons ennemis. Le cœur de la cité et la cathédrale sont bombardés. Dans la pluie d'obus, malgré leur *Deutsche Qualität*, certains n'explosent pas. L'un d'entre eux demeure même fiché sur la façade d'un hôtel. À vous de le trouver !
Un indice : tournez le dos à l'entrée de la cathédrale pour voir sa façade.

Les armoiries de l'Alsace-Lorraine sous le IIe Reich.

Proclamation du IIe Reich à Versailles, le 18 janvier 1871 ; le peintre Anton von Werner (1885) a représenté Bismarck au centre, en uniforme blanc.

Strasbourg devient la capitale du *Reichsland Elsaß-Lothringen*... et la ville se double bientôt d'une cité nouvelle, la *Neustadt*. Elle accueille un palais impérial et une série de bâtiments administratifs et culturels, qui se succèdent le long de la *Kaiser-Wilhelm-Straße* – l'actuelle avenue de la Liberté.

On y trouve une bibliothèque, où l'on vante la culture germanique ; en face, un théâtre, où l'on vante la culture germanique ; au bout, une université, où l'on vante... **Bref, on veut faire de la ville ce qui se fait de mieux en Allemagne !**

Sur la grille du palais, couleur gris de Prusse (!), un artisan facétieux – et audacieux – a glissé une caricature du kaiser Guillaume II...

« Jurez de ne déposer les armes que lorsque nos couleurs, nos belles couleurs, **flotteront sur la cathédrale de Strasbourg.** »

L'autre serment de Strasbourg

Nous avions laissé les Mérovingiens et leurs Serments de Strasbourg en 842 ; un autre engagement solennel, huit cents ans plus tard, fait partie de la légende de la ville. Juré à 3 000 kilomètres de la cathédrale, par Leclerc et ses hommes, il promettait de ne cesser la lutte que lorsque Strasbourg serait libérée. Prononcé le 2 mars 1941, Leclerc devra combattre jusqu'au 23 novembre 1944 pour réaliser sa promesse.

Après les deux guerres mondiales qui frappent cruellement l'Alsace, Strasbourg cesse d'incarner une ville disputée entre nations pour renouer avec, d'une certaine manière, son passé carolingien : elle devient le berceau d'une idée européenne qui transcende les frontières. C'est ainsi dans son palais universitaire que se tient la première session du Conseil de l'Europe en août 1949 : quelques années après la fin de la guerre qui a failli emporter le continent, les États européens décident d'avancer sur le chemin de l'union.

Le Palais de l'Europe, œuvre de l'architecte Henry Bernard (à qui l'on doit aussi la maison de Radio France à Paris), abrite le Conseil de l'Europe, la principale organisation de défense des droits de l'homme en Europe, qui compte 46 États membres.

En décembre 1999, le bâtiment Louise-Weiss (du nom de la féministe alsacienne, penseuse, députée européenne), siège du Parlement de l'Europe est inauguré. C'est ici que les députés européens se réunissent.

C'est où, l'Europe ?

Le Parlement européen siège au sein du bâtiment Louise-Weiss, à Strasbourg (France), où se tient l'ensemble des séances plénières mensuelles. Des séances additionnelles peuvent se dérouler à Bruxelles… et son secrétariat se trouve au Luxembourg.

On compte sept grandes institutions européennes :

Le Parlement européen
Le Conseil européen (Bruxelles)
Le Conseil de l'Union européenne (Bruxelles et Luxembourg)
La Commission européenne (Bruxelles et Luxembourg)
La Cour de justice de l'Union européenne (Luxembourg)
La Banque centrale européenne (Francfort)
La Cour des comptes européenne (Luxembourg)

Mon Petit Détour

5.c • LE CHÂTEAU DU HAUT-KŒNIGSBOURG

Guillaume II en visite au château du Haut-Kœnigsbourg

Direction l'un des plus beaux châteaux d'Alsace... que dis-je, de France... d'Europe ! Certes, le détour prendra une heure mais, en train ou en automobile, le monument reste très bien desservi depuis Strasbourg. Car comment passer à côté de cet incontournable, fréquenté annuellement par plus de 500 000 visiteurs, ce qui en fait le monument le plus populaire du Grand-Est ?

Imaginez-vous perchés à plus de 750 mètres d'altitude, dominant toute la plaine d'Alsace comme un aigle impérial surveillant son nid. Ce château, c'est bien plus qu'une simple forteresse, c'est un véritable livre d'histoire en pierre, un témoin privilégié des tumultes et des passions qui ont façonné l'Alsace. Ses origines se perdent dans le brouillard du Moyen Âge, autour du XIIe siècle. D'abord aux mains des Hohenstaufen, ces empereurs germaniques qui avaient des vues sur toute l'Europe, le château devient rapidement un enjeu stratégique majeur : contrôler le Haut-Kœnigsbourg, c'était contrôler les routes entre l'Allemagne et la France.

Au fil des siècles, le château change de mains, est assiégé, pillé, incendié... La guerre de Trente Ans, au XVIIe siècle, lui porte un coup presque fatal. Abandonné, il devient une simple carrière de pierres pour les villages alentour. Mais l'histoire ne s'arrête pas là ! **Au début du XXe siècle, Guillaume II, l'empereur allemand, décide de redonner vie à ce géant endormi.** Une restauration ambitieuse, parfois controversée, est entreprise pour lui rendre son lustre d'antan. Et quel résultat ! Le château que nous visitons aujourd'hui est une reconstruction, basée sur des plans anciens qui fait revivre l'esprit du lieu.

Alors, pourquoi visiter le Haut-Kœnigsbourg ? **Mais pour mille raisons ! D'abord, pour la vue, à couper le souffle. Par temps clair, on aperçoit les Vosges et la Forêt-Noire.** Ensuite, pour l'architecture, impressionnante. Des remparts massifs, des tours imposantes, des cours intérieures labyrinthiques... Et puis, pour l'ambiance, unique. Le château est meublé, décoré, comme s'il était encore habité. Visiter le Haut-Koenigsbourg c'est comme monter dans la DeLorean de Doc Brown, mais sans les risques de paradoxes temporels ! Prêts pour l'aventure ?

POUR PROLONGER LA VISITE :
visitstrasbourg.fr

AUXERRE

À toute Berzingue !

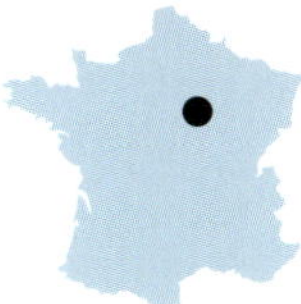

Auxerre, préfecture du département de l'Yonne en région Bourgogne-Franche-Comté, est au cœur d'une région viticole réputée.

Dès l'Antiquité, située sur la très fréquentée via Agrippa*, la ville d'*Autessiodurum *était une importante cité gallo-romaine. Baignée par la paisible Yonne, Auxerre est une ville d'art et d'histoire, joyau de l'art carolingien, facilement accessible par l'autoroute A6 qui la relie directement à Paris et Lyon.*

« Auxerre, c'est Auticum, un oppidum celte qui veut dire le « mont royal». »

AUXERRE

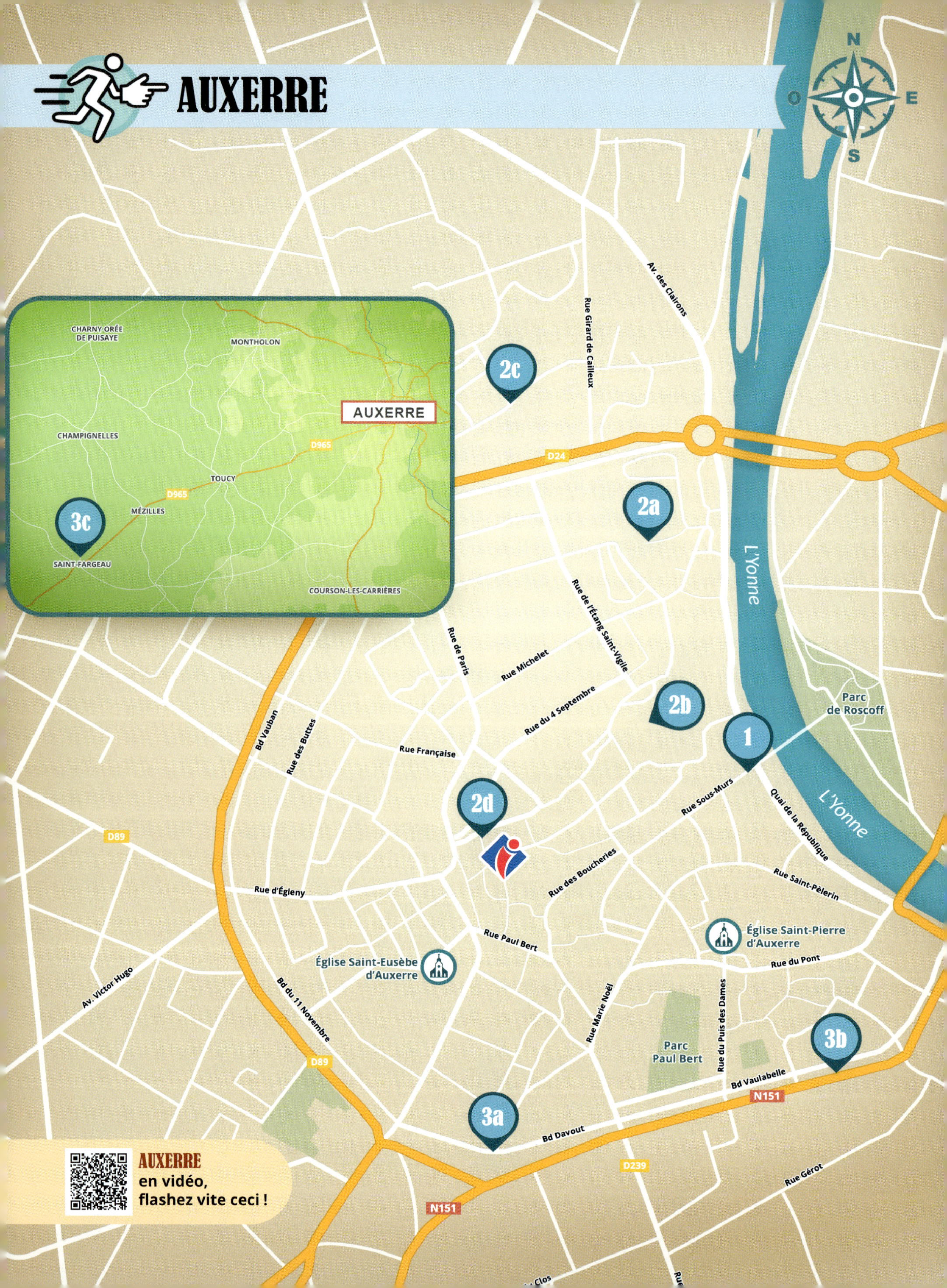

AUXERRE
en vidéo,
flashez vite ceci !

1 ANTIQUITÉ
LA VILLE ÉTAPE

1 • LE CASTRUM ROMAIN, *rue des Sous-Murs et rue des Pêcheurs*

C'est sur la rive gauche de l'Yonne que naît Auxerre, fondée par des Gaulois. Sa position, sur d'antiques voies de communication, n'échappe pas aux Romains lors de la conquête de la Gaule. Et c'est sous le nom d'*Autessiodurum* qu'Auxerre entre dans l'Histoire. Une branche de la *via Agrippa* – la grande voie romaine qui reliait Boulogne-sur-Mer à Rome – assure son développement économique durant la *pax romana*. **Elle devient même, au IIIe siècle, une capitale régionale et, au siècle suivant, se dote d'une puissante enceinte, longue de plus d'un kilomètre.**

Les ravages du temps ont emporté la plupart des monuments antiques. Mais, au fil des ruelles, se dévoilent, pour qui sait les voir, quelques traces de l'enceinte fortifiée romaine. Ainsi, un angle arrondi au croisement de la bien nommée rue des Sous-Murs et de la rue des Pêcheurs révèle l'existence de la tour Saint-Pancrace, qui n'a guère changé de forme depuis l'Antiquité. On peut aussi citer une tour rue de la Marine.

2 MOYEN ÂGE
DES OS ET DES PEINTURES

2.a • ABBAYE SAINT-GERMAIN, *2, place Saint-Germain*
2.b • CATHÉDRALE SAINT-ÉTIENNE, *place Saint-Étienne*
2.c • DOMAINE DU CLOS DE LA CHAÎNETTE, *4, avenue Pierre-Scherrer*
2.d • LA TOUR DE L'HORLOGE, *5, rue de la Tour-Gaillarde*

Au début du Moyen Âge, c'est dans l'espace protégé par cette enceinte qu'apparaissent les premiers édifices chrétiens. Parmi les propagateurs de la nouvelle religion, Germain.

À l'origine de cet édifice, qui va rayonner pendant seize siècles, une reine, et pas n'importe laquelle : Clotilde, l'épouse burgonde de Clovis, le premier souverain chrétien du royaume des Francs. Elle fait élever une petite basilique sur le tombeau de l'évêque. Bientôt une communauté de moines bénédictins s'installe et un premier monastère est édifié.

Puis, miracle, justement, les premiers miracles se produisent parmi les fidèles et assurent la célébrité du site. Conrad, abbé

Portrait d'un Auxerrois : Germain

Né à Appoigny, à une dizaine de kilomètres au nord d'Auxerre, ce fils d'une puissante famille gallo-romaine devient avocat et embrasse la religion chrétienne. **Il est élu évêque de la ville en 418 et les Auxerrois ne tardent pas à célébrer son courage** – n'est-il pas parti évangéliser la Bretagne (l'actuelle Angleterre) ? – mais aussi son esprit pratique, puisqu'il a négocié avec les autorités de substantielles baisses d'impôts !

Son influence est immense, il rencontre les grands religieux de l'époque, comme saint Patrick, saint Hilaire et sainte Geneviève. Après sa mort, en 448 lors d'un voyage à Ravenne auprès de l'empereur Valentinien III, on ramène son corps dans la cité bourguignonne et on le dépose dans un petit oratoire, à l'origine d'une grandiose abbaye.

de Saint-Germain et oncle du roi Charles le Chauve, lui doit une guérison inattendue : l'abbaye est agrandie et le culte de Germain, assuré pour des siècles. **Les reliques du saint – bouts d'os ou morceaux de tissu en contact avec le corps – assurent à leur tour la diffusion du culte dans tout l'Empire carolingien. On réclame tant de ces reliques qu'aujourd'hui pas un reste du corps de Germain ne subsiste à Auxerre !** On pourra néanmoins admirer dans l'abbaye la dalle du premier tombeau du saint, ainsi qu'un suaire en soie dans lequel fut enveloppé le reliquaire au XIe siècle.

À l'origine de l'abbaye Saint-Germain, un petit oratoire construit sur la tombe du saint.

« Ne cherchez pas les ossements de Germain, on n'en a plus, on en a fait cadeau à tout le monde. »

Bras-reliquaire (XIIIe s.) de saint Germain d'Auxerre provenant de l'église Saint-Germain de Boury-en-Vexin et conservé dans le trésor de la cathédrale Saint-Pierre de Beauvais.

La crypte, rare témoignage de l'architecture carolingienne, renferme la tombe du saint et conserve les plus anciennes fresques murales de France. On peut notamment y découvrir une peinture représentant la lapidation de saint Étienne, découverte il y a un siècle seulement. Mieux, une inscription dévoilerait le nom de l'artiste : Fredilo…

Outre la crypte carolingienne, l'abbaye conserve deux éléments du XIIe siècle, la tour Saint-Jean (surmontée de sa flèche de pierre à huit pans) et la salle du chapitre, mais aussi un cellier (XIVe siècle) et un cloître classique (XVIIe siècle).

La cathédrale Saint-Étienne

À l'époque carolingienne, Auxerre s'affirme comme un centre religieux et un lieu de savoir, autour d'une école monastique. Les meilleurs maîtres s'y pressent et posent les bases d'un enseignement qui perdurera des siècles, axé autour de sept matières, dites arts libéraux : l'arithmétique, l'astronomie, la dialectique, la géométrie, la grammaire, la musique et la rhétorique.

La lapidation de saint Étienne, peinte sur l'une des parois de la crypte. Étienne (du grec stephanos, « couronné ») compte parmi les premiers disciples des apôtres à Jérusalem. Entré en conflit avec la communauté juive, il est condamné à la lapidation et meurt sous les yeux d'un certain Paul. Avec cette mort, on le considère comme le premier des martyrs. Célébré dans tout le monde chrétien, il inspire très tôt les artistes et ses reliques sont diffusées partout en Europe, notamment à Auxerre.

« Auxerre » ou « Ausserre » ?

Quelle est donc la juste prononciation ? Les Ausserois vous affirmeront que la France entière se trompe en appelant Auxerre « la ville d'Ausserre ». Et ils ont raison… On prétend qu'au Moyen Âge les moines copistes, pour se faciliter la tâche, multiplient les abréviations : pour remplacer les double « s », ils se contentent d'une croix… et « Ausserre » serait ainsi devenue « Auxerre ». Si vous souhaitez donc faire plaisir à vos hôtes et revenir à la prononciation originelle de la cité, vous savez laquelle choisir…

Outre l'abbaye, d'autres monuments religieux s'élèvent dans la cité. L'église de l'évêque – la cathédrale Saint-Étienne – bénéficie, elle aussi, de prestigieux aménagements. Magnifique bâtiment gothique, elle conserve une vaste crypte romane. Et, tout comme Saint-Germain, elle conserve un important cycle de fresques, romanes celles-ci. **On peut y découvrir, dans sa crypte, la représentation, rare dans l'art, d'un Christ à cheval, daté de la fin du XIe siècle.**

L'autre religion à Auxerre, c'est la viticulture. Et les deux ont souvent partie liée ! La cité, au Moyen Âge, exporte ses vins vers Paris et l'Angleterre grâce à sa rivière, sur les rives de laquelle un port est aménagé, près de la superbe place Saint-Nicolas. Un saint qui n'est autre que le protecteur des mariniers, qui, comme les nautes à Paris, dirigent et organisent la navigation fluviale afin d'exporter le vin et le bois vers le marché parisien.

*« Les hommes de ce pays ne sèment, ni ne moissonnent ni n'amassent dans leur grenier, mais **ils envoient leur vin** tout à Paris, car tout près de la ville, il y a un fleuve qui mène à Paris. **Ils le vendent si bien qu'ils en tirent tout**, nourriture et vêtements. »*

Frère Salimbene de Adam (1248)

« Sous le pont Mirabeau coule l'Yonne »

La règle, chez les géographes, est claire : quand deux cours d'eau se réunissent, c'est celui qui a le plus petit débit qui se jette dans l'autre et devient son affluent. Ainsi, la Dordogne se jette dans la Garonne et pas l'inverse. Pour l'Yonne, c'est un peu plus compliqué : quand la Seine et l'Yonne se rejoignent, à Montereau-Fault-Yonne, c'est cette dernière qui est la plus puissante, donc le cours d'eau né de cette union devrait s'appeler l'Yonne et pas la Seine. Mais la géographie, parfois, s'incline devant l'Histoire… Et la Seine, divinisée depuis l'Antiquité, s'est imposée…

Les explorateurs *Le clos bien caché*

En Bourgogne, la vigne pousse partout. Longtemps, existaient même des vignobles urbains, au cœur des villes. C'est encore le cas à Auxerre : au détour d'une rue, on peut tomber sur l'une de ces parcelles où s'alignent des centaines de ceps. Fermées par des murs, ces vignes portent le nom de « clos ». Vous en trouverez un, à deux pas de l'abbaye Saint-Germain, où sont cultivés, depuis le haut Moyen Âge, 4,20 ha de bourgogne AOC.
Un indice : pour les fous du vin et les autres.

La même heure pour tout le monde

À l'issue de la guerre de Cent Ans et après la mort de Charles le Téméraire, le comté d'Auxerre devient définitivement français. Les fortifications perdent de leur utilité mais restent un symbole que les rois de France, nouveaux maîtres de la ville, mettent à profit, comme avec les aménagements de la tour Gaillarde : édifiée au XIIe siècle sur les fondations de l'enceinte romaine, elle ne porte, à cette date, ni horloge ni clocher. La gestion du temps, rythmé par les cloches, reste un privilège de l'Église.

Mais le temps change justement… et à la fin du XVe siècle, Charles VII accorde un certain nombre de privilèges aux Auxerrois, qui obtiennent le droit de posséder leur horloge, qui battra les heures « du même son que celle de l'horloge du Palais [de la Cité] à Paris », indique le contrat passé avec le fondeur de cloches. Son horloge astronomique indique non seulement l'heure, mais aussi les phases de la Lune, les signes du zodiaque et la position du soleil. Ce beffroi communal, symbole des libertés de la ville qui s'élève à deux pas de la mairie, constitue l'un des monuments les plus célèbres d'Auxerre et son carillon rythme toujours la vie des Auxerrois.

« Charles VII va **offrir** aux bourgeois de la ville **une horloge** pour leurs rendez-vous commerciaux. »

3 DE LA RENAISSANCE À NOS JOURS *UNE VILLE QUI USINE*

3.a • BOULEVARD DAVOUT
3.b • LES USINES GUILLIET, *boulevard Vaulabelle*

À l'époque moderne, la ville conserve son aspect médiéval et se libère peu à peu de son enceinte qui laisse place à des promenades, comme l'actuel boulevard Davout, du nom de l'un des douze maréchaux créés par Napoléon Ier. Davout ou d'Avout naît à Annoux dans une petite famille d'épée à une quarantaine de kilomètres d'Auxerre. Sur le plan tactique, notamment à Auerstaedt (1806), ce sera le meilleur officier de Napoléon, ce qui lui fera gagner son surnom de « maréchal de fer ». Et sur le plan politique, il sera l'un des rares à rester fidèle à l'Empereur.

Au XIXe siècle, ça envoie du bois !

Au XIXe siècle, Auxerre entre de plain-pied dans la révolution industrielle. Une fois encore dans son histoire, elle profite de sa position idéale, relativement proche du marché parisien alors en pleine expansion. Mettant à profit les forêts de la région, un ébéniste local, François Guilliet, monte un atelier en 1847 et commence à concevoir des outils pour travailler le bois. Quelques dizaines d'années plus tard, l'entreprise Guilliet Fils et Cie, qui s'est entre-temps spécialisée dans l'outillage et les machines à travailler le bois, s'impose comme un poids lourd local, avec plus de 2 000 employés. Pour les loger, elle crée des dizaines de maisons d'ouvriers dans le quartier Saint-Gervais / Brazza, sur la rive droite de l'Yonne.

Mon Petit Détour

3.c • LE CHÂTEAU DE SAINT-FARGEAU, *Saint-Fargeau*

Un vrai mastodonte de briques rouges ! Le château de Saint-Fargeau écrase de toute sa prestance le petit village tout mignon à ses pieds. Et pourtant, derrière le châtelet d'entrée, un peu austère, une belle surprise : une charmante demeure classique signée François Le Vau, rien que ça – l'architecte du roi ! **C'est ici que Jean d'Ormesson a grandi, gambadant entre les salons et les souvenirs, avant de raconter sa « vie de château » dans ses livres.** Aujourd'hui, à moins d'une heure d'Auxerre, on peut visiter les lieux… et même y croiser des mousquetaires en pleine action lors des spectacles historiques !

Portrait d'un Auxerrois :

Guy Roux

Guy Roux, c'est Auxerre, évidemment ! Cette figure emblématique du football français naît pourtant à Colmar, à 400 kilomètres de là… Entraîneur de l'AJ Auxerre pendant plus de quarante ans, il a mené le club de la division d'honneur au titre de champion de France en 1996. **Tonton flingueur du foot français, connu pour son franc-parler, ses méthodes parfois atypiques et ses survêtements improbables, il a marqué des générations de joueurs et de supporters.** En retraite depuis 2005, il continue de suivre son club et de sillonner les rues animées de sa ville de cœur.

« — Je vous présente Guy Roux, le quatrième clocher de la ville !
— Il vaut mieux être le clocher que la cloche ! »

POUR PROLONGER LA VISITE :
ot-auxerre.fr

VANNES

À toute Berzingue !

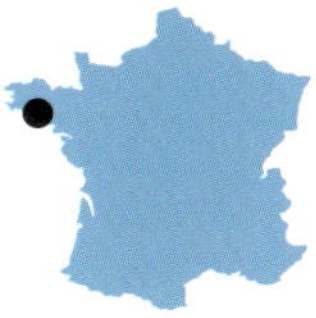

Vannes, préfecture du Morbihan, est une ville portuaire située au fond du golfe du Morbihan, mais c'est surtout... *un concentré de Bretagne ! Dans l'Antiquité, la ville était connue sous le nom de* Darioritum *et fut la capitale des Vénètes, puissant peuple de marins qui contrôlaient le commerce maritime armoricain. Vannes, avec ses remparts imposants et sa cathédrale Saint-Pierre, fut un important centre ducal et épiscopal. Aujourd'hui, elle est un pôle économique majeur en Bretagne, facilement accessible par la N165, la voie express majeure reliant Nantes à Brest, et par la N166 vers Rennes.*

*« Au départ, **Vannes,** c'est le territoire de la **tribu celte des Vénètes**, ce sont eux les irréductibles **Astérix et Obélix** ! »*

VANNES

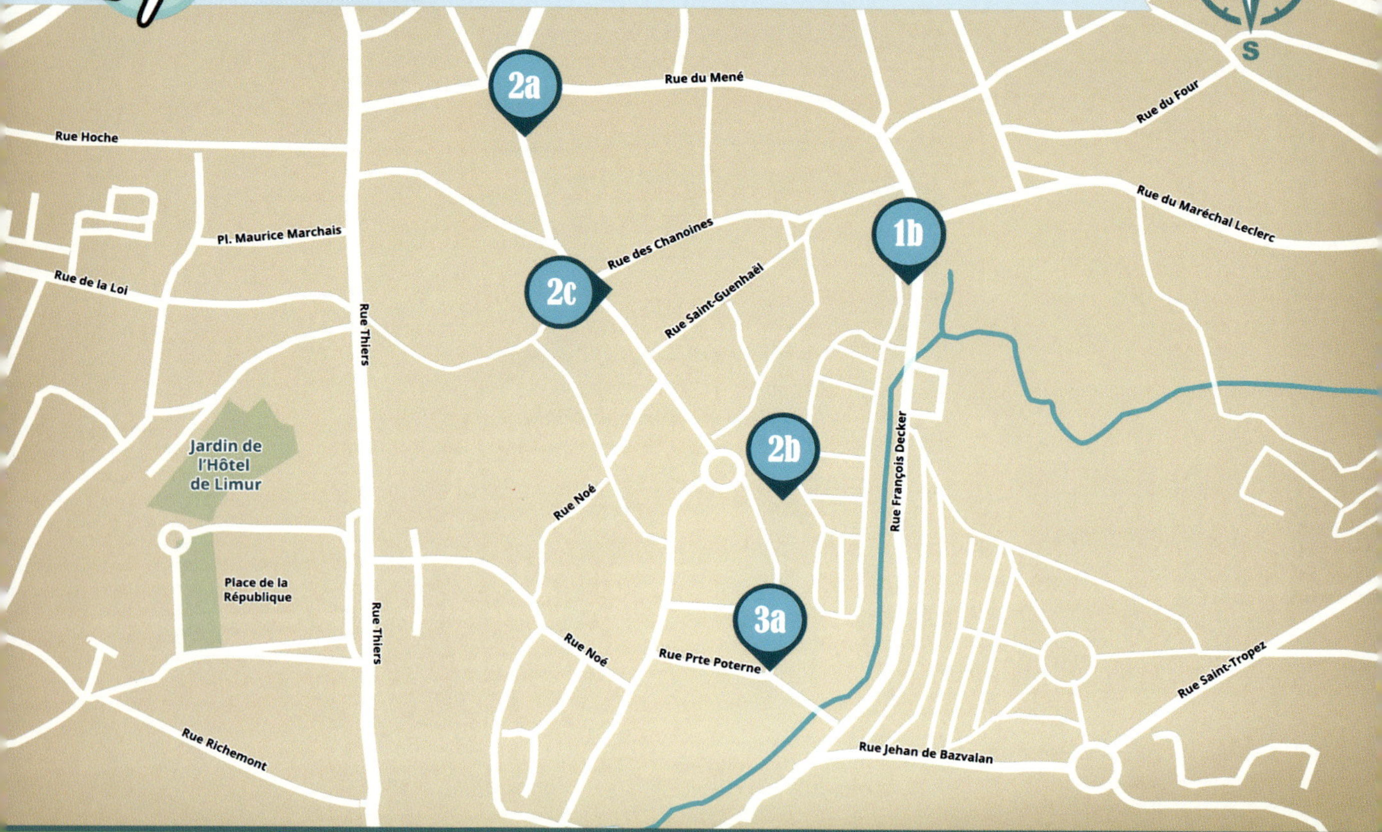

VANNES
en vidéo,
flashez vite ceci !

1 ANTIQUITÉ
LES MAUVAISES VANNES DE CÉSAR

1.a • TUMULUS DE TUMIAC, *Arzon*
1.b • MURAILLES GALLO-ROMAINES,
rue Alexandre-Le-Pontois

La butte de César

Avant la conquête romaine, on ne rit pas, pas de Vannes ! La ville ne sera fondée qu'à la fin du Ier siècle avant notre ère. Avant cette date, les Celtes de la tribu des Vénètes s'éparpillent autour du golfe de Morbihan, de la presqu'île de Rhuys jusqu'à Quiberon.

Vivant entre terre et mer, les Vénètes forment un peuple de marins riches et redoutés. Leur puissance ? Ils la tirent de leurs navires, qui leur permettent de contrôler les îles et presqu'îles tout en assurant le commerce vers la Bretagne (aujourd'hui la Grande-Bretagne).

Bref, ces Vénètes, ce sont les patrons des autres peuples armoricains. **Et c'est même César qui le dit dans ses Mémoires qui racontent la conquête de la Gaule.**

« Par leur marine considérable, leur supériorité nautique reconnue et leurs relations commerciales avec l'île de Bretagne, les Vénètes étaient devenus un peuple très puissant. »

Mais, justement si César les connaît bien, c'est qu'il les attaque en 56 avant notre ère. Pour les vaincre, ce ne sera pas avec ses légions mais avec ses galères. Et, pour les Vénètes, ça va être la galère et la piquette. Malgré leurs navires, mieux armés et plus grands, ils sont vaincus. La raison ? Une panne de vent qui les livre aux navires romains plus légers et plus rapides.

Et cette victoire, César l'aurait vécue en direct depuis le sommet de cette impressionnante levée de terre, haute d'une quinzaine de mètres et large d'une soixantaine, appelée aussi « butte de César ». Une légende… peut-être. Ce qui est certain, en revanche, c'est que ce monticule n'a rien à voir avec les Gaulois et les Romains : c'est un tumulus (un tertre de terre édifié au-dessus d'une sépulture) érigé plusieurs millénaires avant la guerre des Gaules !

La guerre des Vénètes s'est déroulée en 56 av. J-C pendant la guerre des Gaules, entre César et une coalition de peuples armoricains dirigés par les Vénètes. Elle se conclut par la victoire des Romains après une bataille navale, près de Vannes, au large de la presqu'île de Rhuys.

César, vainqueur, fait exécuter tous les notables vénètes et réduit en esclavage une partie de la population. Les Vénètes survivants s'installent alors, sous contrôle romain, sur une colline (aujourd'hui le quartier Saint-Patern) et fondent une ville baptisée *Darioritum*, notre future Vannes. La cité romaine prospère et devient la capitale de la *civitas Venetorum*.

« Une fois vaincus par Jules César, les Vénètes vont être installés sur le site actuel de Vannes. »

On distingue aisément la trace des murailles gallo-romaines initiées par l'empereur Probus (notamment au nord de l'enceinte, vers la tour Joliette) typiquement bâties avec des moellons carrés et des lits de briques.

Les murailles gallo-romaines

À partir du IIIe siècle, les choses se gâtent pour l'empire avec l'arrivée des Barbares. Comme dans les autres cités de Gaule, les Vénètes édifient de solides murailles. Solides, puisqu'elles constituent encore les fondations des remparts médiévaux.

D'autres changements se déroulent aux IIIe et IVe siècles, *Darioritum* change son nom et prend celui du peuple dont elle est la capitale : elle devient *Venetis*, qui deviendra Vannes. Autre changement, les habitants embrassent une nouvelle religion venue d'Orient... mais apportée par des réfugiés venus de l'autre côté de la Manche ! Un cas de figure que l'on rencontre aussi à Saint-Malo (lire p. 31)... Et c'est à cette époque, en 465, que Vannes devient un évêché, l'un des premiers de Bretagne, placé sous l'autorité de saint Paterne.

2 MOYEN ÂGE
UNE VILLE CAPITALE !

2.a • CHÂTEAU DE LA MOTTE, *face au 16, rue Billault*
2.b • L'ENCEINTE MÉDIÉVALE
2.c • LA COHUE, *15, place Saint-Pierre*
2.d • CHÂTEAU DE SUSCINIO, *route du Duc-Jean-V, Sarzeau*

Les attaques des Wisigoths et des Francs, la chute de Rome et les vagues d'immigrations venues de Bretagne... l'actuelle Grande-Bretagne, pousse les Vannetais à ne compter que sur eux-mêmes. Ces Bretons, qui fuyaient les invasions des Angles et des Saxons, s'établissent en Armorique, se taillant de petits royaumes. Au Ve et au VIe siècle, une principauté se forme à Vannes sous l'impulsion de rois plus ou moins légendaires, comme Eusèbe ou Waroch.

Ce royaume, bien que puissant, reste fragile et menacé par les Francs, qui cherchent à étendre leur domination sur l'Armorique. Vannes devient alors, pour plusieurs siècles, un point de friction entre les cultures bretonne et franque. Au VIIIe siècle, les Carolingiens – dont son plus fameux représentant, Charlemagne – se cassent les dents à chaque fois qu'ils tentent d'envahir la Bretagne. Ils choisissent alors une solution plus simple, et moins douloureuse : créer une zone tampon entre eux et les Bretons, appelée la « Marche bretonne », dirigée par des comtes francs... mais habitée par un peuple plutôt rebelle !

Au milieu du IXe siècle apparaît Nominoë, un chef breton originaire du Vannetais, qui défie l'autorité franque et parvient à unifier la Bretagne pour en faire un royaume indépendant. Vannes devient la capitale d'un royaume ! Plusieurs rois se succèdent, Erispoë, Salomon, Alain...

Le futur roi Nominoë décide de se soulever contre les Francs. Et il réussira à régner sur la Bretagne de 845 à 851 !

Les sept saints de Bretagne

Les sept saints fondateurs de Bretagne ? Une dream team spirituelle ! Imaginez sept Gallois (ou Bretons, c'est selon) qui, au Ve-VIe siècles, ont chacun fondé un évêché : saint Brieuc, saint Corentin, saint Malo, saint Pol, saint Tugdual, saint Samson et notre saint Paterne... Bref, une agence immobilière divine ! Légendes et miracles à gogo, ils ont donné un sacré coup de pouce à la christianisation de la région.

Le roi Caradoc (de dos, en bleu), assis parmi les chevaliers de la Table ronde (miniature du** Lancelot en prose**, par Robert de Boron)

> *« Vannes devient **le centre d'un royaume breton,** avec des rois plus ou moins légendaires, comme **Caradoc,** un chevalier de la Table Ronde, rien que ça ! »*

Cette période de prospérité s'effondre brutalement sous les coups de nouveaux venus, les Vikings. Le royaume breton explose et sombre dans l'anarchie. Mais Vannes tient le choc même si elle devient la capitale du duché et plus du royaume…

Un château de perdu, un autre de construit…

Il faut attendre le XIe siècle pour que la Bretagne retrouve une certaine stabilité et Vannes son rôle de ville prospère et influente, notamment grâce à son port. À cette époque, les ducs siègent dans leur résidence au cœur de la ville, le château de la Motte.

> *« Il reste quelques **vestiges** des remparts du château **de la Motte.** »*

Sur les remparts, chez mon ami Olivier.

Malgré les troubles de la guerre de Cent Ans, Vannes reste la résidence préférée des ducs. Le duc Jean IV (1339-1399) y fait édifier un nouveau château, le château de l'Hermine, appuyé contre les remparts. C'est dans ce château, à la fois séjour et forteresse, que les ducs de Bretagne résideront, jusqu'à ce que le duc François II et sa cour s'installent à Nantes dans les années 1450. Jean IV agrandit également l'enceinte de la cité vers le dynamique quartier du port. Ainsi, la superficie de Vannes protégée par les remparts double, passant de 5 à 10 hectares.

Les explorateurs *À la recherche du château de la Motte*

« Gouverner, c'est prévoir » dit le proverbe. Pour se protéger de leurs adversaires, les rois de Bretagne décident, à toutes fins utiles, d'élever un château dans leur capitale vannetaise. Ils choisissent alors d'établir leur forteresse dans l'angle nord de la vieille – mais toujours efficace – enceinte gallo-romaine. La résidence royale s'appuie sur l'antique enceinte et probablement sur une fortification de terre, alors à la mode à l'époque, qui donnera son nom au site : le « château de la Motte ».

Au XIIIe siècle, les ducs de Bretagne, qui décident de s'installer dans leur nouveau château de Suscinio, abandonnent le site au profit des évêques. Fin de l'histoire ? Pas vraiment puisque le vieux château de la Motte abrite, en 1532, un événement de la plus haute importance pour la région : la signature du traité de l'union – ou de l'annexion pour d'autres ! – de la Bretagne à la France. Une plaque apposée sur les remparts rappelle l'événement qui a changé l'histoire de la Bretagne.

Car il ne reste rien du vieux château : il faudrait chercher ses traces sous la rue Billault, qui passe dessus. Juste à côté, vous trouverez le seul indice qui rappelle la première résidence royale bretonne.

Un indice : ne passez pas à côté de la plaque.

La tour du Connétable.

La majeure partie de l'enceinte subsiste, ponctuée par différentes tours, comme la porte Saint-Jean ou la tour Calmont – qui présente toutes les caractéristiques d'une porte médiévale avec ses deux passages, la porte charretière et celle pour les piétons – ou **la tour du Connétable. C'est la plus haute et elle remplissait des fonctions de défense puis d'habitat, puisqu'elle est percée de grandes fenêtres à meneaux.** Doit-elle son nom à un illustre prisonnier, Olivier de Clisson, le connétable de France capturé à Vannes en 1387 – et accessoirement surnommé « le Boucher », en raison de sa cruauté sur les champs de bataille – ou, plus probablement, au connétable Arthur de Richemont, duc de Bretagne de 1457 à 1458 ?

Quelle Cohue !

Vannes, qui compte donc parmi les résidences du duc de Bretagne, joue régulièrement le rôle de capitale en accueillant les réunions du parlement et les grands notables. Jean de Malestroit, le chancelier du duc, se fait bâtir un manoir dans la ville, le Château-Gaillard. Encore un...

Le parlement – les États de Bretagne – délibère dans la Cohue – la francisation du mot breton *koc'hu*, la « halle », en face de la cathédrale Saint-Pierre. Le bâtiment abritait un marché au rez-de-chaussée, tandis qu'une salle de justice à l'étage accueillait les procès et les séances du parlement, lorsque ce dernier se déplaçait à Vannes.

L'entrée de la Cohue, aujourd'hui le musée des Beaux-Arts de la ville.

Les explorateurs *Le couple qui fait le buzz*

Lorsque vous passerez près du Château-Gaillard de Vannes, ne manquez pas d'aller saluer le couple le plus célèbre de la ville, connu de tous les Vannetais. Inutile de leur donner rendez-vous, Vannes et sa femme seront toujours là, qu'il pleuve ou qu'il vente (ce qui n'arrive jamais en Bretagne).
Un indice : soyez tête en l'air.

Un château en Bretagne

Envie de voyager dans le temps ? Direction le château de Suscinio, à deux pas de Vannes ! Imaginez un château-fort posé au bord de l'Océan, avec des tours, des remparts et une histoire à faire pâlir les plus grands romans de chevalerie. Suscinio, c'était la résidence préférée des ducs de Bretagne. Ils ont quitté leur vieux château de la Motte, à Vannes, pour celui-ci, et on les comprend ! Le château a connu des hauts et des bas, des sièges, des incendies, des abandons… Mais aujourd'hui, Suscinio a retrouvé toute sa splendeur grâce à une restauration spectaculaire. On se croirait revenu au Moyen Âge ! Et quel cadre ! Suscinio est entouré de marais, de dunes et de plages magnifiques.

3 ÉPOQUE MODERNE & CONTEMPORAINE

3.a • HÔTEL LAGORCE (DIT AUSSI CHÂTEAU DE L'HERMINE), *5, rue Porte Poterne*
3.b • LE GOLFE DU MORBIHAN

Quand la ville dort, 1700-1900

Que dire de Vannes après le rattachement de la Bretagne à la France ? La ville mène une vie paisible, à l'écart des guerres et des insurrections. **Parfois même, lors de révoltes, notamment celle, fameuse, des Bonnets rouges, le parlement de Bretagne y trouve refuge.** Mais cette tranquillité la laisse en marge des grandes expéditions maritimes, qui au XVIIe et XVIIIe siècles sont à l'origine de l'essor des grands ports de l'Ouest, comme Lorient ou Nantes.

La ville se développe néanmoins et certaines fortunes investissent dans la pierre, comme Julien Lagorce, traiteur-pâtissier de son état qui, à la fin du XVIIIe siècle, se fait élever un superbe hôtel particulier sur les ruines du château de l'Hermine. Triste destin pour le château, symbole de l'indépendance des ducs, dont les pierres servirent, sous Louis XIV, à paver les quais du port de la ville…

Ensuite… la Révolution passe, les régimes trépassent, les couronnes tombent, et à la fin du Second Empire, Vannes se réveille dotée de tous les bâtiments que mérite une préfecture : une préfecture, justement et, surtout, une gare, ce qui va tout changer… Inaugurée en 1862 par la compagnie du chemin de fer de Paris à Orléans, elle accompagne le départ des Bretons vers Paris, mais aussi l'arrivée de touristes de plus en plus nombreux.

Appuyé sur les remparts, l'hôtel Lagorce (dit château de l'Hermine), une belle pièce montée commandée par un traiteur-pâtissier !

Le golfe du Morbihan, c'est la glaz !

Aujourd'hui, la ville renoue avec ses ancêtres vénètes en redécouvrant le goût du large. Son port rénové dans les années 2000 s'ouvre sur le golfe du Morbihan, parsemé d'îles et d'îlots, un trésor naturel et historique, une véritable mer intérieure...

Car Vannes, c'est aussi la porte d'entrée pour découvrir des cités, des villages et un patrimoine incroyable, Quiberon, Locmariaquer, la presqu'île de Rhuys, l'île d'Ars, l'Île-aux-Moines, le cairn de Gavrinis, les mégalithes d'Arzon !

> « Vannes, c'est **la Méditerranée de la Bretagne**, les Cyclades, les Caraïbes ! »

Le golfe du Morbihan et ses eaux à la couleur si changeantes, que les Bretons lui ont donné un nom, le glaz. Une couleur bleue mais également verte, teintée aussi de gris... Bref, un concept unique !

Alain Resnais au festival de Venise en 1962, Italie.

Portrait d'un Vannetais :

Alain Resnais

Ce grand cinéaste n'est pas né à Rennes mais bien à Vannes, et si son nom ne vous dit pas forcément quelque chose, vous avez forcément entendu parler de ce réalisateur ovni qui a mis le cinéma français sur orbite avec son film tiré d'un roman de Duras, *Hiroshima mon amour* sorti en 1959. Film sifflé lors du festival de Cannes, mais encensé par Godard et Malraux ! Représentant de la Nouvelle Vague, Resnais a aussi signé le succès populaire de 1997 que vous connaissez tous, *On connaît la chanson* !

Mes Petits Détours

3.c • LE CAIRN DE GAVRINIS, *Larmor-Baden*
3.d • LES CROMLECHS DE ER LANNIC, *Arzon*

Si on surnomme Lascaux « la chapelle Sixtine de la préhistoire », il faudrait baptiser le cairn de Gravinis « la chapelle Sixtine du néolithique » ! Il y a six mille ans, des hommes et des femmes se sont rassemblés à Gavrinis pour édifier un cairn – un mot qui signifie « tas de pierres » en gaélique et qui désigne un monument funéraire monumental –, recouvert de dalles gravées de motifs énigmatiques. Un long couloir étroit mène à une chambre funéraire, dont les parois sont ornées de gravures d'une finesse et d'une complexité étonnantes, spirales, haches, crosses, symboles serpentiformes. On se croirait dans une galerie d'art ! Mais que signifient ces gravures ? C'est là que le mystère s'épaissit. S'agit-il de dieux ? de cartes célestes ? Les hypothèses sont nombreuses, mais aucune n'a pu être définitivement prouvée. Ce qui est sûr, c'est que Gavrinis était un lieu sacré, un endroit où les hommes communiquaient avec le monde des esprits…

Autre lieu mystérieux où « souffle l'esprit », les cromlechs d'Er Lannic ! Ces deux demi-cercles de menhirs, dressés face à l'Océan, ne sont pas sans évoquer un Stonehenge à la sauce armoricaine ! Plus de 100 menhirs – du breton *men* « pierre », et *hir* « long » –, certains atteignant près de 4 mètres de hauteur, dressés avec une précision qui défie les lois de la gravité. On se demande encore comment ces hommes du néolithique, sans nos grues et nos machines modernes, ont réussi à accomplir un tel exploit ! Mais à quoi servaient ces cromlechs ? Lieux de culte, observatoires astronomiques ? Là encore, le mystère reste entier…

Les cromlechs de Er Lannic.

Le Cairn de Gavrinis.

POUR PROLONGER LA VISITE :
golfedumorbihan.bzh

MULHOUSE

À toute Berzingue !

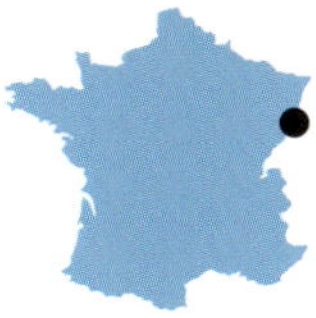

Mulhouse, ville du département du Haut-Rhin en région Grand-Est, est située dans le sud de l'Alsace, à la croisée des frontières suisse et allemande. *Dès l'Antiquité, Mulhouse fut fréquentée par les Romains en raison de sa position stratégique dans la plaine du Rhin supérieur. Et en plus, son histoire est unique en France : elle fut pendant plusieurs siècles une république indépendante, associée aux cantons suisses, avant de choisir de... s'unir à la France ! Aujourd'hui, Mulhouse est une ville au riche passé industriel dotée de nombreux musées de renommée internationale. Elle est aussi un carrefour routier important, desservie par l'autoroute A36 qui la relie à l'Allemagne, ainsi que l'A35 vers Strasbourg.*

« *Mulhouse, littéralement en allemand :* Mulnhusen, *la maison du moulin.* »

MULHOUSE

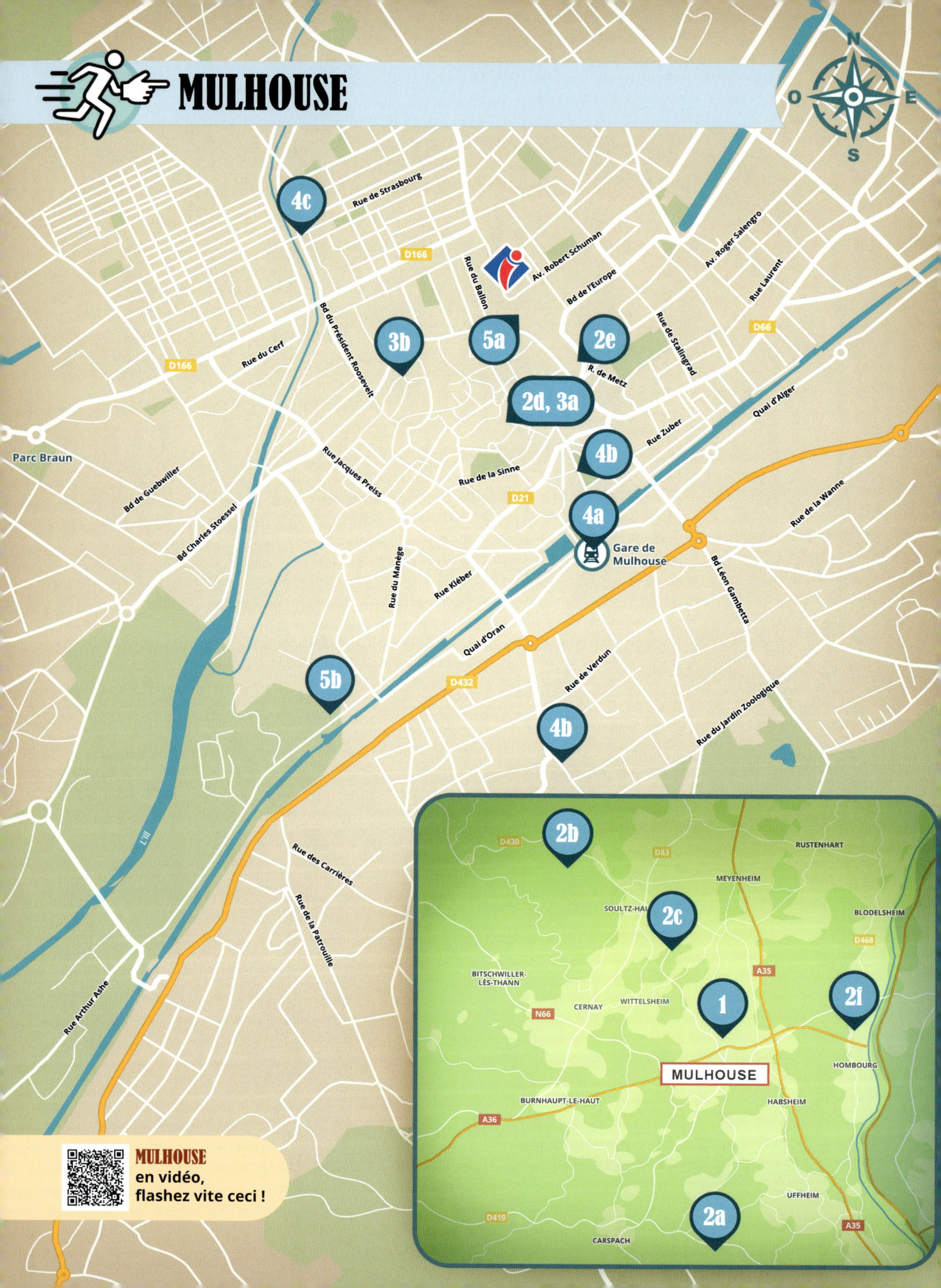

MULHOUSE
en vidéo,
flashez vite ceci !

> « Mulhouse n'existe toujours pas, mais on peut voir apparaître des **relais routiers romains** pas loin. »

1 ANTIQUITÉ
DU BON CÔTÉ DE L'HISTOIRE (ROMAINE)

1 • SQUARE ARCHÉOLOGIQUE, *rue de l'École, Illzach*

Dans les derniers siècles avant notre ère, plusieurs tribus celtes se partagent la région. Mais les bouleversements géopolitiques ne datent pas d'hier : l'Antiquité connaît aussi son lot de conflits et d'intrigues. Ainsi, quand les populations locales décident d'en découdre avec les Éduens, trop insistants à leur goût, elles déclenchent sans le savoir un engrenage redoutable. Car les Éduens ne sont pas seuls. Ils bénéficient du soutien des Romains, et leur puissant chef militaire, un certain Jules César, ne cache pas ses ambitions territoriales. Saisissant l'occasion comme un prétexte idéal, il lance ses légions dans la bataille. C'est ainsi qu'aux alentours de Mulhouse l'armée romaine affronte une imposante coalition composée de tribus celtes locales, de Germains et de Suèves, menée par l'impitoyable Arioviste.

Un chromo vieillot presque rigolo, mais qui masque un vrai massacre : la bataille de l'Ochsenfeld.

Un choc ! Pas moins de 40 000 légionnaires prennent part au combat dans la plaine de l'Ochsenfeld, sans doute du côté de Cernay, à une poignée de kilomètres au nord-ouest de Mulhouse. Et ce jour-là, le 18 septembre 58, les armes sont favorables aux Romains qui mettent en déroute les 60 000 Germains.

Avec cette victoire, César met un terme, pour quelques siècles, au péril germanique. Dans les décennies qui suivent, le Rhin va faire office de frontière entre deux mondes ! D'un côté, les bons – l'Empire romain – , de l'autre, les méchants – les barbares. Et le limes – la frontière plus ou moins fortifiée ou appuyée sur des cours d'eau – passe dans la région de Mulhouse. Et pour que les légions puissent circuler d'un front à l'autre, on crée des routes (romaines !) dont une passe à proximité.

Le relais routier d'Illzach

La conquête de la Gaule achevée par César, toujours pas de traces de Mulhouse. Mais sur notre voie romaine apparaît un petit relais routier qui va se développer du côté d'Illzach... l'antique Uruncis, dont des vestiges sont encore visibles à 3 kilomètres au nord du centre de Mulhouse. Et l'étape est bonne, puisque le voyageur peut même profiter de petits thermes.

Il faut bien avouer que les traces de l'Antiquité à Mulhouse restent modestes comparées à d'autres cités alsaciennes comme Strasbourg, que nous avons visitée (lire p. 45). La véritable histoire urbaine de Mulhouse ne commencera réellement qu'au Moyen Âge, lorsque la ville s'affirmera comme une place forte importante.

> « *Tous **les ennemis prirent la fuite** et ne s'arrêtèrent qu'après être parvenus au Rhin, à 50 000 pas environ du champ de bataille ; quelques-uns, se fiant à leurs forces, essayèrent de **le passer à la nage**, d'autres se sauvèrent sur des barques. De ce nombre fut **Arioviste** qui, trouvant une nacelle attachée au rivage, s'échappa ainsi. Tous les autres furent **taillés en pièces par notre cavalerie.*** »

Jules César, commentaires sur la guerre des Gaules

La fille d'un meunier sauve un déserteur blessé.

2 MOYEN ÂGE

LA RÉPUBLIQUE OU LA MORT !

- **2.a • MOULIN DE HUNDSBACH,** *2, rue du Moulin, Hundsbach*
- **2.b • ABBAYE DE MURBACH,** *1, rue de l'Église, Murbach*
- **2.c • ÉCOMUSÉE D'ALSACE,** *chemin du Grosswald, Ungersheim*
- **2.d • HÔTEL DE VILLE-MUSÉE HISTORIQUE,** *place de la Réunion*
- **2.e • TOUR DU BOLLWERK,** *rue de Metz*

La légende du moulin

Lors de la chute de l'Empire romain, la région va être conquise par de nouveaux envahisseurs germaniques, les Alamans puis les Francs. Ces derniers vont prendre le dessus sur les autres Germains. Et l'histoire raconte qu'**un déserteur alamans – d'autres disent que c'était un Romain – se serait réfugié près d'un moulin à eau, se serait marié avec la fille du meunier et aurait fondé une famille autour de sa maison : Mulnhusen, « la maison du moulin », nom qui va donner « Mulhouse ».** Même si ce nom n'apparaîtra que bien plus tard au XIIe siècle.

Barbares ou pas, les royaumes francs apportent de l'ordre en s'appuyant sur l'Église. En échange de son appui, ils multiplient les créations de monastères. **Et, parmi les plus prestigieuses fondations, on note celle de l'abbaye de Murbach, née au VIIIe siècle.**

Une maison forte pour l'évêque

Mulhouse passe sous l'autorité de l'évêque de Strasbourg et devient ainsi une terre d'Église. Mais en 843, à l'issue d'une guerre de succession, l'Empire carolingien disparaît, sonnant le glas de l'unité voulue par Charlemagne. Commence alors la période féodale, durant laquelle les seigneurs locaux rivalisent pour contrôler les territoires, même les plus modestes.

Les querelles entre seigneurs durent plusieurs siècles, d'un bout à l'autre de l'Europe occidentale. Au XIIIe siècle, l'un de

L'abbaye de Murbach, la perle de l'architecture romane alsacienne

Fondée en 727 par le comte franc Eberhard et saint Pirmin, cette abbaye bénédictine devient l'une des plus prestigieuses du Saint Empire romain germanique, et finira par posséder pas moins de 340 villages et hameaux.

Mieux, son abbé portera même le titre de prince d'Empire. Mais l'abbaye, ce ne sont pas que des richesses terrestres ! Ces moines étaient aussi des érudits, qui réunirent une bibliothèque exceptionnelle. Cette abbaye joua un rôle crucial dans l'évangélisation de l'Alsace et la diffusion de la culture carolingienne !

De l'édifice originel ne subsistent aujourd'hui que le chœur roman et deux tours majestueuses du XIIe.

ces conflits oppose l'évêque de Strasbourg à la population de Mulhouse. Prudent ou prévoyant, le prélat se fait construire dans la cité une maison forte plutôt qu'une cathédrale. Une fortification de ce type a été magnifiquement remontée, pierre à pierre, à l'Écomusée d'Alsace.

Pour l'emporter sur leur évêque et seigneur, les Mulhousiens vont s'appuyer sur un homme de guerre, et pas n'importe lequel, **Rodolphe de Habsbourg – qui n'est autre que le futur empereur du Saint Empire romain germanique.** Désireux d'étendre son pouvoir dans la région au détriment des puissants évêques de Strasbourg, il s'empare du château épiscopal en 1261 et le détruit après trois mois de siège.

> « *À la* **chute de l'Empire carolingien,** *l'unité voulue par* **Charlemagne** *va alors un peu* **partir en smurf** *et tout le monde va* **commencer à se friter** *pour des petits territoires...* »

Mon Petit Détour

2.f • L'ÉGLISE SAINT-PIERRE-ET-SAINT-PAUL,
Ottmarsheim

Encore une abbaye ! Oui, mais là, c'est exceptionnel car elle ne se trouve qu'à une quinzaine de kilomètres de Mulhouse ! **Construite entre 1030 et 1040 par Rodolphe d'Altenbourg, ancêtre des Habsbourg,** cette église se distingue par un plan octogonal extraordinaire et rarissime qui s'inspire en effet de la chapelle du palais de Charlemagne à Aix-la-Chapelle et du Saint-Sépulcre de Jérusalem, rien que ça ! La « petite » abbatiale d'Ottmarsheim s'inspire donc de deux des plus célèbres sites de la chrétienté !

Et probablement en raison du prestige de ses modèles, c'est le pape Léon IX lui-même, qui consacre le monument en 1049. Dernier détail, Léon venait en voisin : né Bruno von Eguisheim-Dagsburg, on le surnomme « le pape alsacien » !

« Symbole de cette époque où les **bourgeois** de la ville ont pris le pouvoir : **l'hôtel de ville.** »

Place de la Réunion, l'hôtel de ville symbolise l'autonomie politique acquise par Mulhouse au Moyen Âge.

L'événement affaiblit prodigieusement le pouvoir de l'évêque et les Mulhousiens vont passer sous l'autorité directe de l'empereur. Ce changement politique entraîne des conséquences très concrètes : la ville, jusqu'alors scindée entre la cité épiscopale à l'ouest, sous l'autorité des évêques, et le bourg de l'église Saint-Étienne à l'est, relevant de l'empereur, se réunifie et obtient en 1308 le prestigieux statut de ville d'Empire (Reichsstadt). Exit l'évêque !

Mulhouse connaît alors une longue période de prospérité grâce à ses négociants, vignerons et drapiers. L'émancipation politique s'affirme encore avec l'élection du prévôt impérial parmi les bourgeois locaux, transformant progressivement Mulhouse en une véritable cité-État républicaine, de moins en moins soumise à l'empereur. **L'hôtel de ville, lieu d'exercice de l'autorité des bourgeois et du bourgmestre, construit en 1432 puis reconstruit en 1552, symbolise cette époque d'émancipation.**

Et pour protéger leur statut et leurs biens, les édiles ne cessent de perfectionner les défenses de la cité alsacienne avec de puissants remparts, dont certains vestiges sont parvenus jusqu'à nous.

Une guerre pour six deniers !

L'autonomie politique acquise par Mulhouse ne va pas sans provoquer des problèmes : cette quasi-république, en marge du système féodal traditionnel, finit par susciter des tensions avec l'empereur et ses vassaux, comme le seigneur d'Eguisheim.

« *Y a un moment où* ***cette république*** *va faire* ***grincer des dents*** *chez le* ***seigneur d'Eguisheim*** *qui va chercher* ***un prétexte*** *pour* ***péter la gueule*** *aux Mulhousiens !* »

Guerre des Six Deniers.
Combat dans la plaine de l'Ochsenfeld, le 6 juillet 1468.

Les trois châteaux de Haut Eguisheim, détruits en 1466 durant la guerre des Six Deniers.

Pierre d'Eguisheim va donc créer de toutes pièces un prétexte futile pour attaquer la ville : la demande du remboursement d'une dette de six deniers – une somme ridiculement basse. Et ce différend fut à l'origine de la guerre des Six Deniers (1466-1468).

Malgré son alliance avec les villes de la région (la « Décapole », une alliance de dix villes impériales), Mulhouse se retrouve abandonnée et assiégée. Les magistrats de la ville passent alors des traités avec plusieurs cantons suisses – qui eux-mêmes cherchent à se libérer de l'emprise des Habsbourg.

Avec l'aide des soldats suisses, les Mulhousiens reprennent le dessus sur les impériaux et détruisent plusieurs de leurs châteaux. Cet événement marque une rupture géopolitique puisque Mulhouse quitte l'orbite de l'Empire pour se rapprocher de la Confédération suisse, une alliance qui va perdurer jusqu'à son rattachement à la France en 1798.

Le Bollwerk, ce n'est pas du théâtre !

Eh oui, on connaît tous le mot bollwerk*, du moins sa version française, « boulevard ». Terme venu du néerlandais médiéval,* bollwerk *(« bastion ») passe à la fin du Moyen Âge au picard et au wallon* bollwerk *(« ouvrage de défense »). À l'époque moderne, quand la plupart des villes s'agrandissent et rasent leurs fortifications médiévales, il désigne, une fois francisé, les promenades publiques plantées d'arbres, créées sur les anciens remparts. Lieux de détente et rendez-vous artistiques, ils attirent bien vite, du moins à Paris, sur l'ancienne promenade des Remparts, devenue boulevard du Temple, les fameux théâtres… des boulevards !*

Construite au XIVe siècle, la tour du Bollwerk complète les fortifications de la ville, élevées au XIIIe siècle. Autrefois appelée « tour du Cochon », en raison d'un abattoir proche, elle survit à la démolition de l'enceinte urbaine en 1832.

Détail de la fresque (1893), œuvre de l'artiste Ferdinand Wagner. On y voit le bourgmestre de la ville en 1385.

3 RENAISSANCE & ÉPOQUE MODERNE

UN PIED EN SUISSE !

3.a • LE TEMPLE SAINT-ÉTIENNE, *12, place de la Réunion*
3.b • MAISON DES CHAÎNES, *15, rue des Franciscains*

Au début du XVIe siècle, Mulhouse effectue un rapprochement politique avec la Suisse, mais aussi religieux, puisque la ville passe à la nouvelle religion réformée. Symbole de cette conversion, l'église principale de la ville, Saint-Étienne est transformée en temple protestant, tandis que les catholiques sont privés de culte.

L'indépendance acquise par Mulhouse lui permet d'éviter l'une des pires catastrophes de l'Europe moderne : la guerre de Trente Ans (trop souvent oubliée dans les livres d'histoire français), qui fait des millions de morts, en particulier en Alsace, qui perdra près de 60 % de ses habitants. Mais pas Mulhouse ! Jouant sur sa neutralité, elle fait affaire avec les différents belligérants. **Les traités de Westphalie, signés en 1648, qui met un terme au conflit, attribuent la Haute Alsace à la France.**

L'industrie du textile

Et ce statut privilégié va lui permettre de développer une industrie textile alors pourtant interdite dans le royaume de France pour ne pas faire de concurrence aux soieries lyonnaises. Mais Mulhouse, c'est pas la France ! **Les négociants vont faire fortune en produisant notamment des « indiennes » (étoffes de coton peintes ou imprimées).** On peut encore voir les traces de ces premières manufactures textiles, installées près de canaux, dans la rue des Franciscains.

Après la Révolution française, Mulhouse est réunie à la France le 14 mars 1798, une union célébrée… place de la Réunion. Le rattachement entraîne la francisation de la ville.

En 1773, rue des Franciscains, un Mr Schwartz achète la maison des Chaînes et la transforme en une manufacture de toiles peintes. Son nom date de cette époque, en raison des chaînes qui fermaient la cour.

Mulhausen devient Mulhouse. L'essor économique de la ville est dopé par l'ouverture au marché français, entravé par des droits de douane depuis la création des départements français en 1792 – en étant rattachée à la France, il n'y a plus de droits de douane !

*« Durant la Renaissance, l'ancienne église Saint-Étienne va être **transformée en temple protestant.** »*

« Une ville qu'on va surnomer : **la ville aux 100 cheminées.** Ah oui ! **Mulhouse, c'est Manchester** au XIXe et XXe siècle ! »

4 ÉPOQUE CONTEMPORAINE
LA GROSSE INDUSTRIE

4.a • LE CANAL RHIN-RHÔNE, *gare de Mulhouse*
4.b • NOUVEAU QUARTIER ET REBBERG
4.c • CITÉ OUVRIÈRE, *rue de Strasbourg*

La situation des manufacturiers mulhousiens est dopée par le percement du canal Rhin-Rhône, débuté en 1784 et achevé en 1833. Cette voie navigable met en relation les fleuves qui forment la colonne vertébrale de l'Europe de l'Ouest. Les marchandises circulent plus facilement, et la ville s'adapte aux nouvelles conditions économiques nées de la révolution industrielle : l'approvisionnement facile en charbon permet le fonctionnement des machines à vapeur qui actionnent désormais les usines textiles.

Le quartier des industriels et le quartier des ouvriers

Mulhouse passe alors de 6 000 habitants en 1 800 à 90 000 habitants un siècle plus tard ! C'est une ville-champignon qui voit sortir de terre de nouveaux quartiers au-delà de la vieille enceinte médiévale. Ainsi le nouveau Quartier (dit aussi « de la Bourse »), un quartier d'affaires cossu, construit de 1826 à 1841 à proximité de la gare, qui regroupe les grandes familles industrielles. Un peu plus tard, c'est la colline du Rebberg, autrefois territoire viticole, qu'investissent les riches industriels du textile.

La création du canal Rhin-Rhône et l'arrivée du chemin de fer vont faire circuler les marchandises.

Mais il faut aussi loger les milliers de travailleurs embauchés dans les manufactures. Sous l'égide de la Société mulhousienne des cités ouvrières, des nouveaux quartiers vont sortir de terre. Ainsi, rue de Strasbourg, naît une cité ouvrière au bord de l'Ill, qui coule non loin. **Deux avantages pour les habitants : la possibilité de devenir propriétaires et la proximité avec leur usine.**

Cette industrialisation marque le paysage urbain, Mulhouse gagne même le surnom de « ville aux cent cheminées ». Il reste des vestiges impressionnants de ces mastodontes industriels comme DMC, Dollfus-Mieg et Compagnie, créé à Mulhouse en 1746. Au XIXe siècle, la cité alsacienne n'a rien à envier à Manchester, un des plus grands centres industriels d'Europe à l'époque.

Les explorateurs *Sculpté par et pour l'effort !*

Cette statue passe pour une allégorie du travail – un sujet peu traité dans l'histoire des arts ! Vous pourrez l'admirer dans le parc du Tivoli – oui, c'est bien à Mulhouse. D'inspiration italienne de la Renaissance, cette œuvre de l'Autrichien Franz Beer en 1905 aurait été commandée par les chemins de fer suisses pour l'inauguration du tunnel du Simplon. Mais les autorités ne la trouvèrent pas à leur goût et Mulhouse la récupéra.
Un indice : c'est l'homme d'ici qui sue...

La caserne Barbanègre

Mais Mulhouse partage évidemment le destin tragique de terres rhénanes qui connaissent trois guerres dont deux mondiales en moins d'un siècle. Mulhouse devient allemande après la débâcle de 1870, puis française après la victoire de 1918 avant de repasser dans le Reich de 1940 à 1944. Symboles de ces épisodes douloureux, la transformation de la ville usine en ville garnison, avec notamment la caserne Barbanègre, l'une des quatre construites par l'Empire allemand à Mulhouse entre 1874 et 1909. Elle est désormais transformée en logements. Autres temps…

La caserne Barbanègre en 1938, ancienne Prinz Karl von Baden Kaserne, établie en 1889.

5 ET AUJOURD'HUI
UNE VILLE AU CŒUR DE L'EUROPE

5.a • TOUR DE L'EUROPE, *3, boulevard de l'Europe*
5.b • QUARTIER DE LA FONDERIE

De nos jours, Mulhouse est une ville qui a su se relever après un destin mouvementé. Tantôt française, tantôt suisse, tantôt allemande, cette cité alsacienne possède désormais un pedigree unique. Une histoire qui se reflète dans son gratte-ciel emblématique, la tour de l'Europe, dont les trois faces rappellent les trois grandes influences culturelles qui l'ont forgée.

Entre la tour du Bollwerk et la Tour de l'Europe, 150 mètres et près de mille ans d'Histoire vous contemplent !

La Fonderie : un héritage industriel transformé

Mulhouse a su transformer son passé industriel en une force pour son avenir. Durement frappée par les crises industrielles des années 1930, puis des années 1970, la ville a su rebondir. Un exemple ? Le quartier de la Fonderie, en plein centre-ville près de la gare. Le bâtiment de l'ancienne fonderie de la Société alsacienne de construction mécanique (SACM) abrite aujourd'hui un campus, un centre d'art contemporain, une cité de l'innovation et du numérique… bref, un lieu bouillonnant et tourné vers l'avenir ! Mulhouse, l'ancienne géante industrielle, a trouvé aujourd'hui les atouts nécessaires pour affronter l'avenir avec confiance !

Des bâtiments, dont celui surnommé « la Cathédrale », dans le quartier de la Fonderie.

Portrait d'un Mulhousien : Alfred Dreyfus

Alfred Dreyfus (1859-1935), une figure emblématique de Mulhouse, y est né le 9 octobre 1859. Il était le dernier des neuf enfants de Raphaël Dreyfus, un industriel local, et de Jeannette Libmann-Weill. Alfred a passé son enfance dans la maison familiale située rue du Sauvage, puis dans une demeure au 45, rue de la Sinne, où une plaque commémore son souvenir. Après l'annexion de l'Alsace-Lorraine en 1871 par l'Empire allemand, la famille Dreyfus, comme tant d'autres, doit faire un choix déchirant : rester allemande ou devenir française. Les Dreyfus, optant pour la nationalité française, quittent l'Alsace pour Paris. Déterminé à servir la France et à voir sa région natale revenir sous contrôle français, Alfred s'engage dans l'armée française. Il intègre l'École polytechnique, devient officier d'artillerie et rejoint l'École de Guerre. On connaît la suite… **Aujourd'hui, sa ville natale lui rend hommage à travers une statue érigée dans le jardin Steinbach, face au musée des Beaux-Arts, et une rue porte son nom.**

POUR PROLONGER LA VISITE :
tourisme-mulhouse.com

CHÂTEAUROUX

À toute Berzingue !

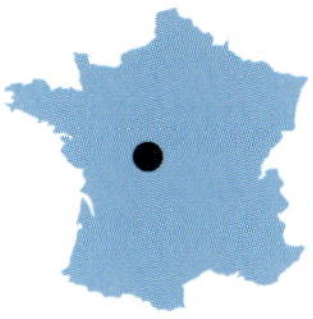

Châteauroux, c'est la préfecture du département de l'Indre, mais c'est aussi le secret le mieux gardé du Berry. *Jugez plutôt : un patrimoine historique très important, mais sans la foule qui l'accompagne habituellement. Le château, l'abbaye de Déols, le couvent des Cordeliers, les ruelles pavées du quartier médiéval... et surtout, de la place pour flâner tranquillement. Et pour venir, c'est simple comme bonjour via l'autoroute A20. Bref, Châteauroux, c'est la destination idéale pour un week-end culturel et relaxant. Alors, prêt à percer le mystère du château Raoul ?*

*« Et le voilà le **fameux château Raoul** situé de l'autre côté de l'Indre. »*

CHÂTEAUROUX

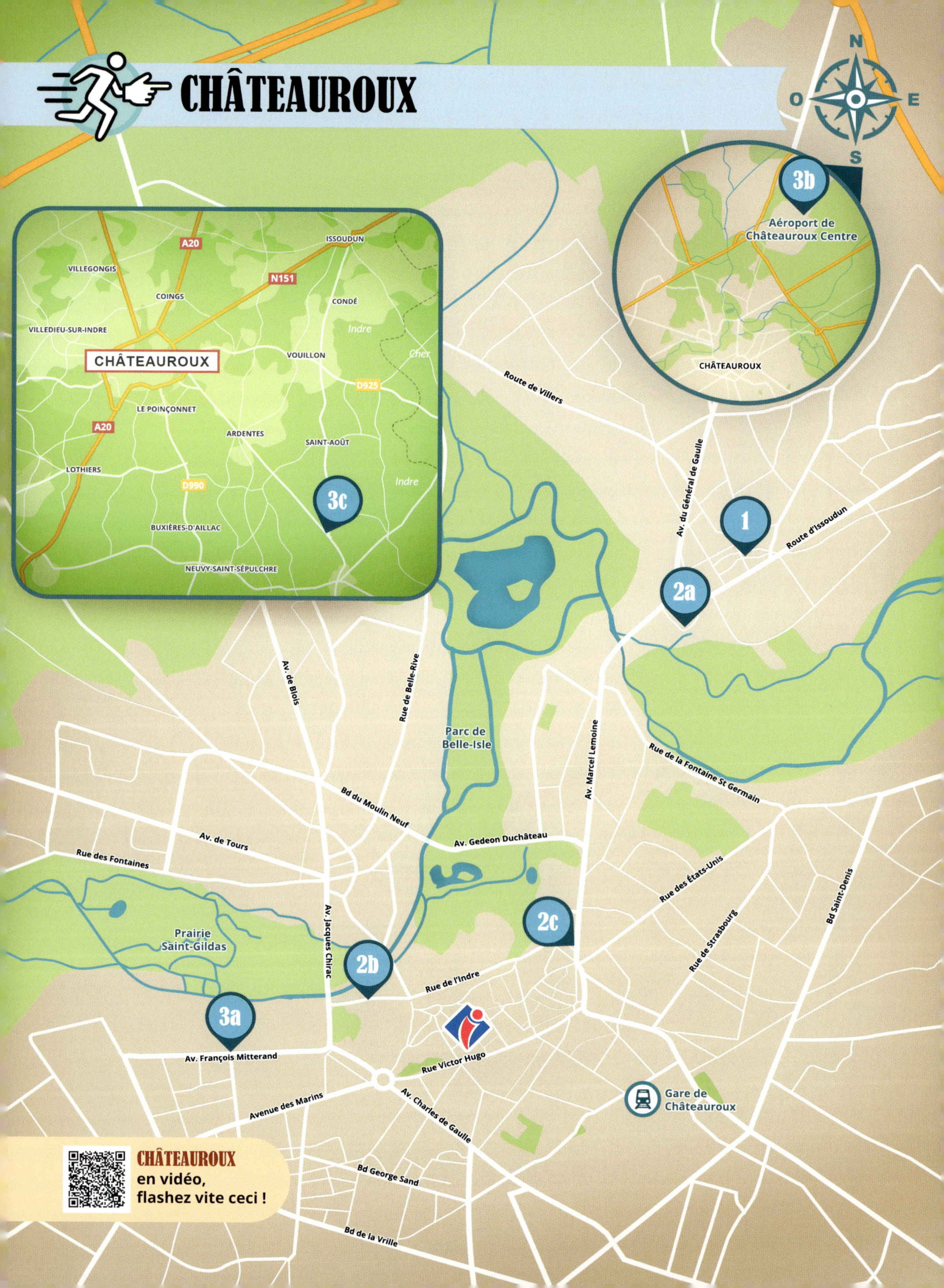

La façade du sarcophage de saint Ludre, presque complète, mesure près de 2,50 m de longueur pour 1,30 m de hauteur.

1 ANTIQUITÉ
VA VOIR À DÉOLS SI J'Y SUIS

1 • TOMBEAUX DE SAINT LÉOCADE ET SAINT LUDRE, *église Saint-Étienne, 22, place Carnot, Déols*

L'histoire antique de Châteauroux prend racine à Déols, une commune riveraine de l'Indre, à quelques pas de la ville. Autrefois, ce village prospérait grâce à un gué stratégique permettant de traverser la rivière. Sous l'influence pacificatrice de Rome, la voie reliant le nord au sud de la Gaule favorisa l'essor du commerce !

Témoignage de cette prospérité, une nécropole paléochrétienne, découverte sous l'église Saint-Étienne, recelait deux chefs-d'œuvre de l'art antique : les sarcophages de saint Léocade et de saint Ludre (en marbre). **Issus d'une famille romaine, ils se convertissent au christianisme grâce à saint Ursin, qui prêche la nouvelle religion dans le Berry.**

Léocade, gouverneur de l'Aquitaine, commande finalement un sarcophage assez simple, en calcaire et sans décoration. Son fils, Ludre, possède visiblement des goûts un peu plus tape-à-l'œil : sa dernière demeure offre au regard des bas-reliefs finement ciselés dans du marbre, qui témoignent de la maîtrise des sculpteurs de ce sarcophage, sans doute commandé auprès d'un atelier de Rome.

Le thème choisi – la chasse – pourrait étonner pour un tombeau. Mais dans cette période de l'Antiquité où valeurs païennes et chrétiennes s'entremêlent, la scène célèbre la virilité du défunt, sa force et, de manière plus symbolique, ses vertus, comme le courage ou la persévérance – des notions qui sont aussi religieuses. Et puis, tout autour, comme pour mieux l'accompagner dans l'au-delà, on trouve des amours et un banquet funéraire : un dernier festin avant l'éternité. **Datant probablement de la fin du IIIe siècle, ces sarcophages, vestiges précieux d'un passé lointain, livrent un aperçu exceptionnel de l'art funéraire et de la foi des premiers chrétiens du Berry.** Décrits au VIe siècle par les historiens, ils attirent les croyants et deviennent dès cette époque le centre d'un pèlerinage régional.

> *« Placé dans une crypte à même le sol, il reposait un tombeau merveilleusement sculpté dans du marbre. »*
>
> *Grégoire de Tours, au VIe siècle*

Et sous la nef de l'église, deux cryptes dévoilent les vestiges d'une nécropole regroupant les tombeaux des premiers chrétiens de la région. La crypte Saint-Ludre et son sarcophage.

Les explorateurs **Bête du Berry**

La façade principale du tombeau de saint Ludre ne représente pas moins de quatre types de chasses : onze personnages traquent un sanglier, un ours, un cerf... et un animal décidément bien plus exotique sur les rivages de l'Indre.
Un indice : Tartarin aurait pu le chasser.

2 MOYEN ÂGE

COOL (CHÂTEAU) RAOUL

2.a • NOTRE-DAME DE DÉOLS, *6, rue de l'Abbaye, Déols*
2.b • CHÂTEAU RAOUL, *place de la Victoire-et-des-Alliés*
2.c • COUVENT DES CORDELIERS, *4, rue Alain-Fournier*

L'abbaye Notre-Dame de Déols

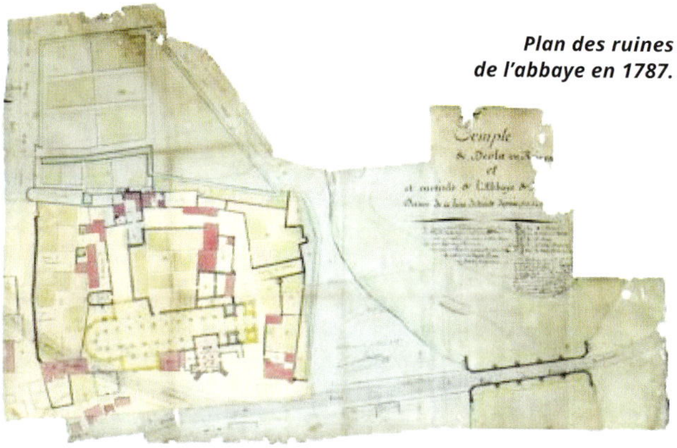

Plan des ruines de l'abbaye en 1787.

Au Moyen Âge, les seigneurs de Déols prétendent descendre de la famille de Léocade. Au Xe siècle, le maître des lieux se nomme Ebbes Ier, dit « le Noble », et nourrit de grandes ambitions : outre le fait de porter le titre de « prince », et de battre monnaie, il va imiter son seigneur, le duc Guillaume d'Aquitaine qui vient de fonder l'abbaye de Cluny. Ebbes aura donc aussi la sienne : il fonde le 2 septembre 917, très précisément, l'abbaye Notre-Dame qui s'installe à Déols. **Cette abbaye, placée sur le chemin de Saint-Jacques, prospère durant tout le Moyen Âge et compte jusqu'à 200 moines bénédictins !**

Superbe clocher daté de 1107, qui offre un panorama époustouflant à qui gravira ses 90 marches.

Le château Raoul

Ebbes multiplie les donations de terres et de biens à l'abbaye, mais ne perd pas le sens des réalités. L'au-delà est important, mais le prince s'intéresse aussi à l'au-delà de l'Indre : sur la rive gauche de la rivière en face de Déols, s'élève un promontoire rocheux, qui serait parfait pour un nouveau château… Autant dire que le Xe siècle ce n'était pas des vacances au bord de la Loire ! Entre les dernières vagues d'envahisseurs venus de l'Est – les Hongrois, qu'on oublie un peu trop souvent –, les Vikings qui n'en finissent pas de débarquer, et les seigneurs qui se tirent dans les pattes à coups de guerres féodales, le royaume est en ébullition. Et devinez quoi ? Ebbes y laisse sa peau en 935, lors d'une bataille à Orléans, en tentant de stopper un raid hongrois. Oui, vous avez bien lu : un raid hongrois… en plein cœur de la France !

Le puzzle défensif s'assemble sous la houlette d'Ebbes : rive droite de l'Indre, l'abbaye Notre-Dame pour assurer le salut par la prière ; rive gauche, on se protège par les armes et une fortification. Édifiée en bois, elle est reconstruite en pierre au XIIe siècle par un descendant du seigneur de Déols, un certain Raoul le Large.

Le château visible aujourd'hui date essentiellement du XVe siècle mais a été largement remanié au XIXe siècle dans un style néogothique.

Le château de Déols apparaît désormais dans les textes sous le nom de « château Raoul ». Terme qui deviendra, vous l'avez compris, « Châteauroux ». Si les princes de Déols n'habitent plus dans ses murs, Château Raoul reste un lieu de pouvoir… puisque y loge le préfet de l'Indre. La plus féodale des préfectures de la République !

Visionnaire, le Raoul. Bien défendu, le nouveau site profite peu à peu de sa situation centrale dans le royaume de France : routes commerciales et voies de pèlerinage – comme le chemin de Saint-Jacques – assurent la prospérité de la ville.

Denise, ne l'appelez plus Raoul

Pendant deux siècles, sept seigneurs de Déols se succèdent, tous nommés Raoul ou Ebbes. Mais le dernier n'aura qu'une fille, Denise. ***Par son mariage, elle apporte Châteauroux à une nouvelle dynastie, les Chauvigny.*** *Vassaux des rois d'Angleterre, ils ont la prudence, en 1200, de se rallier au roi de France. Trois siècles plus tard, les Chauvigny s'éteindront avec Antoinette, tandis que la couronne de comte puis de duc de Châteauroux se posera pour une dernière fois sur une tête, celle de Charles, le frère de Louis XVI, en 1773…*

Sceau de Guy III de Chauvigny qui, après un incendie au XIVe siècle, fait reconstruire le château Raoul.

Le couvent des Cordeliers

La ville s'enrichit de nouveaux bâtiments, comme le couvent des Cordeliers (le surnom des moines franciscains, en raison de la corde qu'ils nouaient autour de leur taille) édifié par la volonté du sire de Chauvigny, seigneur de la cité au XIIIe siècle, en souvenir de sa rencontre, lors de son retour de croisade, avec saint François d'Assise. Établi au pied des remparts de la ville, il a traversé les siècles malgré les vicissitudes : tour à tour couvent, gymnase, prison, écurie, école…

> « Tous les chemins passent par Châteauroux au Moyen Âge ! »

Le site des Cordeliers de Châteauroux – aujourd'hui un musée – offre le rare exemple d'un couvent entouré de ses bâtiments d'origine : non seulement l'église, mais aussi le dortoir, le réfectoire, une bibliothèque… sans compter un paisible jardin.

3 HIER ET AUJOURD'HUI
UN AVENIR BLEU HORIZON

3.a • CHÂTEAU DU PARC,
44, avenue François-Mitterrand
3.b • AÉROPORT, *Déols*

Au XVIIIe siècle, le spectre des guerres civiles et des invasions s'éloigne. La monarchie absolue met en ordre le royaume, au propre comme au figuré. La route Paris-Toulouse, ancêtre de la nationale 20 et de l'A20, est améliorée par les ingénieurs, issus du corps des Ponts et Chaussées, créé en 1716. Les routes et les voies d'eau – ici comme ailleurs et hier comme aujourd'hui – sont bonnes pour les affaires.

Portrait d'un Castelroussin :
Henri Gatien, comte Bertrand

Issu d'une famille de la bourgeoisie, il naît en 1773 au château Raoul, dans lequel est logé son père, administrateur du duché. Élève doué, ingénieur brillant, il rencontre Bonaparte en 1797. C'est le début d'une amitié fidèle, qui le conduira de la Grande Armée au caillou de Sainte-Hélène en passant par l'île d'Elbe.

Car c'est à Sainte-Hélène que Bertrand scelle son destin. Grand maréchal du palais, il devient le scribe de l'Empereur déchu. Chaque jour, il consigne les pensées, les souvenirs, les regrets et les justifications de Napoléon. Son rôle dépasse celui d'un simple secrétaire ; il est un confident, un témoin privilégié des derniers jours de l'homme qui a bouleversé l'Europe. Bertrand rédige des notes, des carnets, accumulant une somme considérable d'informations. Il aide Napoléon à façonner sa légende pour la postérité. Cette collaboration donne naissance aux *Mémoires pour servir à l'histoire de France* sous Napoléon, publiés par fragments. Bref, **Bertrand brille moins par ses talents militaires que par son apport à l'élaboration du mythe de napoléon, ce qui n'est pas rien pour un second rôle !**

Dans cette aquarelle réalisée en 1784, on distingue le château Raoul (qui sert à l'époque de résidence pour les administrateurs du duché de Châteauroux) et, à droite, la manufacture royale de draps.

Et le commerce ? Ici, nait des nombreux élevages de moutons, mentionnés depuis le Moyen Âge. Leur laine alimente la fabrication des draps, qui sortent de la manufacture royale établie en 1751 dans un ancien château médiéval sur les bords de l'Indre.

De leurs usines, sortiront durant la Première Guerre mondiale les fameux uniformes bleu horizon.

La famille Balsan, c'est aussi Jacques Balsan (1868-1956), un pionnier de l'aviation.

Jacques Balsan au manche de son Blériot XI en 1910.

Et l'avion, à Châteauroux, en ce début du XXᵉ siècle, prend son envol : c'est ici que s'implante une usine aéronautique, la SNCASO, Société nationale des constructions aéronautiques du Sud-Ouest, dont Marcel Bloch fut l'ingénieur-fondateur.

« C'est d'ici que **sortiront** les fameux **uniformes bleus** des poilus ! »

> « Entre 1951 et 1967, à **Chateauwoo**, on vit à l'heure **américaine !** »

Après la guerre, la présence de l'aéroport et les liaisons ferroviaires et routières avec Paris attirent de nouveaux arrivants : l'US Air Force qui installe à Châteauroux, de 1951 à 1967, l'une de ses plus importantes bases aériennes. À la fin des années 1950, ce sont plus de 7 000 soldats et leurs familles qui vivent dans et autour de la Châteauroux Air Base.

Et avec eux les Berrichons prennent l'accent US et rêvent de l'*American way of life*, en découvrant le Coca-Cola, le pain de mie ou les jeans !

Aujourd'hui, la tradition aéronautique subsiste, et pas qu'un peu, avec l'aéroport Châteauroux-Centre-Marcel-Dassault : un des premiers européens en termes de fret et une pièce majeure de la formation des pilotes. Ses avantages ? Une position centrale et de l'espace… beaucoup d'espace puisque le site possède la plus longue piste d'atterrissage de France, s'étend sur 400 hectares, permettant le parking des appareils les plus gros, comme l'A380 qui se gare dans un hangar de plus de 8 000 mètres carrés !

Mon Petit Détour

Le château de Nohant

À 30 kilomètres au sud de Châteauroux, se niche un joyau romantique, le domaine de Nohant. **On en connaît sa plus célèbre propriétaire, l'écrivaine Aurore Dupin, plus connue sous le nom de plume de George Sand.** Baronne devenue romancière scandaleuse, elle fumait le cigare, portait des pantalons et fit tourner la tête de Musset, puis de Chopin. Et Nohant, c'est l'antre de George Sand, surnommée « la bonne dame de Nohant ». Si vous aimez les romans champêtres, les décors romantiques et les fantômes d'artistes, Nohant est fait pour vous ! Bonus : vous pourrez frimer en citant des extraits d'un des récits les plus connus de George, *La Mare au diable*.

Les explorateurs « Ze » tower

En 1961, dans le cadre de l'alliance Atlantique, les soldats américains « occupent » Châteauroux. Toute la ville est occupée ? Toute ! Oui ! Et une nouveauté architecturale bien américaine voit le jour dans la cité médiévale berrichonne : une tour de13 étages, destinée au départ à accueillir les réunions des généraux américains ! Signée des architectes Pierre Bouguin et Robert Csali, elle est aussi aimée que décriée, mais labelisée « Architecture contemporaine remarquable » depuis 2019 !
Un indice : son surnom ? « Le Building ».

POUR PROLONGER LA VISITE :
chateauroux-tourisme.com

LES SABLES-D'OLONNE

À toute **Berzingue !**

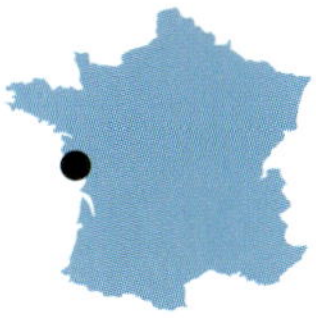

« Heureux qui, comme Ulysse, a fait un beau voyage / Heureux qui, comme Ulysse, a vu cent paysages », chantait Brassens en s'inspirant de ce cher Du Bellay… *Avec ma chaîne Youtube* À toute Berzingue !, *moi aussi, j'accomplis mon odyssée personnelle : quinze années passées à sillonner la France. Certes, ma quête est moins périlleuse que celle d'Ulysse, mais soyons honnêtes, nous n'avons pas tout à fait les mêmes atouts physiques ! Chacun son destin ! Ce centième rendez-vous, je l'ai voulu ici, aux Sables-d'Olonne, où deux mille ans d'histoire vous attendent patiemment. Chaque pierre, chaque ruelle et chaque vague raconte une histoire unique. Ici, l'Histoire est partout présente : il suffit d'ouvrir grand les yeux et d'écouter ce que murmurent les embruns !*

« *Ulysse c'est **l'incarnation des Sables-d'Olonne**, avec tous **ces marins qui osent**, qui risquent, qui partent, avec chevillé au corps l'espoir de mieux y revenir.* »

LES SABLES D'OLONNE
N
O
E
S
Bd du Souvenir Français
Quai Amiral de la Gravière
Bd de l'Île Vertime
Rue Louis Braille
Rue de la Baudière
Rue de la Justice
5a
Bd de la Libération
Port des Sables-d'Olonne
Les Sables-d'Olonne
Rue de la Baudière
Stade des Peuples
4
Route de la Cabaude
Quai Archereau
Rue des Greeurs
Rue Nicot
Rue du Tarif
3b
Port de Commerce
Quai de la Jauge
Square de la Liberté
Cr. Dupont
Rue du Moulin
Rue du Dr Canteteau
Quai Georges V
Quai René Guiné
3a
Rue des Halles
Rue Nationale
Quai Dingler
Rue Napoléon
Rue des Corderies
Rue des Doris
2d
Prom. de l'Amiral Lafargue
Rue Saint-Nicolas
Rue des Normands
Prom. Georges Clémenceau
Rue du Roi Albert 1er
Rue du Sémaphore
Rue de la Cabosse
Rte Bleue
2a
BREM-SUR-MER
LA FORTERIE
LES ACHARDS
SAINTE-FLAIVE-DES-LOUPS
LES CLOUZIS
LA SALAIRE
D38
D160
SAINT-MATHURIN
1b
SAINT-FOY
D36
GROSBREUIL
OLONNE-SUR-MER
D80
1a
2b
LE CAILLOU BLANC
LES SABLES-D'OLONNE
LE MOULIN DES LANDES
Golfe de Gascogne
2c
D949
2e
TALMONT-SAINT-HILAIRE
5b
D21
LES MÉTAIRIES
LES SABLES-D'OLONNE en vidéo, flashez vite ceci !

La rivière salée sur laquelle est établi le premier port fait la fortune des Sables-d'Olonne dans l'Antiquité...

1 ANTIQUITÉ
GRAINS DE SABLE ET GRAINS DE SEL

1.a • LES SALINES, *120, route de l'Aubraie*
1.b • NOTRE-DAME DE L'ASSOMPTION, *Olonne-sur-Mer*

Bien avant de devenir la station balnéaire renommée que l'on connaît, le site des Sables-d'Olonne est fréquenté dès le néolithique.

Les Sables-d'Olonne, durant l'Antiquité, eh bien, c'est du sable, du sel et des petits îlots. Et c'est ici, entre terre et mer, qu'au Ier siècle avant notre ère, la puissante tribu celte des Pictons, alliée des Romains, fonde un petit village au bord de l'eau, *Olonae* – d'où le nom du village d'Olonne.

Les salines

Ce village se double d'un port établi sur une rivière, la Rivière salée, conduisant vers la mer – idéal pour du commerce ! Et les affaires, chez les Sablais antiques, reposent sur de l'or... blanc : l'exploitation du sel dans des marais salants, dont certains sont parvenus jusqu'à nous.

Car rappelons-nous, le mot français « salaire » a pour origine le mot *salarium*, qui désignait en latin la « ration de sel » avec laquelle on payait parfois les soldats des légions romaines – de l'or blanc, je vous dis ! Et c'est lui qui va faire la fortune des Sables-d'Olonne. On assiste donc à un premier développement du port – qui apparaît dans les textes en 1107 sous le nom de *portu Olonae*. Sa position stratégique sur la façade atlantique en faisait un point de passage important pour le commerce maritime le long des côtes de la Gaule. Établi au niveau du lieu-dit La Roulière, ce port antique a complètement disparu.

Mais à côté de l'exploitation des salines, les Sablais savent également tirer profit des terres : agriculture et viticulture, favorisées par les conditions climatiques et la nature des sols, connaissent un âge d'or – prouvé aussi bien par les ruines de villas (comme au sud, à Jard-sur-Mer) que par les nombreuses découvertes, dont celle, surprenante, d'une pirogue, à L'Île-d'Olonne, au nord de la ville !

Les Romains développent également un réseau routier reliant les différents établissements de la région et permettent l'exportation vers l'intérieur de la Gaule des produits débarqués dans le port. La fin de la période antique voit progressivement l'organisation romaine se déliter sous les coups des barbares, mais l'héritage de cette époque reste profondément ancré dans le territoire, et les techniques d'exploitation du sel vont perdurer pendant les périodes suivantes.

> « *Cette Rivière salée, c'est vraiment la* ***colonne vertébrale*** *des Sables-d'Olonne.* »

Notre-Dame de l'Assomption

Les Francs, petit à petit, vont s'imposer sur tous les autres envahisseurs, notamment en embrassant la religion chrétienne pour légitimer leur autorité acquise à coups de francisque et autre scramasaxe ! Et le symbole de ce nouveau lien entre le royaume des Francs et l'Église, on peut le découvrir avec cette église Notre-Dame de l'Assomption, située à Olonne-sur-Mer, dont la forme assez simple, rectangulaire, rappelle les tout premiers édifices chrétiens de la fin de l'Antiquité. C'est normal, c'est la plus vieille de la ville !

L'église Saint-Hilaire porte le nom de l'évangélisateur de la région. Elle a été remaniée aux XIXe et XXe siècles, mais occupe le site médiéval de Château-d'Olonne.

2 MOYEN ÂGE
DES VIKINGS ET DES ANGLAIS

- **2.a • ÉGLISE SAINT-NICOLAS,** *15, rue du Prieuré, Brem-sur-Mer*
- **2.b • ÉGLISE SAINT-HILAIRE,** *rue Saint-Hilaire, Château-d'Olonne*
- **2.c • CHÂTEAU DE TALMONT,** *8, rue du Château, Talmont-Saint-Hilaire*
- **2.d • CHÂTEAU DE LA CHAUME,** *6, quai des Boucaniers*
- **2.e • ABBAYE DE SAINT-JEAN D'ORBESTIER,** *rue de l'Abbaye, Château-d'Olonne*

L'Empire carolingien, entre le VIIe et le IXe siècle, offre aux Sables-d'Olonne une période de paix relative et de stabilité, favorable au développement. Mais soudain surgit un péril redoutable venu du large : les Vikings, ces guerriers du Nord qui sèment la terreur sur les côtes de l'Europe. **La menace est telle que des prêtres anglais composent une prière désespérée, implorant la protection divine : « De la fureur des Normands, délivre-nous, Seigneur... »** Aux Sables-d'Olonne, comme ailleurs, on s'organise alors pour résister aux assauts de ces redoutables navigateurs, et l'église Saint-Nicolas devient un témoin silencieux de ces temps troublés.

Il reste encore des témoignages du passage des Vikings, comme ici devant l'ancien prieuré Saint-Nicolas à Brem-sur-Mer, à une dizaine de kilomètres au nord des Sables-d'Olonne : **le très vieux tympan de cette église date du Xe siècle, le siècle des attaques vikings.** Toute cette mythologie gravée dans la pierre semble clairement d'inspiration nordique. Cette femme aux cheveux tressés, très longs, les yeux exorbités presque en transe n'évoque-t-elle pas Freya, la déesse viking de l'amour, de la beauté, de la fertilité, mais aussi de la luxure, de la guerre et de la mort ?

On distingue aussi des dragons – qui rappellent plus les proues des navires vikings que les dragons de saint Michel ou de saint Georges ! Clairement, on peut voir ici les traces laissées par la culture nordique viking. Mais nous sommes tout de même dans un univers chrétien : on trouve saint Nicolas. Mais ce n'est pas un hasard... saint Nicolas aussi est le saint patron des navigateurs ! **Et on le retrouve très présent dans les régions fréquentées par les Vikings : de la Scandinavie à la Méditerranée... en passant, bien sûr, par le littoral vendéen.**

L'église Saint-Hilaire d'Olonne

Sous les coups des Vikings et des querelles familiales, l'empire patiemment construit par Charlemagne s'effondre. Les petits seigneurs locaux se retrouvent en première ligne pour tenter de se protéger des assauts des hommes venus du Nord.

Les maîtres d'Olonne vont alors édifier une résidence fortifiée : ce sera le château d'Olonne. Le nom est resté, le château a disparu. Il a été remplacé par l'église Saint-Hilaire. Mais, en l'observant, on se rend compte que la fortification est bâtie sur une motte castrale – une fortification faite d'une butte de terre sur laquelle est construite une tour.

« Talmont-Saint-Hilaire, ce n'est pas de la quiche : regardez les armes **d'Aliénor d'Aquitaine, Richard Cœur de Lion** qui était prince de Talmont. Ici, c'était très **prestigieux.** »

Le château de Talmont-Saint-Hilaire

Il faudra attendre les environs de l'an 1000 pour que les plus puissants seigneurs de la région, les comtes de Poitiers (qui sont aussi ducs d'Aquitaine), sécurisent véritablement la région, en construisant deux forteresses : l'une du côté de La Roche-sur-Yon, l'autre ici, à Talmont-Saint-Hilaire, tout près des Sables-d'Olonne. Les comtes de Poitiers, ducs d'Aquitaine, confieront ces forteresses à des fidèles qui deviendront seigneurs de La Roche-sur-Yon et de Talmont-Saint-Hilaire.

Et les vestiges de cette forteresse millénaire de Talmont-Saint-Hilaire sont parvenus jusqu'à nous : ils sont grandioses. De là, si vous avez une bonne vue, on voit jusqu'aux Sables-d'Olonne. Et remarquez l'originalité de la porte d'entrée du château : le portail est coudé. Voici un héritage des croisés, notamment de Richard Cœur de Lion, qui a remarqué cette disposition particulière lors de sa croisade en Terre sainte. Lorsque l'assaillant parvenait à enfoncer la porte d'entrée avec un bélier, loin de se rapprocher de la victoire, il se retrouvait coincé et n'avait plus d'élan pour enfoncer l'autre porte.

Mais question très pratique : que faire lorsqu'un besoin pressant se fait sentir juste avant le combat ? Pas d'inquiétude, le Moyen Âge, loin d'être aussi sombre et peu hygiénique qu'on l'imagine parfois, avait tout prévu : des latrines – appelées pudiquement à l'époque « retraits » – mettaient gracieusement leur « trône » à disposition des soldats de garde.

Le château de Talmont cache une autre particularité étonnante : il possédait son propre port ! Oui, un véritable port, relié à l'océan par un canal. Mais comme celui d'Olonne, il s'est peu à peu ensablé au fil des siècles. Devant cet ensablement inexorable, un seigneur de Talmont, le fameux Savary de Mauléon – également sénéchal du Poitou –, décide alors d'en faire bâtir un autre, plus au sud, sur un site mieux protégé : ce sera le Havre d'Olonne, donnant naissance à ce qui deviendra plus tard Les Sables-d'Olonne.

L'histoire d'un mot : « sénéchal »

Louis de Beauvau, sénéchal d'Anjou au XVe siècle.

Savary de Mauléon portait le titre de sénéchal du Poitou, car il représentait le roi de France. À l'époque le bas-Poitou échappait au roi d'Angleterre et relevait du royaume de France.

Mais le mot « sénéchal », ça vient d'où ? Ce titre utilisé sous les Mérovingiens vient d'un mot franc, sinaskalka, *d'origine germanique, qui veut dire « le serviteur le plus âgé ». Par la suite, sous les Capétiens, il sera porté par les officiers royaux chargés d'administrer le sud et l'ouest du pays. Dans le Nord, en revanche, on les appelle « baillis » – un mot dont on parlera une prochaine fois !*

Portrait d'un Sablais :

Savary de Mauléon

Mauvais lion mais bon visionnaire

Le haut et puissant seigneur Savary de Mauléon, représenté dans le Chansonnier provençal (première moitié du XIIIe siècle).

Savary de Mauléon ! Un nom qui claque, un seigneur vendéen qui a laissé sa marque, et pas qu'un peu, sur le sable fin des Sables-d'Olonne. Imaginez un peu : nous sommes au XIIIe siècle, une époque où les côtes atlantiques sont un véritable nid de vipères, rempli de fiefs, de haines recuites, d'envies... Et au milieu de tout ça, Savary, seigneur de Mauléon, donc, mais aussi prince de Talmont, rien que ça ! Ce Savary n'est pas un inconnu : on le dit poète à ses heures perdues, capable de manier la plume aussi bien que l'épée. À son époque, Les Sables ne sont encore qu'un humble village de pêcheurs, posé entre dunes et marais. Mais Savary, lui, voit plus loin : il saisit d'instinct l'avantage stratégique de ce site, parfaitement situé pour le commerce maritime. Déjà, au XIe siècle, Guillaume IX d'Aquitaine avait fait aménager un port avec le concours des moines de l'abbaye Sainte-Croix de Talmont : le fameux Havre d'Olonne. Mais le véritable tournant survient en 1218, lorsque Savary accorde une charte de franchise aux habitants : désormais, Les Sables-d'Olonne deviennent une ville libre.

Et ça marche ! Les Sables-d'Olonne prennent leur essor. Les navires affluent, chargés de marchandises diverses et variées. Le sel, le vin, le blé... tout transite par ce port florissant. La ville grandit, s'enrichit, se fortifie. Elle devient un véritable centre économique régional, un point de passage obligé pour le commerce atlantique. Alors, lorsque vous vous rendez aux Sables, ayez une pensée pour ce seigneur vendéen qui a fait de ce petit village un grand port.

Nous sommes alors en 1218, et c'est un peu l'acte de naissance des Sables-d'Olonne. Là encore, pour protéger le nouveau port, on construit un nouveau château, comme à Talmont-Saint-Hilaire : le château de la Chaume – sur lequel ont été lancés ces dernières années d'importants travaux de rénovation.

Un bourg grandit autour du nouveau port des Sables-d'Olonne, dans le quartier de la Chaume, veillé par le château Gauthier et le prieuré Saint-Nicolas. Protégé par les saints et les chevaliers, le village de pêcheurs se développe grâce à sa situation géographique privilégiée. Protégé des vents dominants, le havre naturel offre un abri sûr aux embarcations.

La pêche devient l'activité principale, et le commerce maritime se développe, notamment avec l'Angleterre : commerce du sel évidemment, mais aussi du vin – **la vigne cultivée depuis les Romains désormais développée par les moines de l'abbaye Saint-Jean-d'Orbestier.**

Malheureusement, la guerre de Cent Ans va donner un coup d'arrêt à cette croissance économique. Les Sables-d'Olonne vont se trouver au cœur des combats durant près de cent ans, justement.

Et comme les Anglais dominent alors les mers, ils ne se privent pas de ravager le littoral et ses ports, y compris celui des Sables-d'Olonne. La preuve ? **En 1390, les habitants du quartier de la Chaume adressent au roi de France une requête pour obtenir une exemption de taxes,** invoquant les pillages répétés de leurs côtes par des navires anglais.

À l'issue de cette interminable guerre, Louis XI ordonne la reconstruction et la réorganisation administrative de la région. C'est à cette époque que se sépare la cité des Sables-d'Olonne de sa devancière, Olonne. Désormais, le port des Sables-d'Olonne va se hisser parmi les premiers du royaume. On va donc renforcer les défenses de la ville, en particulier celles tournées vers la mer : on érige sur la dune un rempart qui, au fil des siècles et des assauts de la mer, sera renforcé et remblayé, d'où le nom de « Remblai », devenu aujourd'hui une magnifique promenade.

> *« **Les Anglais** revendiquant le Poitou, la Guyenne et même **la couronne de France** au nom d'un vieil héritage **Plantagenêt**, ça va se friter dur pendant **plus d'un siècle.** »*

Le château Gauthier et le prieuré Saint-Nicolas veillent sur le nouveau bourg fondé au XIIIe siècle, le futur quartier de la Chaume.

> « À l'époque moderne, le port des Sables-d'Olonne devient **le premier port de pêche à la morue** du royaume. »

3 ÉPOQUE MODERNE
LA FOI ET LES FOIES DE MORUE

3.a • ÉGLISE NOTRE-DAME-DE-BON-PORT, *61, Rue des Halles*

3.b • TOUR SERVANTEAU, *rue du Villebrequin*

À l'époque moderne, le port des Sables-d'Olonne devient un port très important et même le premier port de pêche à la morue du royaume ! En 1555, le port accueille jusqu'à 100 navires par an ! Le bourg se développe alors sur les deux rives de son chenal : dans le quartier de la Chaume mais aussi dans celui du Passage.

Après les guerres de Religion, alors que le quartier de la Chaume reste majoritairement protestant, le cardinal de Richelieu décide en 1622 de créer une nouvelle paroisse aux Sables-d'Olonne. Elle est desservie par une nouvelle église : Notre-Dame-de-Bon-Port. Sa nef, commencée au milieu du XVIIe siècle, conserve un caractère résolument gothique, en contraste avec sa façade occidentale, plus classique.

Mais il fallait à cette réussite un ingrédient de plus, vous l'avez compris : encore une fois le sel ! Un sel indispensable pour conserver le poisson pêché outre-Atlantique. Contrairement aux flottes de Bayonne ou de Saint-Malo qui ne partaient en campagne de pêche qu'une fois l'an – car elles ne disposaient pas d'un approvisionnement suffisant en sel – ici aux Sables, on pouvait armer deux expéditions annuelles !

Et ils ne rapportaient pas que du poisson canadien : les marins des Sables-d'Olonne ramenaient aussi des pierres de lest, pour que les navires ne chavirent pas. Et je peux vous dire que dans le quartier de la Chaume, il y a plein de murs bâtis en pierres de lest, comme ici rue du Villebrequin.

À la Révolution, le port des Sables-d'Olonne reste fermement tenu par les républicains alors que les guerres de Vendée font rage. Car si la ville tombait aux mains des blancs, la flotte anglaise ne tarderait pas à se montrer et à appuyer les insurgés. Et pour que l'ordre règne, on installe dans le logis réquisitionné d'un armateur un tribunal révolutionnaire… qui envoie, sous le « rasoir national », près d'une centaine de nuques !

Les Sablais pratiquent la pêche à la morue verte, c'est-à-dire que le poisson était salé à bord du navire morutier (et pas séché sur le rivage). Planche extraite du* Traité général des pesches *(1769).

Le port des Sables-d'Olonne est devenu le premier port de pêche à la morue du royaume au XVIIe siècle grâce à des navigateurs expérimentés, des armateurs doués et des maîtres de navire talentueux, comme André Servanteau.

4 ÉPOQUE CONTEMPORAINE
TOURISME ET VOILIERS

4 • PORT OLONA

Les Sables-d'Olonne, port de pêche majeur, connaissent au XVIIIe siècle une mutation profonde : la perte du Canada sous Louis XV compromet la morue pêchée sur les bancs de Terre-Neuve. Nos marins sablais s'orientent dès lors vers la pêche au thon et à la sardine.

Au début du XXe siècle, le port et la conserverie de sardines font vivre des centaines de familles ! Le port des pêcheurs en 1903.

Symbole du dynamisme de la cité vendéenne : le Port Olona.

Mais, surtout, place à la révolution industrielle. Avec elle, les Sables-d'Olonne se doublent d'un port industriel établi sur l'île de la Cabaude, où chantier naval et entrepôts vont se multiplier. Toujours très actif aujourd'hui, il possède des vestiges emblématiques comme ces silos datant de 1937.

Ultime révolution au XIXe siècle, Les Sables-d'Olonne se transforment en une station balnéaire prisée. L'arrivée du chemin de fer, en 1866, facilite l'accès à la ville, attirant une clientèle aisée venue profiter des plaisirs de la mer. Des hôtels de luxe, des casinos et des villas sont construits le long du Remblai, transformant le paysage urbain.

Et les Sablais ne passent pas à côté de cette manne économique : ils inventent même, avec un siècle d'avance, Airbnb ! L'été, ils louent leur maison aux touristes et s'installent au sous-sol. **Voilà pourquoi, dans le quartier historique du Passage, on trouve ainsi pas mal de maisons munies d'une double entrée !**

> *Attention les enfants, **Port Olona,** ce n'est pas de la quiche, enfin de **la gâche – on est en Vendée !** Ce n'est **pas qu'un port de plaisance** pour marins en goguette à la Lorànt Deutsch.*

Les explorateurs *Des kilomètres à toute berzingue*

À toute berzingue !, c'est l'histoire des plus grandes villes de France et d'ailleurs. Un moyen simple et rapide de mieux connaître leur histoire et leur patrimoine ; quinze ans pour parcourir la France ! Grâce à vous, nous avons franchi la barre des 100 villes, depuis le lancement de ce projet un peu fou, il y a six ans. Et ça en fait des kilomètres...

Un indice : il fallait être un peu perché pour parcourir tant de bornes. Pour s'en rendre compte, rendez-vous à la Chaume, à l'angle de la rue du Lieutenant-Maurice-Anger et de la rue du Filet.

Arrivée de la navigatrice Violette Dorange – benjamine de la course et l'une des six femmes (sur quarante participants) – à la vingt-cinquième place du Vendée Globe 2024, le 9 février 2025 aux Sables-d'Olonne.

5 ET AUJOURD'HUI
DÉPART DES GRANDS AVENTURIERS !

5.a • VILLAGE DU VENDÉE GLOBE

Les Sables-d'Olonne aujourd'hui, c'est l'une des plus belles stations balnéaires de l'Atlantique : mais en réalité, ce n'est pas une station balnéaire, c'est une ville ! Les Sables-d'Olonne comptent 50 000 habitants. Hors saison, on n'y voit pas de volets fermés ! Preuve de ce dynamisme, un troisième port voit le jour en 1978 : après le port de pêche artisanale, après le port industriel, voici le port de plaisance, Port Olona.

Et en plus, Port Olona abrite une école des pêches et des métiers de la mer, où l'on apprend notamment la solidarité maritime – l'une des valeurs cardinales aux Sables-d'Olonne. Et c'est ici, à Port Olona, que se déroule le point de départ de l'événement des mers, le *Top Gun* des aventures maritimes…

L'Everest des mers

Le Vendée Globe est couru par des loups de mer modernes, bravant les cinquantièmes hurlants et les quarantièmes rugissants… Course à la voile en solitaire, sans escale et sans assistance autour du monde, elle a été créée en 1989 par le skipper Philippe Jeantot. Avec pour point de départ et d'arrivée Port Olona, elle se déroule tous les quatre ans.

La première édition fut remportée par le navigateur et artiste Titouan Lamazou en 109 jours. La dernière course, elle, a vu le succès de Charlie Dalin… en 64 jours seulement ! Le Vendée Globe, c'est aussi une histoire de bateaux. Des monocoques de 60 pieds, des machines de course high-tech, toujours plus rapides, toujours plus fragiles. C'est l'innovation au service de l'aventure. ***Mais au-delà de la performance, c'est l'humain qui prime et qui fait du Vendée Globe un défi renouvelé à chaque édition, qui se grave à jamais dans la mémoire collective !***

Mon Petit Détour

Jurassic plage !

5.b • PLAGE DU VEILLON, *Talmont-Saint-Hilaire*

Pourquoi ne pas profiter d'une virée à l'Océan pour partir sur la trace des dinosaures ? Et quand je dis « traces », c'est vraiment au sens propre ! Entre Talmont-Saint-Hilaire et Jard-sur-Mer – à une petite quinzaine de kilomètres au sud des Sables-d'Olonne –, dans l'estuaire du Payré, les chercheurs ont compté, depuis leurs premières découvertes dans les années 1960, une centaine d'empreintes de pattes de dinosaures datées du jurassique (il y a à peu près 200 millions d'années…). Ces « Jurassic pattes » sont difficiles à voir, victimes de l'érosion et des pilleurs. Mais à marée basse, si vous en trouvez une, quelle émotion !

Autrefois une lagune, la plage du Veillon conserve la trace du passage des dinosaures.

POUR PROLONGER LA VISITE :
lessablesdolonne.fr

BORDEAUX

A toute Berzingue !

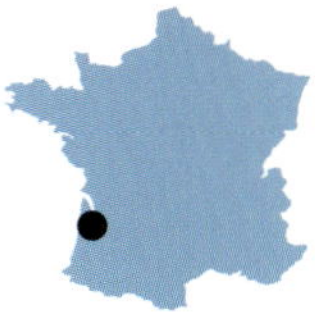

Métropole portuaire majeure située sur la Garonne, Bordeaux, préfecture de la Gironde et capitale de la région Nouvelle-Aquitaine, fut, dès l'Antiquité, sous le nom de Burdigala, une riche cité gallo-romaine. *Indissociable de son vignoble, Bordeaux a assuré sa prospérité et sa renommée mondiale dès le Moyen Âge, notamment grâce au commerce avec l'Angleterre. Actuellement, Bordeaux est une métropole européenne de premier plan, reconnue pour son art de vivre et son dynamisme, desservie par l'autoroute A10 et l'A62.*

« Bordeaux au départ, c'est un petit port : Burdigala. Eh oui, la source de Bordeaux c'est pas le vin, mais c'est l'eau ! »

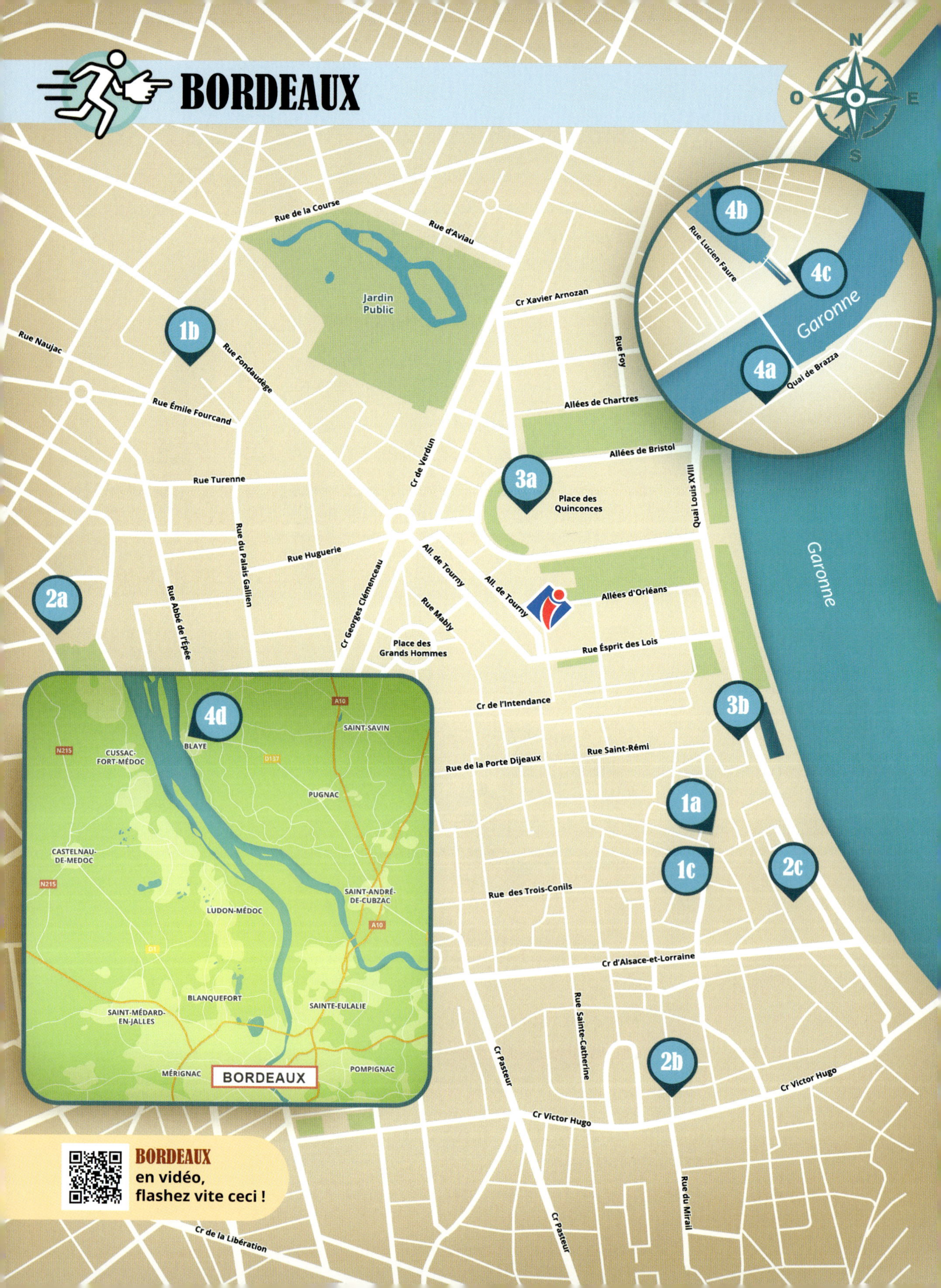
BORDEAUX
N
O
E
S
Rue de la Course
Rue d'Aviau
Jardin Public
Cr Xavier Arnozan
Rue Naujac
1b
Rue Fondaudège
Rue Émile Fourcand
Rue Foy
Allées de Chartres
Allées de Bristol
Cr de Verdun
Rue Turenne
3a
Place des Quinconces
Quai Louis XVIII
Rue Huguerie
Rue du Palais Gallien
All. de Tourny
Garonne
2a
Rue Abbé de l'Épée
Cr Georges Clémenceau
Rue Mably
Allées d'Orléans
Place des Grands Hommes
Rue Ésprit des Lois
4b
Rue Lucien Faure
4c
Garonne
4a
Quai de Brazza
3b
Cr de l'Intendance
Rue de la Porte Dijeaux
Rue Saint-Rémi
1a
1c
2c
Rue des Trois-Conils
Cr d'Alsace-et-Lorraine
Rue Sainte-Catherine
2b
Cr Pasteur
Cr Victor Hugo
Rue du Mirail
Cr de la Libération
4d
BLAYE
SAINT-SAVIN
A10
N215
CUSSAC-FORT-MÉDOC
D137
PUGNAC
CASTELNAU-DE-MEDOC
SAINT-ANDRÉ-DE-CUBZAC
LUDON-MÉDOC
D1
BLANQUEFORT
SAINT-MÉDARD-EN-JALLES
SAINTE-EULALIE
MÉRIGNAC
BORDEAUX
POMPIGNAC
BORDEAUX
en vidéo,
flashez vite ceci !

1 ANTIQUITÉ
BURDIGALA

1.a • PORT ANTIQUE, *place Saint-Pierre*
1.b • PALAIS GALLIEN, *126, rue du Docteur Albert Barraud*
1.c • « GROS CAILLOU », *passage de la Tour-de-Gassies*

Bordeaux, c'est *Burdigala* **– un mot d'origine basque signifiant « abri dans les marais » –, une florissante cité fondée par les Romains au Ier siècle avant notre ère.** Bon, avant les Romains, il existait déjà un petit port celte où l'on échangeait de l'étain venu du nord de l'Europe contre du vin. Mais Bordeaux servait surtout d'entrepôt et de plaque tournante. Avec les Romains, elle change de division et devient la capitale administrative de la province d'Aquitaine. Elle abrite un port prospère, idéalement niché au confluent de deux cours d'eau – la Devèze et le Peugue – qui se jettent dans la Garonne, elle-même filant vers l'Océan. C'est donc à ce carrefour aquatique que Bordeaux est née.

Aujourd'hui, ne cherchez plus la Devèze et le Peugue en plein centre-ville ! Ces rivières, transformées en égouts à ciel ouvert, ont été progressivement recouvertes au fil de l'expansion urbaine. La Devèze coule désormais sous la rue de la Devise, tandis que le Peugue se cache sous le cours Alsace-Lorraine.

« La source de Bordeaux, ce n'est pas le vin, mais bien l'eau ! »

Le port antique, autour de la place Saint-Pierre

Le premier port de Bordeaux, quant à lui, se situait grosso modo au niveau de la place Saint-Pierre. Un port intérieur, en retrait de la Garonne, avec une forme rectangulaire encore reconnaissable dans le tracé des rues actuelles : la rue du Parlement au nord, la rue Piliers-de-Tutelle à l'ouest, la rue du Cancera au sud, et la place Saint-Pierre à l'est. C'est à partir de ce petit bassin que Bordeaux a commencé à se développer. L'entrée du port sur la Garonne se trouvait au niveau de l'église Saint-Pierre, avec la porte Navigère.

C'est donc avec les Romains que la ville prendra son essor, grâce à une nouvelle richesse cultivée sur place : la vigne ! Eh oui, les Romains ont implanté la vigne à Bordeaux, chez les Bituriges Vivisques. Ce cépage, le biturica, déjà mentionné par l'agronome Columelle (Ier siècle av. J-C) et Pline l'Ancien (23-79), a fait la fortune de Bordeaux jusqu'à nos jours.

Avec les Romains, *Burdigala* devient l'une des cités les plus importantes de la Gaule, rivalisant avec Poitiers et Narbonne. Elle supplante même Saintes comme capitale gallo-romaine de la région.

Le palais Gallien et l'enceinte romaine

Symbole de cette opulence : le palais Gallien, l'amphithéâtre de la ville, un des plus grands de la Gaule romaine, un véritable zénith pour les combats de gladiateurs et d'animaux ! Cet amphithéâtre a été construit au nord de la ville, au bout du *cardo maximus*, l'axe nord-sud de *Burdigala*, qui correspond à l'actuelle rue Sainte-Catherine. L'axe est-ouest se retrouve dans le tracé rue Porte-Dijeaux et rue Saint-Rémi.

Ce n'est donc pas un hasard si elle est devenue le point de départ du plus ancien pèlerinage chrétien vers Jérusalem : le récit de l'Anonyme de Bordeaux témoigne du plus ancien pèlerinage d'un chrétien parti du parvis de l'église Saint-Seurin de Bordeaux un jour de 333 pour un voyage d'un an à Jérusalem. Et quelle précision ! Quasiment un relais est cité tous les 20 ou 30 kilomètres, ce qui donne un instantané très précieux du relais routier de l'Empire.

À partir de la fin du IIIe siècle, l'Empire romain subit les invasions venues du Nord et de l'Est. Comme dans tout l'empire, *Burdigala* se replie derrière son enceinte, de part et d'autre de son port antique. Rome finit par s'effondrer, et Bordeaux, à l'image de la Gaule, traverse un demi-millénaire de chaos, avec des invasions à répétition : Wisigoths, Francs, Sarrasins, Normands… Et les vieux remparts de *Burdigala* se révèlent impuissants à bloquer ces vagues successives.

***Surnommé « Gros Caillou » par les riverains, ce n'est pas qu'un tas de pierres ! Non ! Il s'agit de la tour de Gassies, tout ce qui reste du rempart ou de l'une de la cinquantaine de tours qui hérissait l'enceinte antique de* Burdigala.**

2 MOYEN ÂGE
BORDEAUX À L'HEURE ANGLAISE

2.a • BASILIQUE SAINT-SEURIN, *place des martyrs de la Résistance*
2.b • GROSSE CLOCHE, *rue Saint-James*
2.c • PORTE CAILHAU, *place du Palais*

Symbole de ces siècles tumultueux : Roland, le neveu de Charlemagne, mort en martyr au Moyen Âge. Ce héros de la chanson de geste aurait été tué par des ennemis de l'Empire carolingien, Basques ou Sarrasins, en protégeant les arrières de l'armée de Charlemagne dans les Pyrénées. Avant de mourir, il sonne du cor pour prévenir son tonton. Ce cor, et non le corps de Roland (qui, lui, repose à Blaye, lire « Mon petit détour » p. 109), aurait été déposé dans la basilique Saint-Seurin, aux côtés des compagnons d'armes de Roland. Mais pas question de creuser, il y a des morts partout qui dorment ici…

> *« Vint a Burdeles, la cite de renun*
> *Dessus l'alter seint Sevrin le barun*
> *Met l'oliphant plein d'or et de manguns*
> *Li pelerin le veient ki la vunt. »*

Chanson de Roland

Il faut attendre l'an 1000 pour que l'Aquitaine et Bordeaux retrouvent stabilité et puissance, lorsque les deux grands duchés rivaux d'Aquitaine et de Gascogne fusionnent par mariage. Le duché d'Aquitaine devient alors aussi grand qu'un royaume. Sa capitale est plutôt Poitiers, mais le duc

Portrait d'un Bordelais : AUSONE

Durant la paix romaine, Bordeaux connaît un siècle d'or dont témoigne **Ausone (IVe siècle), un riche propriétaire terrien de la vallée de la Garonne, devenu écrivain, poète et homme politique influent.** Précepteur du futur empereur Gratien, il devient l'un de ses plus importants conseillers avant de se retirer de la vie politique à la mort de l'empereur. Ausone fait rayonner Bordeaux, qui devient incontournable.

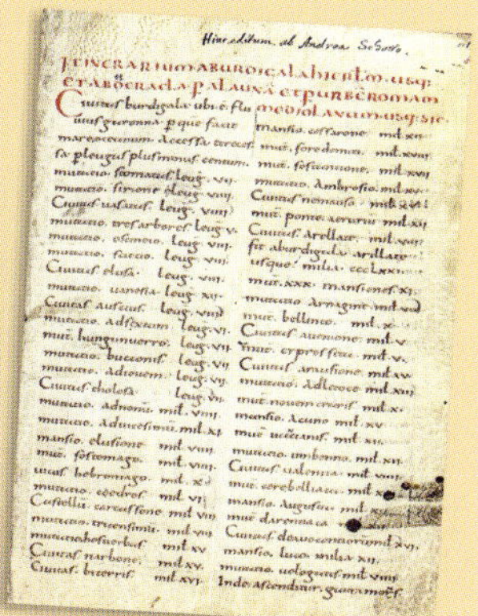

Copie de la première page de l'itinéraire de l'Anonyme de Bordeaux.

> *« L'enceinte carrée de ses murailles*
> *élève si haut ses tours superbes*
> *que leur sommet aérien perce les nues.*
> *On admire au-dedans les rues*
> *qui se croisent, l'alignement des maisons*
> *et la largeur des places fidèles à leur nom ;*
> *puis les portes qui répondent*
> *en droite ligne aux carrefours. »*

La basilique Saint-Seurin est édifiée au XIe siècle sur une nécropole antique. Ce serait Charlemagne lui-même qui, après la défaite de Roncevaux, y aurait déposé l'olifant de son neveu Roland.

d'Aquitaine réside souvent à Bordeaux, dans un nouveau palais à l'angle nord-est de la muraille romaine : le palais de l'Ombrière.

Notre duché d'Aquitaine devient duché de Guyenne, les Anglais ayant du mal à le prononcer. Mais pour les Bordelais, devenir anglais, c'est plutôt une bonne affaire ! Le commerce du vin explose car, longtemps, le port de Bordeaux est le seul port atlantique pour les Anglais. De plus, les négociants bordelais bénéficient d'avantages en matière de taxes et de circulation qui les rendent imbattables pour inonder le marché anglais ! En 1308, 102 724 tonneaux sont exportés, un record qui ne sera égalé qu'en… 1950.

La ville se développe et s'agrandit vers le sud, autour d'un grand marché situé au niveau de la place Lafargue. Pour protéger ce nouveau poumon commercial, Bordeaux se dote au sud d'une nouvelle enceinte au XIIIe siècle, **dont le plus beau vestige est sans aucun doute la Grosse Cloche, qui servait de beffroi aux jurats** (des magistrats municipaux, l'équivalent des consuls et échevins dans le Nord) de la ville. C'était leur donjon, symbolisant leur toute-puissance et leur relative indépendance. Ils sonnaient la cloche pour les vendanges, notamment…

La Grosse Cloche, rien ne cloche !

Ah, la Grosse Cloche de Bordeaux ! Une star, une légende ! Alors, accrochez-vous, parce que son histoire, c'est un vrai voyage dans le temps ! *Tout commence en 1478. Bordeaux est une ville prospère, et les autorités locales décident de construire une tour pour abriter une cloche monumentale. L'objectif ? Disposer d'un symbole de puissance et de prestige, mais aussi d'un moyen pour communiquer avec les habitants. La construction prend plusieurs années, et en 1480, la Grosse Cloche est enfin installée. Elle pèse près de 7,8 t et sonne pour la première fois en 1481.*

Elle sonne pour annoncer les événements importants, comme les incendies, les attaques ennemies, ou même les exécutions capitales ! *La Grosse Cloche survit aux guerres et même aux changements de régime. En 1793, pendant la Révolution, elle échappe de peu à la fonte, alors que beaucoup de cloches sont détruites pour récupérer le métal. Aujourd'hui, la Grosse Cloche se fait toujours entendre et est classée monument historique depuis 1926.*

Hélas, toutes les bonnes choses ont une fin. Malgré une nouvelle enceinte pendant la guerre de Cent Ans, Bordeaux finit par être rattachée au royaume de France. **Tout s'est joué non loin de la ville, en 1453, lors de la bataille de Castillon.**

Symbole de ce changement de domination et d'époque : **on élève la porte Cailhau, un arc de triomphe à la gloire des Français,** où le roi Charles VIII trône dans une niche placée sur la façade.

Portrait d'un Bordelais :

Michel Eyquem de Montaigne

Michel de Montaigne voit le jour en 1533 dans le château familial, à deux pas de Bordeaux. Son père, Pierre Eyquem, négociant prospère et maire de la ville, imagine pour lui une éducation originale : le petit Michel apprend le latin avant même de parler français, et profite d'une liberté rare pour l'époque. Après des études de droit, il devient conseiller au Parlement de Bordeaux, mais c'est surtout dans sa « librairie », une tour du château, qu'il se révèle. En 1571, il s'y retire pour lire, réfléchir et écrire ses célèbres Essais. Il y aborde sans détour l'amitié, la mort, la politique, la morale ! Montaigne ne cherche pas à donner des leçons, mais à partager ses doutes et ses expériences. **Dans un siècle secoué par les guerres de religion, sa voix apporte un souffle de tolérance et d'humanité qui nous parle encore aujourd'hui.**

3 RENAISSANCE & ÉPOQUE MODERNE

DU VIN ET DES CHÂTEAUX

3.a • PLACE DES QUINCONCES, *colonne du monument aux Girondins*

3.b • PLACE DE LA BOURSE

Bordeaux, durant la Renaissance, c'est une ville française. Cela ne se passe pas forcément très bien. La ville perd pour un temps ses privilèges, ses débouchés pour son vin... Le commerce repart, mais la cité est moins libre, plus surveillée. Symbole de ce pouvoir qui la serre de plus en plus fort : elle est encadrée de forteresses, comme le fort du Hâ ou le château Trompette – tous deux disparus. L'absolutisme royal se met en place et enveloppe progressivement Bordeaux.

La ville réussit à rester sur une ligne de crête entre révolte et soumission, en particulier pendant les guerres de Religion. **Grâce à Michel de Montaigne, catholique modéré devenu maire de la ville, Bordeaux ne plie ni devant les extrémistes protestants ni devant les ultra catholiques.**

La Renaissance, c'est une époque révolutionnaire pour les idées, ça, on le sait, mais aussi pour le vin, ce que l'on sait moins ! C'est durant la Renaissance que le vin de Bordeaux commence à se conserver grâce à de nouvelles techniques de vieillissement, en améliorant les cuves et en collant la lie avec du blanc d'œuf pour éviter le pourrissement. On y ajoute aussi des sulfites. Le vin peut mieux vieillir, mieux voyager, et il est meilleur. Du coup, les domaines agricoles autour de Bordeaux, où le vin circulait comme n'importe quelle autre denrée agricole, commencent à le stocker. Il prend de la valeur, et nos « bourdieu » deviennent progressivement des châteaux viticoles conservant précieusement leur trésor !

Bordeaux, à l'époque moderne, connaît donc un nouvel âge d'or pour le vin. Après la destruction du port protestant de La Rochelle, Bordeaux devient le premier port du royaume sous l'Ancien Régime ! Protégé par le château Trompette, qui surveille l'accès sur l'estuaire de la Gironde, le port de Bordeaux enfle sur les quais de la rive gauche, là où la Garonne fait une courbe... Il prend ainsi le nom de « port de la Lune ».

La place des Quinconces

Si le port a pu s'agrandir autant sur les rives de la Garonne, c'est qu'il était super bien protégé par le château Trompette

Créée au début du XIXe siècle sur l'emplacement du château Trompette, la place des Quinconces est la plus grande de France avec ses 12 hectares !

Vue ancienne du château Trompette à Bordeaux, forteresse édifiée au XVe siècle par Charles VII pour affermir l'autorité royale. Entouré de fossés en eau et doté de puissantes tours de défense, il contrôlait l'accès à la Garonne et protégeait la ville

au nord de l'estuaire. Il reste plus grand-chose ; c'est une esplanade, la place des Quinconces. Mais quand on cherche, on trouve toujours un petit quelque chose… Sous le monument à la gloire des Girondins, ces révolutionnaires modérés durant la Révolution française et qui venaient souvent du département de la Gironde (encore la modération bordelaise !), on trouve encore quelques vestiges.

Mais pour moi, le plus beau vestige de ce nouvel âge d'or maritime de Bordeaux sous l'Ancien Régime, c'est sa place de la Bourse, qui date du XVIIIe siècle et qu'on doit au célèbre architecte Gabriel. La place de la Bourse sur le port, c'est le poumon économique de la ville, qui devient la troisième de France après Paris et Lyon, avec 110 000 habitants à la veille de la Révolution.

La place de la Bourse, joyau de l'architecture classique du XVIIIe siècle.

« Cette cité du vin qui raconte avec passion ce qui a fait **la fortune de Bordeaux : le vin et l'eau.** »

4 ÉPOQUE CONTEMPORAINE
UN MARIAGE DE PIERRE

4.a • LES GRANDS MOULINS DE PARIS,
38, quai de Brazza
4.b • LE PORT DE PLAISANCE DES BASSINS À FLOT
rue Lucien Faure
4.c • CITÉ DU VIN, *134, quai du Bacalan*

Bordeaux, à l'époque contemporaine, c'est un mariage de pierre entre Bordeaux et la Garonne avec la construction du pont de pierre ! Jusqu'alors, la ville n'avait pas de pont pour franchir la Garonne. Tout se faisait en bateau. Mais avec ce pont, le port allait pouvoir s'étendre sur la rive droite, dans le quartier de la Bastide. La Bastide allait alors devenir une immense zone portuaire avec des chantiers navals, des entrepôts dont il reste de nombreux vestiges aujourd'hui, comme les anciens Grands Moulins de Paris.

Bordeaux, de nos jours, c'est toujours son port maritime le long de la Garonne, mais il va peu à peu se déplacer vers le nord... Dans un premier temps, avec de nouveaux bassins à flot pour se protéger des crues de la Garonne. Puis surtout, avec la construction du pont de pierre, le trafic était un peu bloqué en amont de la Garonne. Petit à petit, le centre ancien de Bordeaux est abandonné pour de nouveaux sites plus sécurisés le long de l'estuaire de Bassens au Verdon... Ainsi, les vieux quais du port de la Lune sont progressivement restructurés en faveur des promeneurs, qui profitent ainsi d'une vue inégalable sur le fleuve et la ville.

Et Bordeaux, c'est une ville qui a su faire de son passé une force pour son avenir. Il y a un patrimoine unique et inégalable, dont le symbole aujourd'hui est l'incroyable Cité du Vin, construite au début des années 2000 sur les anciennes forges du port maritime, et qui raconte avec passion les deux mamelles qui ont fait notre beau bébé bordelais : l'eau et la vigne !

Les Grands Moulins de Paris... à Bordeaux !

Le musée du Vin et en arrière plan, le bassin à flot.

Les explorateurs *Ils sont partout !*

Ils sont plus de 3 000 et pourtant silencieux, 6 000 regards posés, curieux ou malicieux. Sur chaque façade, en ville ils demeurent figés dans la pierre, témoins d'une splendeur.
Dieux antiques, négociants, nobles dames d'autrefois, Ils racontent Bordeaux, son âge d'or, sa voix. Levez donc la tête, rencontrez leur regard, Certains vous sourient, complices du hasard. Mais qui sont-ils, ces visages fixés dans le temps ? Bordeaux entière vous observe, silencieusement...
Un indice : il suffit de lever la tête pour voir la leur !

Mon Petit Détour

4.d • CITADELLE DE BLAYE

À une quarantaine de kilomètres de Bordeaux, Blaye vaut le détour : c'est d'abord une citadelle de 38 hectares édifiée entre 1685 et 1689 sous la direction de Vauban – eh oui, les forteresses de Vauban, ce n'est pas que dans le Nord et l'Est !

Classée au patrimoine mondial de l'Unesco depuis 2008, elle formait, avec Fort Médoc et Fort Paté, le « Verrou de l'estuaire », un système défensif protégeant Bordeaux des invasions maritimes. Mais bien avant Vauban, dès le IVe siècle, un castrum romain occupait déjà ce promontoire stratégique. La légende raconte que Roland, mort à Roncevaux en 778, y fut inhumé dans la basilique Saint-Romain. Cette basilique mérovingienne, dont les vestiges subsistent encore, témoigne de l'importance historique du site depuis l'époque carolingienne.

Ce château, c'était aussi celui de Jaufré Rudel, prince de Blaye et célèbre troubadour du XIIe siècle, qui incarne l'amour courtois par excellence. **Il tomba amoureux de la comtesse de Tripoli sans jamais l'avoir vue, uniquement par sa réputation de beauté.** Il partit pour la rencontrer mais, selon la légende, mourut dans ses bras à son arrivée en Orient...

Jaufré Rudel, prince de Blaye, le troubadour tué par l'amour...

POUR PROLONGER LA VISITE :
bordeaux-tourisme.com

ROCAMADOUR

A toute **Berzingue !**

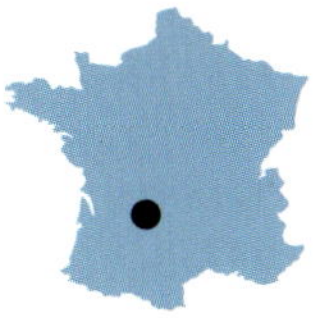

Toujours pas de loups à Rocamadour… mais beaucoup de marches ! *Site emblématique du département du Lot, en Occitanie, elle est une cité médiévale spectaculaire perchée à flanc de falaise, dominant le canyon de l'Alzou. Indissociable de son sanctuaire et du pèlerinage de la Vierge noire, elle est devenue l'un des hauts lieux de la chrétienté occidentale, attirant rois et humbles pèlerins. Aujourd'hui encore, Rocamadour est une destination touristique et spirituelle de renommée mondiale, où se produisent des miracles… au moins celui de son équilibre architectural ! La cité est accessible par l'autoroute A20, et sa gare (Rocamadour-Padirac) permet également d'y venir facilement en train.*

« *Ce n'est pas un hasard si* ***Rocamadour*** *fait partie du* ***top 3*** *des sites* ***les plus visités de France.*** »

ROCAMADOUR

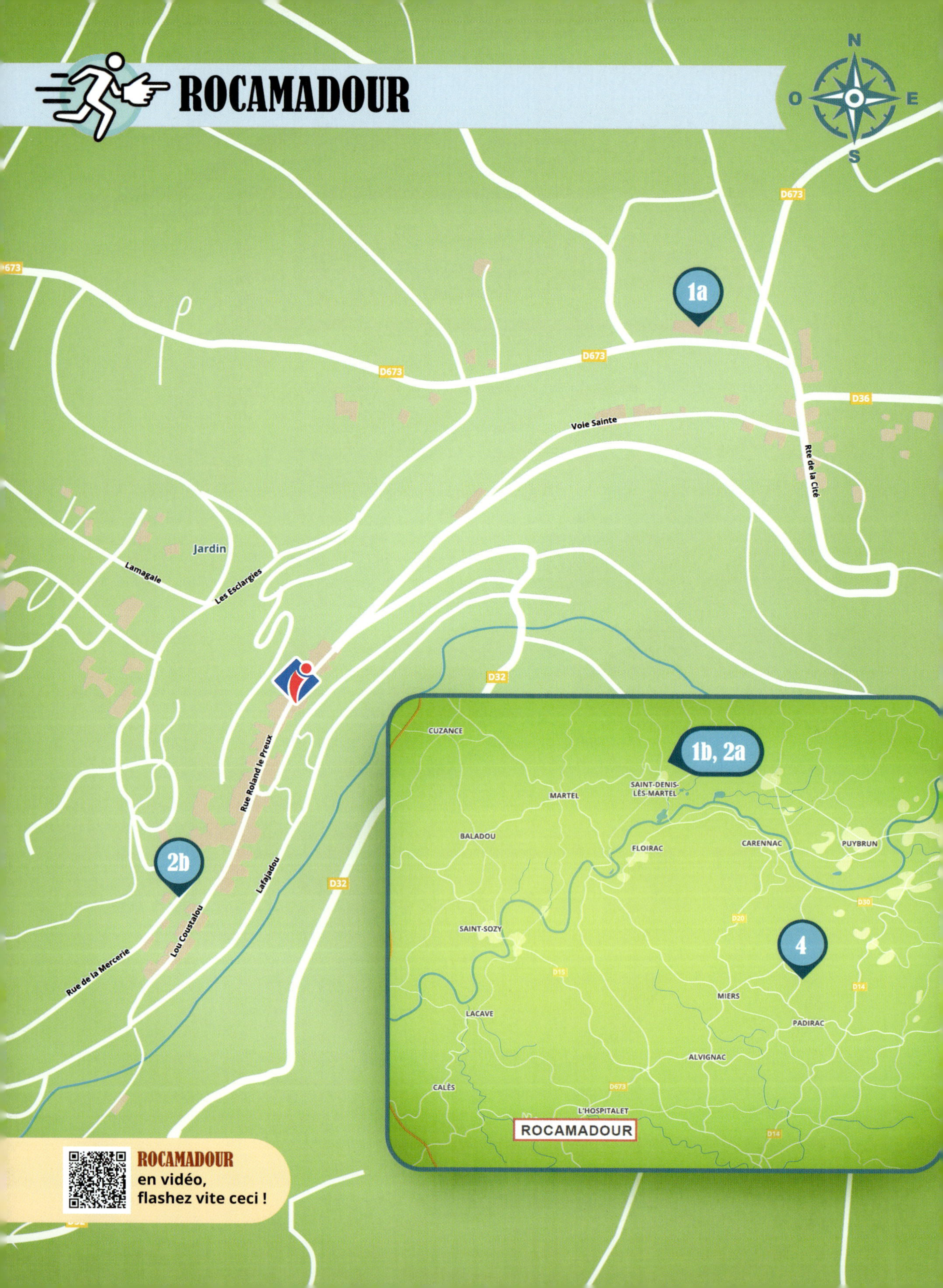

ROCAMADOUR
en vidéo,
flashez vite ceci !

La grotte des Merveilles et ses mains préhistoriques : l'occasion de visiter la préhistoire en version originale, dans une « vraie » grotte...

1 PRÉHISTOIRE & ANTIQUITÉ

MERVEILLES ET DÉROUTES

1.a • GROTTE DES MERVEILLES, *L'Hospitalet, 70, route de Calès, Rocamadour*

1.b • SITE D'UXELLODUNUM, *lieu-dit « Fontaine de Loulié », Saint-Denis-lès-Martel*

La grotte des Merveilles

Rocamadour, depuis la nuit des temps, c'est un paysage sculpté de grottes et de cavités. Nous sommes dans le Lot, tout près de la vallée de la Dordogne et des Eyzies, capitale de la préhistoire française où fut découvert l'homme de Cro-Magnon. Mais ici, à Rocamadour, on remonte encore plus loin : la préhistoire y plonge ses racines plus profondément, à une époque à peu près contemporaine de l'homme de Cro-Magnon. Perchée au-dessus de l'Alzou, la grotte des Merveilles porte bien son nom. Découverte en 1920, elle cache dans ses entrailles des peintures et des gravures : des mains, des bisons, des chevaux... Un vrai bestiaire à ciel fermé ! Et accrochez-vous : ces traces humaines remontent à vingt-cinq mille ans avant J-C. Oui, vingt-cinq mille ! Soit huit mille ans de plus que Lascaux.

Uxellodunum, la dernière bataille

Drachme en argent frappée par les Cadurques (IIe siècle avant notre ère).

Rocamadour, durant l'Antiquité, fait partie d'un territoire occupé par une tribu gauloise, les Cadurques, établis dans la vallée du Lot. Leur capitale se situe à Cahors – et le nom de l'actuelle préfecture du Lot perpétue le nom de cette tribu.

Rocamadour n'apparaît pas dans les textes durant l'Antiquité, contrairement à Uxellodunum, un oppidum des Cadurques, établi sur l'actuelle commune de Saint-Denis-lès-Martel. D'une superficie de 80 hectares, il se situe à une vingtaine de kilomètres de Rocamadour et c'est dans cette fortification que va se jouer le chapitre final de la conquête des Gaules entreprise par César, entre 58 et 51 avant notre ère.

Érigée sur un éperon rocheux, la fortification d'Uxellodunum va entrer dans la grande histoire puisque c'est ici que va se dérouler l'ultime bataille menée par des Gaulois libres. Un an après Alésia, quelques milliers de Gaulois, en –51, se retranchent dans Uxellodunum et préparent leur dernière confrontation avec les légions. Pour les Romains, ici se termine la conquête et César sera sans pitié...

> « Nos derniers **Gaulois insoumis, César** va en faire de la **salade !** »

D'un côté donc, les troupes gauloises, commandées par Lucterios, un noble cadurque, et de l'autre, Drappès, un guerrier de la tribu des Sénons – dont le territoire s'étendait sur l'actuel département de l'Yonne. **À la suite de revers subis face aux Romains, Drappès et ses hommes se sont repliés sur Uxellodunum... Tous savent qu'il faudra vaincre ou mourir.**

Avant l'attaque romaine, des remparts renforçaient les fortifications naturelles de la plateforme d'Uxellodunum.

Uxellodunum (A) se ravitaille en eau grâce à une source (B) située au pied de l'oppidum. Les Romains édifient alors des remparts et une grande tour (D, E, G) pour interdire son accès aux Gaulois. Ces derniers répliquent en lançant sur les fortifications de bois des Romains des tonneaux (C) remplis de matières inflammables… sans succès. Gravure tirée d'une édition (1547) de **La Guerre des Gaules**, *représentant le siège.*

« Alors la source, qui ne tarissait jamais, fut brusquement à sec, et les assiégés se sentirent si irrémédiablement perdus qu'ils virent là l'effet non de l'industrie humaine, mais de la volonté divine. Aussi, cédant à la nécessité, ils se rendirent. »

***Jules César*, commentaires sur la guerre des Gaules**

Les Gaulois comptent sur les fortifications d'Uxellodunum : « De tous côtés la place était défendue par des rochers à pic, dont l'escalade, même en l'absence de tout défenseur, était difficile pour des hommes portant leurs armes », rapporte César. Cependant, les Romains découvrent rapidement le point faible de la place forte : seule une source au pied du site assure l'approvisionnement en eau des assiégés. Après avoir tenté d'empêcher l'accès de la source aux Gaulois, César envoie ses pionniers creuser des galeries pour assécher le point d'eau, l'actuelle fontaine de Loulié.

Avec cette ultime victoire César met un terme à la guerre des Gaules. Et pour s'assurer le succès définitif, César fait couper les mains des survivants.

Comme Alésia, l'emplacement de la bataille d'Uxellodunum a fait l'objet de querelles – c'est très gaulois ! – jusqu'à une date récente : il a fallu attendre 2001 pour que le ministère de la Culture avalise officiellement le site du Puy d'Issolud, à Saint-Denis-lès-Martel, comme étant le lieu de la dernière grande bataille gauloise face à César. On peut donc aujourd'hui, sur le site d'Uxellodunum, repérer encore les remparts de la forteresse et l'emplacement de la fameuse source…

2 MOYEN ÂGE
LA BELLE ÉPOQUE

2.a • SÉPULTURES MÉROVINGIENNES,
Le Puy d'Issolud
2.b • SANCTUAIRE DE ROCAMADOUR,
rue de la Mercerie

La nécropole mérovingienne

Malgré la défaite, les alentours d'Uxellodunum ne sont pas désertés. La région traverse ensuite l'occupation romaine, la chute de l'empire, les invasions barbares. Au VIe siècle de notre ère, on vit et on meurt sur le Causse. Une nécropole à Vayrac, à deux pas de l'ancien oppidum, a ainsi livré une série de tombes et de sarcophages d'époque mérovingienne. Et on peut les découvrir, toujours sur place, là même où les morts furent inhumés…

Le sanctuaire de Rocamadour

C'est dans ces siècles que l'on dit « obscurs » qu'apparaît Rocamadour. Comme beaucoup à l'époque, un homme aurait décidé de se consacrer à Dieu en fuyant la société. Amadour – c'est le nom de cet ermite – se serait installé dans l'une des nombreuses cavités qui percent la falaise. Une belle histoire. La réalité du personnage reste peu assurée et il faudrait plutôt voir dans son nom la déformation du terme *roca major*, la « Grande Roche » – un grand abri sous roche –, un terme qui correspond bien à la topographie des lieux…

Amadour dans sa grotte.

En ce temps-là, ce qui est certain, c'est qu'un ermite ne reste jamais seul bien longtemps! Très vite, il attire les croyants. On construit, dans la grotte où Amadour aurait prié, une chapelle puis un sanctuaire. Et son succès dépasse vite les frontières régionales au point que le site devient, à partir du XIIe siècle, l'un des lieux de pèlerinage les plus importants de la chrétienté, après Rome, Jérusalem et Saint-Jacques-de-Compostelle! Car un fait extraordinaire va marquer les esprits : en 1166, on déterre, devant la porte de la nouvelle chapelle romane de Notre-Dame, les restes d'un individu parfaitement bien conservé. Pour le clergé et les fidèles, aucun doute, il s'agit bien de la dépouille de saint Amadour !

Et, en plus, au XIIe siècle justement, le culte marial – autrement dit les prières adressées à la Vierge – connaît une incroyable vogue. **Et cette « mode » doit beaucoup à un efficace community manager, Bernard de Clairvaux (1090-1153)** – mais ça, je vous l'ai déjà raconté dans notre *À toute berzingue !* consacré à Dijon... Ainsi, Rocamadour devient le centre d'un pèlerinage consacré à la Vierge, représentée sur place par la statue de la Vierge noire, qui va multiplier les miracles : dès les années 1 100, plus d'une centaine est officialisée, répandant la renommée de Rocamadour, qui va accueillir les plus grands, comme le roi d'Angleterre et celui de Castille, mais aussi Saint Louis, qui va s'incliner devant la Vierge lors d'un pèlerinage à Rocamadour au cours du mois de mai 1244. **Trois de ses fils et sa mère, la célèbre Blanche de Castille, l'accompagnent à cette occasion.**

Après une rude montée par le grand escalier, on atteint l'esplanade ouvrant sur la basilique et sept chapelles, consacrées à sainte Anne, à saint Blaise, à saint Jean-Baptiste, à saint Louis, à saint Michel, au Sauveur et à Notre-Dame, où trône la Vierge noire.

La statue de la célèbre Vierge noire a été taillée dans du bois de noyer au XIIe siècle. Sa couleur sombre s'expliquerait par plusieurs causes : vieillissement du bois, résultat de couches d'enduit protecteur ou encore dépôt de suie provenant des chandelles. Quoi qu'il en soit, il faut se souvenir qu'au Moyen Âge cette statue était peinte et décorée de plaques d'argent.

La Vierge noire de Rocamadour a traversé le siècle et veille sur les fidèles dans la chapelle qui lui est consacrée – la chapelle Notre-Dame de Rocamadour bien sûr ! Certaines professions, et pas des moins dangereuses, en ont fait leur sainte patronne. Ainsi les marins, qui sont nombreux à l'avoir invoquée lors de périls en mer, ont déposé de nombreux ex-voto en forme de navires, en remerciement de son intervention. Sachez donc qu'elle a le pied marin. Notre Vierge noire était présente aux Sables-d'Olonne lors du départ du Vendée Globe en 2016 et en 2020 !

Grâce à l'afflux de pèlerins, Rocamadour connaît un véritable âge d'or. Les échoppes fleurissent le long des ruelles de la cité quercynoise. Parmi celles qui remportent le plus de succès, assurément les échoppes qui vendent les indispensables enseignes religieuses, rapportées dans leur pays par les pèlerins en guise de témoignage et de souvenir pieux.

Le petit bourg se développe au pied du sanctuaire et, pour se protéger, Rocamadour se dote au XIIIe siècle d'une enceinte percée de portes, comme la porte Salmon – même si la topographie des lieux ne prête pas à l'édification de remparts bien hermétiques… –, tandis que sera construite une maison forte au sommet de la falaise.

Une enseigne de pèlerinage représentant Notre-Dame de Rocamadour en plomb et étain (XIIIe ou XIVe siècles). Elles se fixaient sur les chapeaux ou les vêtements.

L'épée de Roland

Durandal, c'est le nom de la célèbre épée de Roland, le neveu de Charlemagne tué à Roncevaux par des Sarrasins *– ou plus probablement des Basques un peu énervés par les pillages des Francs. Au moment de mourir, Roland s'exclame : « Ah ! Durandal, comme tu es belle, et claire, et blanche ! Contre le soleil comme tu luis et flambes ! Ah ! Durandal, bonne Durandal, c'est pitié de vous ! Puisque je meurs, je n'ai plus charge de vous. » Et le preux chevalier, pour éviter qu'elle ne tombe entre les mains de ses ennemis, tente de la briser, hélas sans succès. Il demande alors l'aide de saint Michel qui s'en saisit et la lance à 300 kilomètres de là. Elle était plantée dans le roc, au-dessus de la chapelle Notre-Dame… Mais elle a été volée en 2024. Bon, pas d'inquiétude… c'était une mauvaise copie d'épée médiévale réalisée au XIXe siècle !*

Les explorateurs **Notre-Dame de l'Ovalie**

Parmi les chapelles du sanctuaire de Rocamadour, celle de Saint Louis étend sa protection sur les stades et les joueurs de rugby ! Depuis 2011, elle leur est consacrée. Et pas d'erreur, les maillots déposés vous rappelleront que vous entrez sur le terrain de Notre-Dame du Rugby ! Mais un autre détail, plus insolite, vous mettra aussi sur la piste.
Un indice : on connaissait les « plaquages cathédrale », mais pas cet art-là…

3 RENAISSANCE & ÉPOQUE MODERNE

LE PIRE ET LE... PIRE

La guerre de Cent Ans c'était un peu comme une invasion de touristes anglais, mais en beaucoup moins sympathique. Même si les Français l'emportent (en 1453), Rocamadour a souffert du conflit. Un siècle plus tard, en 1562, rebelote avec les guerres de Religion : **la cité, bastion catholique, est attaquée et pillée ; les protestants s'emparent du trésor de l'église et, pis, détruisent les reliques d'Amadour.** Et le coup de grâce sera porté au sanctuaire par la Révolution française, qui va carrément fermer le site. Alors, fin de l'histoire pour Rocamadour ? Pas du tout !

Protestants détruisant les décors d'une église en 1566, par Franz Hogenbergh.

« *Ils ont, **ô douleur !** tout saccagé ; ils ont **brûlé** et **pillé** ses statues et ses tableaux, ses cloches, ses ornements et joyaux, tout ce qui était **nécessaire au culte divin...*** »

Lettre du clergé de Rocamadour adressée au pape en 1562.

Portrait d'un Amadourien (d'adoption !) :

Francis Poulenc

Sa vie terrestre, c'est à Paris qu'il la débute et qu'il l'achève, mais c'est à Rocamadour que le compositeur et pianiste Francis Poulenc (1899-1963) connaît une expérience mystique. C'est au cours d'un pèlerinage en 1936 qu'il découvre Rocamadour et renoue avec la foi catholique. Un an plus tard, il compose sa première œuvre de musique religieuse, *Litanies à la Vierge noire*, une pièce de musique sacrée de sept minutes inspirée par la Vierge noire.

4 ÉPOQUE CONTEMPORAINE

TRAVAUX ET RENOUVEAU

Rocamadour, à l'époque contemporaine, c'est une vraie renaissance ! Avec le romantisme en vogue au début XIXe siècle, la France prend conscience qu'il faut protéger les monuments de son passé. *Notre-Dame de Paris*, écrit par Victor Hugo en 1831, contribue à cette prise de conscience. Mais les restaurations entreprises à Rocamadour seront un chemin d'embûches… un chemin de croix, même ! Il faut se souvenir que le Quercy (actuels Lot et Tarn-et-Garonne) passe, depuis la Révolution, pour une terre anticléricale – vous connaissez peut-être la chanson *Les Deux Écoles*, de Michel Sardou (1984), qui évoque un département proche du Quercy : « dans le Lot-et-Garonne on bouffait du curé ».

Grâce à l'abbé Chevalt, Rocamadour a été sauvée. Voilà pourquoi la restauration-reconstitution de **Rocamadour donne aujourd'hui l'impression de visiter un petit Poudlard, que ne renierait pas Harry Potter…** Et tant pis pour la réalité historique et archéologique !

Rocamadour, aujourd'hui, a réussi à faire de son passé une force pour son avenir : c'est beau, c'est vertigineux, c'est saisissant et… ce n'est pas un hasard si, aujourd'hui, **Rocamadour fait partie du top 3 des sites les plus visités de France** – il talonne le mont Saint-Michel… Rocamadour est même sur la liste du patrimoine de l'Unesco ! Bref Rocamadour, c'est notre montagne magique !

> « C'est grâce à une loterie qu'a pu être lancée **la restauration** de Rocamadour, orchestrée **par l'abbé Chevalt.** »

L'abbé Chevalt

Jean-Baptiste Cheval, dit l'abbé Chevalt (1817-1876), c'est un peu l'ange gardien de Rocamadour, celui qui incarna l'âme restauratrice du site au XIXe siècle. Né à Luchon, ce prêtre aux multiples talents – architecte, peintre et archéologue – se distingue d'abord comme professeur au séminaire de Moissac. Sa destinée bascule en 1858 quand Mgr Bardou, évêque de Cahors, lui confie la titanesque restauration des sanctuaires de Rocamadour, alors en ruine. ***Pendant quatorze ans, cet homme de Dieu et vrai touche-à-tout se fait ingénieur, concevant un habile système de terrasses, grues et wagonnets pour acheminer les matériaux jusqu'à la cité vertigineuse.*** *Sous sa direction, les chapelles retrouvent leur splendeur médiévale – ou ce que l'abbé croyait être ! Mais il ne s'arrête pas là ! Il compléta son œuvre par un chemin de croix monumental serpentant dans la falaise, avant de reconstruire le palais abbatial. Malgré les critiques sur certains aspects de ses travaux, Chevalt demeure l'artisan providentiel qui a ressuscité ce haut lieu de pèlerinage, aujourd'hui classé au patrimoine mondial par l'Unesco, avant de s'éteindre à Montauban en 1876.*

Mon Petit Détour

4 • GOUFFRE DE PADIRAC, *Padirac*

Après l'ivresse des hauteurs à Rocamadour, le vertige des profondeurs vous attend à 11 kilomètres de là, au gouffre de Padirac, planté au cœur du cœur du causse de Gramat. **On a longtemps cru que cette gueule béante, large comme un airbus et qui s'ouvre sur les entrailles de la terre, était une œuvre diabolique, après que Satan, à la suite d'un défi perdu contre saint Martin, eut tapé du pied de rage...** L'explication scientifique est moins spectaculaire – encore que... Pour les géologues, le gouffre de Padirac représente un phénomène karstique, résultant d'un processus de dissolution chimique prolongé suivi d'un effondrement de voûte caractéristique. En clair ? Imaginez le gouffre de Padirac comme une gigantesque marmite creusée dans la roche calcaire. Tout commence il y a des millions d'années : l'eau de pluie, légèrement acide, s'infiltre dans les fissures du plateau calcaire et le dissout patiemment, comme un sucre dans du café. Cette eau sculpte d'abord de petits tunnels qui s'agrandissent au fil des millénaires, formant des galeries souterraines. Un jour, le plafond d'une de ces cavités, devenu trop fragile, s'effondre brutalement, créant ce puits naturel impressionnant. Premier site souterrain de France, il dévoile un réseau spectaculaire de galeries s'étendant sur plus de 50 kilomètres. Un ensemble que vous pourrez explorer à plus de 100 mètres sous terre, à pied et en barque sur la rivière souterraine... **Moment magique garanti !**

POUR PROLONGER LA VISITE :
vallee-dordogne.com

La Ravigotte

SALON-DE-PROVENCE

A toute **Berzingue !**

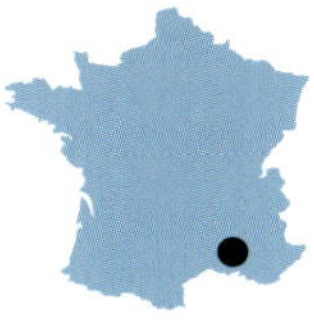

Salon-de-Provence, ville du département des Bouches-du-Rhône en région Provence-Alpes-Côte d'Azur, est située au cœur de la Provence, entre la Durance et l'étang de Berre. *Durant l'Antiquité, sous le nom de* Salone, *le site était une étape importante de la* via Domitia, *voie romaine reliant l'Italie à l'Espagne. Aujourd'hui, Salon-de-Provence est une ville dynamique et touristique, porte d'entrée de la Provence intérieure, desservie par l'autoroute A7 et l'A54.*

*« Avant les Romains, **Salon** n'est pas sur son site actuel, mais plutôt sur les hauteurs, sur **l'oppidum du Salounet**. »*

SALON-DE-PROVENCE

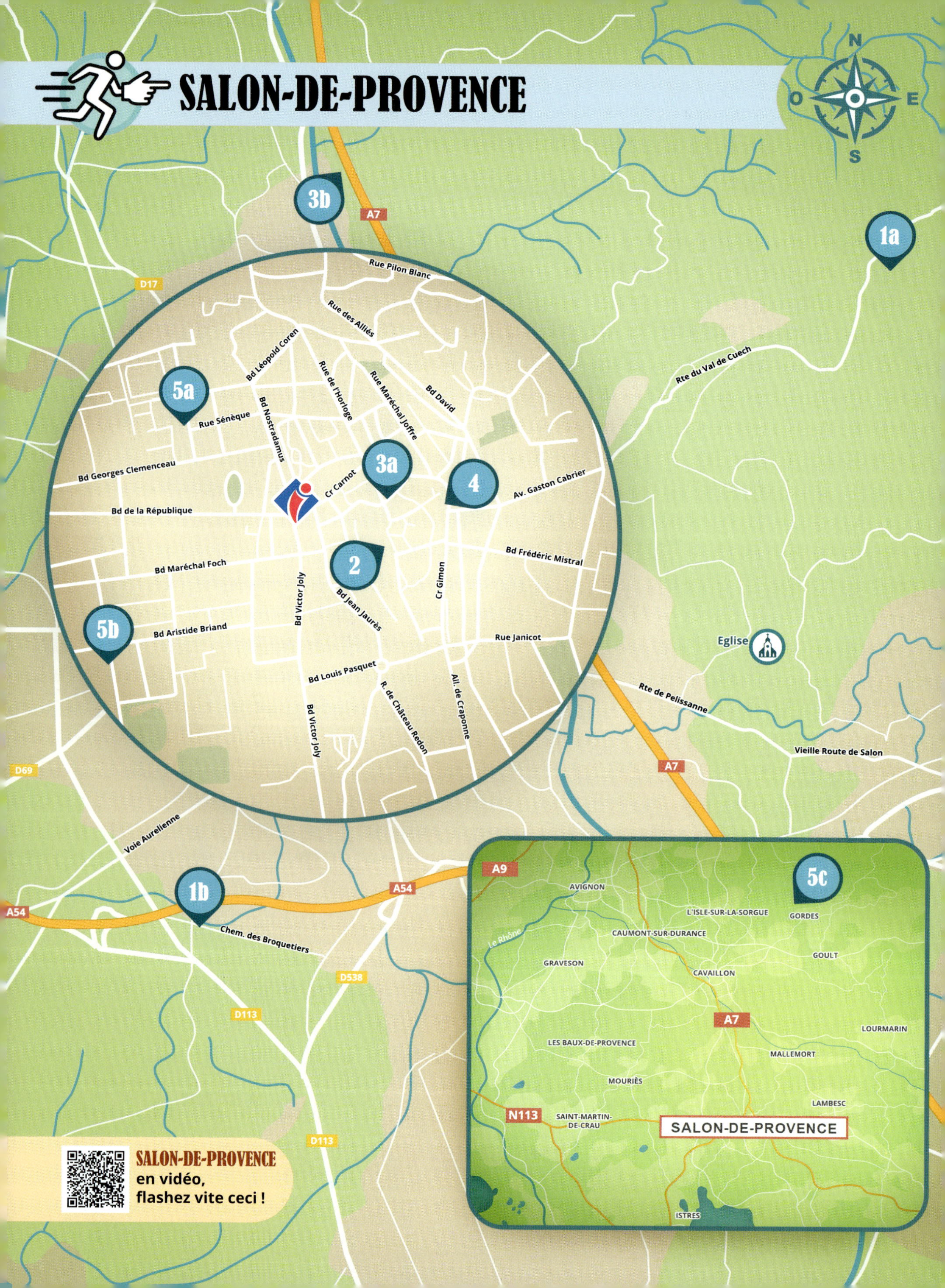

1 ANTIQUITÉ
IN VIA ITERUM ! (ON THE ROAD AGAIN !)

1.a • OPPIDUM DU SALOUNET, *route du Val-de-Cuech*
1.b • CHEMIN DES BROQUETIERS

Statue de guerrier gaulois du Ier s. av. notre ère, retrouvé à Vachères, dans les Alpes-de-Haute-Provence (Musée Calvet, Avignon).

Durant l'Antiquité, le territoire sur lequel naîtra Salon-de-Provence appartient à une confédération de tribus celto-ligures, les Salyens. Ceux-ci sont implantés dans la région sur plusieurs oppida, des habitats de hauteur fortifiés. Le nom de Salon pourrait dériver de celui des Salyens. Toutefois, une autre hypothèse établit un lien avec le sel – présent dans des marais salants –, une ressource naturelle abondante dont les populations locales savaient tirer profit. La proximité de la mer et la présence de vastes zones marécageuses favorisèrent une production intensive de sel, indispensable notamment à la conservation des viandes. Outre le sel et l'élevage des moutons, l'huile d'olive constitua également une richesse majeure, avec une variété locale renommée, la salonenque.

Les Salyens occupent donc plusieurs oppida proches du site de Salon, comme celui du Salounet, où sera bâtie, au Moyen Âge, l'abbaye de Sainte-Croix. Il faut attendre le IIe siècle avant notre ère et la présence romaine pour que la plaine de Salon fasse partie de la *Provincia*. Ce mot qui va donner notre « Provence » désignait cette bande du littoral méditerranéen qui trace un trait d'union entre les possessions romaines d'Espagne et la péninsule italienne. Les Romains y construisent de nombreuses voies de communication, comme la *via Domitia*, qui passe au nord de Salon, le long de la Durance.

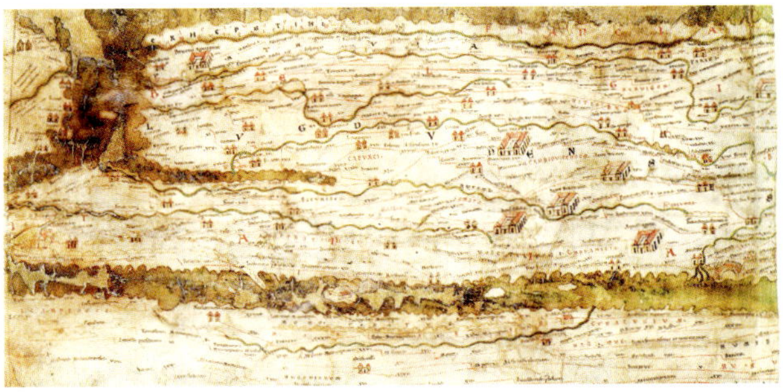

Sur un parchemin de 7 mètres de long est représenté l'ensemble du réseau routier antique : c'est la « table de Peutinger », copie médiévale d'une carte romaine établie vers 350.

Au fil des ans, les Romains procèdent à l'assèchement des marais que l'on rencontrait autour de Salon, le long de la rivière la Touloubre. Et c'est sur ces terrains nouvellement mis en valeur que se développe un habitat gallo-romain, désormais connecté à une nouvelle voie de communication, la *via Aurelia*. La population locale s'installe du côté de Saint-Jean-de-Bernasse. **Cette ancêtre de la ville de Salon serait peut-être la localité antique mentionnée sur la *via Aurelia* sous le nom de *Pisavi* par une carte dite « la Table de Peutinger » .**

2 MOYEN ÂGE
LE THÉÂTRE DE L'EMPIRE

2 • CHÂTEAU DE L'EMPÉRI, *mont du Puech*

Mais à la chute de l'Empire, pour échapper aux envahisseurs divers et variés, les habitants de *Pisavi* et de la plaine abandonnent leurs villages, leurs champs et leurs oliveraies pour se réfugier derrière les murailles d'un camp romain établi à l'emplacement du château de l'Empéri. Car les incursions se succèdent : Wisigoths, Ostrogoths, Burgondes, Francs, puis Sarrasins... Salon la provençale se retrouve placée sous l'autorité de rois venus de Lotharingie ou de Germanie. Et c'est le seigneur du lieu, l'archevêque, qui fait bâtir le château.

Un morceau de Germanie en Provence : le château de l'Empéri

Campé sur le roc du Puech, le château de l'Empéri domine Salon depuis mille ans.

Il est l'un des plus anciens châteaux forts de Provence. *Il trouve ses origines au IXe siècle sur le rocher du Puech, dominant la plaine de la Crau. Son nom actuel, « l'Empéri », dérive du provençal signifiant « l'Empire », témoignant de son rôle de résidence des empereurs romains germaniques jusqu'au XIIe siècle. À partir du XIIe siècle, il devient la résidence des archevêques d'Arles. Au cours des siècles, il subit de nombreuses transformations architecturales : il est agrandi aux XIIe et XIIIe siècles, et la grande tour carrée, qui est aujourd'hui l'un des éléments les plus reconnaissables du château est érigée au XIVe siècle.*

Au XVIe siècle, le château fut transformé en une résidence plus confortable et luxueuse. *Au siècle suivant, le château de l'Empéri fut restauré et agrandi par les gouverneurs de Provence, qui y établirent leur résidence officielle. Cette période marqua une nouvelle ère de stabilité et de prospérité pour le château, qui devint un centre administratif et militaire important. Transformé en prison puis en caserne durant la Révolution, le château de l'Empéri connaît une première restauration au XIXe siècle, avant d'être classé monument historique.* ***Il abrite désormais un musée dédié à l'histoire de l'armée française à partir du XVIIe siècle.***

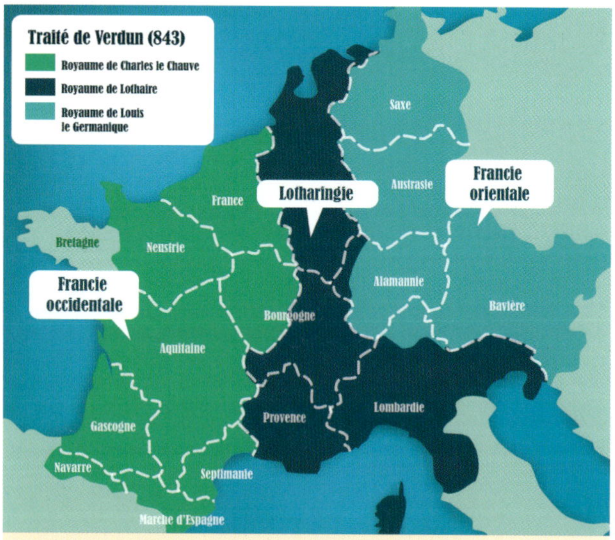

Lotha... ? Lotharingie !

La Lotharingie c'est une Lorraine (le nom vient de là) survitaminée et un peu oubliée aujourd'hui, qui traversait l'Europe, des Pays-Bas actuels à la Méditerranée. Ce royaume étrange naît de la division de l'empire de Charlemagne entre ses descendants (lire Strasbourg p. 41) : d'un côté, la France actuelle, de l'autre, le Saint Empire romain germanique (l'Allemagne) et, au milieu, la Lotharingie, qui disparaît au IXe siècle, dévorée par ses deux grands voisins.

Héritier du castrum romain, le château de l'Empéri tire son nom de sa situation géopolitique : pendant presque tout le Moyen Âge, l'influence française s'arrête à la rive droite du Rhône et toutes les terres à l'est du fleuve relèvent du Saint Empire romain germanique. Voilà pourquoi les empereurs venaient à Salon recevoir l'hommage de leurs sujets provençaux. À l'occasion de ces cérémonies, la cité a ainsi accueilli l'un des plus célèbres d'entre eux, Frédéric de Hohenstaufen, surnommé « Barberousse » (1122-1190).

L'empereur Frédéric, au centre, reconnaissable à sa barbe (rousse). Chronique des Guelfes (XIIe siècle).

3 RENAISSANCE
PROMESSES ET PRÉDICTIONS

3.a • MAISON DE NOSTRADAMUS, *rue Nostradamus*
3.b • CANAL DE CRAPONNE, *rue Edmond-Rostand*

En 1481, la Provence intègre le royaume de France (d'où la présence sur le blason de Salon-de-Provence d'une fleur de lys) mais la cité demeure sous l'autorité de l'archevêque d'Arles – qui continue d'embellir son château de l'Empéri, le transformant en une sorte de mini palais des Papes !

La maison de Nostradamus

Comme partout en Europe, la Renaissance apporte en Provence son lot de progrès techniques, culturels, architecturaux et scientifiques. Une période de progrès déjà amorcée à l'époque du roi René (1409-1480). À Salon-de-Provence, un homme symbolise cette période d'humanisme, c'est Michel de Nostrevdame, alias Nostradamus, qui a vécu et est mort à Salon-de-Provence dans une maison qui a traversé les siècles, aujourd'hui un musée.

Portrait d'un Salonnais (d'adoption) :

Nostradamus,
visionnaire ou charlatan ?

Nostradamus (1503-1566) suit les cours de la prestigieuse faculté de médecine de Montpellier et brille par son courage lors d'une épidémie de peste – qui emporte d'ailleurs une grande partie de sa famille. Mais si le nom de ce médecin de la Renaissance résonne encore aujourd'hui, c'est en raison de ses Centuries, des poèmes qui annoncent guerres, pestes et rois déchus. Interprétations obscures, prophéties floues : chacun y voit ce qu'il veut ! Catherine de Médicis, alors reine de France, va être ébranlée par ses écrits. Fan inconditionnelle de ses horoscopes, de la compagnie de ses grimoires et de ses astrolabes. Et on s'interroge encore aujourd'hui sur ses prophéties qui murmurent des secrets jusqu'en 3797 !

> **Catherine de Médicis**, *elle se dit : « Attends, le mec il a prévu ça plusieurs années avant que ça arrive, c'est* **un sacré mage,** *quoi, c'est un* **sacré astrologue,** *il faut que je le prenne* **à mon service.** »

À l'aide d'un miroir magique, Nostradamus, à la demande de Catherine de Médicis, prédit l'avenir de la famille royale française.

Une des prophéties de Nostradamus les plus étonnantes – et pour une fois liée à un événement réel – concerne la mort du roi Henri II, époux de Catherine de Médicis. Le 30 juin 1559, lors d'un tournoi, Henri II commit l'erreur fatale de défier le comte de Montgomery, son capitaine de la garde écossaise, ignorant que Nostradamus avait prédit un drame dans un quatrain glaçant…

La prophétie se réalisa avec une précision terrifiante : la lance de Montgomery (dont les armoiries portaient un lion) se brisa, traversant la visière dorée du heaume royal. Un éclat perça l'œil du roi, tandis qu'un second se logea dans sa tempe. Pendant dix jours, Henri II agonisa dans d'atroces souffrances, avant de s'éteindre le 10 juillet 1559. Montgomery, dévasté mais pardonné par le roi mourant, fut néanmoins exécuté quinze ans plus tard sur ordre de Catherine de Médicis, qui ne lui pardonna jamais. **Cette mort spectaculaire contribua grandement à la réputation de Nostradamus comme prophète infaillible, et reste l'une de ses prédictions les plus célèbres et les plus précises.**

De l'eau aux moulins

L'autre personnage qui symbolise la Renaissance à Salon-de-Provence – dans un autre genre – se nomme Adam de Craponne (1526-1576). Lui, c'est un ingénieur qui va obtenir l'autorisation royale de détourner le cours de la Durance pour irriguer et alimenter en eau Salon-de-Provence et ses alentours.

Comment ? Grâce à un canal baptisé de son nom, le canal de Craponne, alimenté par la Durance. Toute l'activité agricole s'en trouve dynamisée : le nouveau canal achevé au milieu du XVIe siècle permet d'abreuver les troupeaux de moutons d'irriguer les cultures maraîchères autour de la ville et d'améliorer les outils de production grâce à l'énergie hydraulique…

Ainsi, un grand nombre de moulins – à huile, à farine ou encore dédiés à la filature – s'égrènent le long des rives du canal de Craponne. Dès la Renaissance, une véritable zone industrielle émerge à l'est de la ville.

POUR PROLONGER LA VISITE :
visitsalondeprovence.com

4 ÉPOQUE MODERNE
CALME, LUXE ET VOLUPTÉ

4 • HÔTEL DE VILLE, *place de l'Hôtel-de-Ville*

Le sublime hôtel de ville du milieu du XVIIe siècle symbolise à lui seul le boom économique que va connaître Salon-de-Provence grâce à la création du canal de Craponne. Autre particularité, il est adossé aux remparts de la cité médiévale.

L'hôtel de ville de Salon-de-Provence, de style classique, symbolise le dynamisme de la cité qui sort de son corset médiéval. Et face à lui, la statue, bien méritée, d'Adam de Craponne.

Désormais, la ville déborde de l'enceinte médiévale et tourne le dos au château de l'Empéri, qui reste propriété des archevêques d'Arles jusqu'à la Révolution. Car, au XVIIe siècle, le dynamisme n'est plus de ce côté-là ! On est tourné vers la « zone industrielle », vers le canal de Craponne, vers les moulins, vers le commerce !

5 ÉPOQUE CONTEMPORAINE
LE SAVON, UNE BULLE ÉCONOMIQUE

5.a • SAVONNERIE RAMPAL LATOUR, *71, rue Félix-Pyat*
5.b • SAVONNERIE MARIUS FABRE, *148, avenue Paul Bourret*

L'activité économique explose au XIXe siècle avec l'arrivée du chemin de fer. Et, sur fond de révolution industrielle, une activité économique va faire la fortune de Salon : le savon. Autour de 1900, Salon-de-Provence devient la capitale des huiles et du savon – le fameux savon de Marseille ! On comptera jusqu'à 14 savonneries dans la ville, d'ailleurs regroupées autour de la gare, qui y gagne le surnom de « gare des savonniers ». Aujourd'hui subsistent deux savonneries mondialement connues : Marius Fabre et Rampal Latour.

LE SAVON DE SALON

Pour fabriquer du savon, quatre ingrédients essentiels, abondamment présents à Salon-de-Provence, sont nécessaires. *Tout d'abord, il faut de l'huile d'olive, et les oliviers sont présents dans la région depuis l'époque romaine. Ensuite, il faut de la soude, du sel camarguais et enfin de l'eau, abondante à Salon-de-Provence grâce au canal Craponne. On mélange tous ces ingrédients dans un chaudron et on procède à la cuisson. Les premiers jours sont consacrés à l'empâtage, c'est-à-dire au mélange de l'huile d'olive et de la soude, le tout dilué dans l'eau. Il est important de noter que le savon contient 72 % d'huile extra-pure. Après l'empâtage, vient la cuisson. On cuit, on lave, on rince abondamment, puis on sèche et on découpe les pains de savon. Pour finir,* ***on tamponne les savons afin de prouver qu'il s'agit de l'original, inimitable et inégalable savon « made in Marseille », ou plutôt ici « made in Salon ».***

Les explorateurs *Une pierre qui amasse mousse*

Au cœur de Salon-de-Provence, sur la place Crousillat, se dresse un monument singulier qui semble tout droit sorti d'un conte de fées et qui cache sous son manteau végétal une histoire riche de plusieurs siècles.

Un indice : cherchez le champignon.

Et qui dit révolution industrielle, en cette fin du XIXe siècle, dit machine à vapeur... Les savonniers salonnais améliorent donc les techniques et les outils. Des chaudières à vapeur remplacent les traditionnels fours en brique afin de chauffer plus de savon et plus vite.

> « *La plus belle collection de* ***savons de Marseille*** *du monde elle est ici chez* ***Rampal Latour*** *et je ne vous raconte pas l'odeur.* ***Ça sent bon...*** »

La ville connaît, grâce au commerce du savon, une belle époque, et c'est justement, à la Belle Époque qu'un négociant, enrichi dans la fabrication de caisses de savon, engloutit sa fortune dans la construction d'un beau théâtre à l'italienne, aujourd'hui le théâtre municipal Armand, pour satisfaire sa maîtresse, passionnée de chant.

En effet, ici, à Salon, se trouve l'École de l'air et de l'espace et c'est ici aussi que stationne, depuis 1964, **la célébrissime Patrouille de France, celle que l'on surnomme « La Grande Dame » et qui ouvre le défilé du 14 Juillet, en formation *big nine.***

Salon-de-Provence, aujourd'hui, c'est une ville qui a réussi à faire de son passé une force pour son avenir... **Nostradamus aurait pu prédire cette phrase, magnifique, d'un autre prophète provençal, le poète Frédéric Mistral : « Les arbres aux racines profondes sont ceux qui montent le plus haut. »** Eh bien, je peux vous dire qu'à Salon-de-Provence les racines, elles sont profondes !

Mon Petit Détour

5.c • L'ABBAYE DE SÉNANQUE

Attention, pépite architecturale en vue ! L'abbaye cistercienne de Sénanque naît en 1148 dans cette vallée encaissée du Luberon. **Sénanque ? C'est la *sana aqua*, l'« eau guérisseuse » ! Les moines n'avaient pas choisi cet endroit par hasard, et l'ont transformé en un havre de paix.** Et quels préceptes ! Simplicité, rigueur, dépouillement... Aujourd'hui l'abbaye est toujours occupée par des moines. Il faut visiter ce joyau de l'art roman provençal pour son architecture – un cloître du XIIe siècle, une abbatiale majestueuse – et surtout pour son harmonie parfaite avec le paysage !

Et que dire des champs de lavande qui l'entourent ? Un spectacle à couper le souffle quand ils sont en fleur, généralement en juillet. **Sénanque, c'est plus qu'une abbaye, c'est un témoignage vivant de notre histoire !**

PAU
A toute Berzingue !

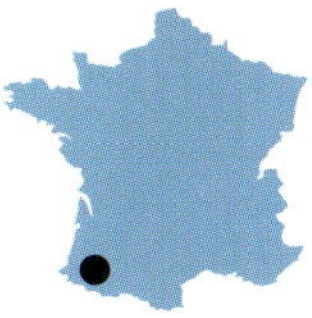

Pau, préfecture des Pyrénées-Atlantiques en région Nouvelle-Aquitaine, c'est un panorama exceptionnel sur la chaîne des Pyrénées. *Mais c'est aussi la capitale du Béarn et le berceau d'Henri IV, roi de France et de Navarre. Aujourd'hui, c'est une ville universitaire et touristique, porte d'entrée vers les Pyrénées et l'Espagne, desservie par l'autoroute A64 (la Pyrénéenne) qui la relie à Bayonne et Toulouse, et par la N134 vers l'Espagne. Chapeau, Pau !*

« Pau au départ, c'est un **château de bois** pour **contrôler le gué** sur le gave de Pau. »

PAU

PAU
en vidéo,
flashez vite ceci !

1 ANTIQUITÉ & MOYEN ÂGE
LA COMMUNAUTÉ DU GUÉ

1.a • LE GAVE DE PAU
1.b • LE CHÂTEAU, *rue du Château*

Longtemps, durant l'Antiquité, le plateau occupé par l'actuelle ville de Pau n'est fréquenté que par les bergers... *Beneharnum* (l'actuelle ville de Lescar), la grande cité gallo-romaine de la région, se situe à quelques kilomètres à l'ouest. Cependant, le site (futur) de Pau dispose, comme de nombreuses autres cités de France, d'un atout de taille : un gué.

Peu profond à cet endroit, le gave pouvait être franchi sans danger par les hommes comme par les bêtes. Ce gué servait d'autoroute aux bergers en transhumance : montagnards et troupeaux l'empruntaient chaque année pour relier la vallée d'Ossau aux pâturages du Pont-Long, dans la plaine au nord de Pau.

Au Moyen Âge, on avait besoin de contrôler les passages d'eau, un peu comme aujourd'hui on a besoin de contrôler les péages sur l'autoroute, mais en beaucoup plus rustique ! De nombreuses villes de France, vous l'avez vu avec *À toute berzingue !* sont nées près d'un gué. Et c'est le cas de Pau !

Un *castelnau* (un nom gascon pour dire « village près du château ») voit donc le jour entre 1050 et 1100, à côté du gué permettant de franchir le gave – un mot qui désigne simplement un cours d'eau encaissé dans les Pyrénées occidentales. **Au XIIe siècle, le vicomte local a eu l'idée de construire un château en bois. En bois, oui, composé de palissades, de pieux et de pals : l'origine du nom Pau.** L'endroit a pris de l'importance, si bien qu'en 1188 le vicomte Gaston VI de Béarn, un vassal du roi d'Aragon, y installe sa cour.

Au fil des siècles, le château de Pau s'agrandit, avec de nouvelles tours. Trois datent ainsi des XIIe-XIIesiècles : l'actuelle tour Mazères, au sud, la tour Billère à l'ouest et, au nord, le donjon Montauser. Mais le clou du spectacle se déroule au XIVe siècle, quand Gaston Fébus, un vicomte qui ne faisait pas dans la demi-mesure, ajoute un imposant donjon en brique, qui domine encore la ville, ainsi qu'une nouvelle tour, la tour de la Monnaie.

L'architecte de Gaston Fébus, Sicard de Lordat, s'inspire des palais royaux de l'époque, comme celui des rois de Majorque à Perpignan. Il choisit la brique, un matériau facile à travailler, pour ériger le donjon, un mastodonte de 33 mètres de haut.

Les explorateurs *Signé Fébus*

Dans ses châteaux béarnais, à Montaner, à Pau, à Morlanne, Fébus fait élever des donjons quadrangulaires imposants, généralement en brique. Seigneur un poil narcissique ou, du moins, conscient avant l'heure de l'importance de la propagande, il fait apposer sa signature sur ces fortifications. L'une d'entre elles est toujours visible à Pau...
Un indice : « C'est moi qui l'ai fait ! »

Portrait d'un Palois :

Gaston Fébus

Auteur d'un célèbre livre consacré à l'art de la chasse, Fébus enseigne ici à ses hommes à huer (un terme qui, en vénerie, signifie « pousser des cris pour rabattre du gibier ») et sonner du cor.

Ah, Gaston Fébus ! Un nom qui claque comme une bannière au vent ! Gaston Fébus (1391-1331), c'est le héros du Béarn. Ce seigneur de Foix et de Béarn parvient à protéger l'indépendance de ses terres en louvoyant entre France, Angleterre et Navarre… Nous sommes en pleine guerre de Cent Ans, une époque où la France et l'Angleterre se disputent le territoire à coups d'épée et de traités jamais respectés. Et au milieu de ce chaos, un seigneur émerge, Gaston III, comte de Foix et vicomte de Béarn. Mais Gaston n'est pas n'importe qui. Non, il est Fébus, « soleil » en grec ancien, un surnom qu'il s'est lui-même attribué, paraît-il, en raison de sa chevelure blonde.

Grand seigneur fastueux, aimant la chasse, la musique et les livres, fin politique et administrateur avisé, Fébus est un acteur majeur de son temps. Il profite des troubles pour agrandir ses domaines et affirmer son indépendance. Sa devise ? « Je ne tiens ma vicomté que de Dieu et de mon épée ! » Rien que ça. Son rêve ? Un État pyrénéen, de Foix jusqu'à Pau. **Pour protéger ses terres, Fébus se lance dans une frénésie de construction.** Et le château de Pau, bien qu'il n'y réside que rarement – en effet, Fébus a établi sa cour dans la cité d'Orthez, à une quarantaine de kilomètres au nord-ouest –, n'échappe pas à cette fièvre bâtisseuse : Fébus le transforme en une forteresse imprenable.

2 RENAISSANCE

LA RENAISSANCE DE PAU

Un siècle après la mort de Fébus en 1464, Pau devient la capitale du Béarn. La forteresse médiévale, dans sa cour intérieure du moins, effectue alors sa mue et se pare d'une architecture Renaissance – ce qui a parfois fait dire que Pau était le plus méridional des châteaux de la Loire ! Car ce monument, bien que moins célèbre que ses cousins de la Loire, témoigne lui aussi de l'influence de la Renaissance, notamment sous Henri d'Albret et sa petite-fille, Marguerite de Navarre : on y retrouve le goût pour les loggias ouvertes sur le paysage, comme dans le Val de Loire, mais avec une certaine austérité pyrénéenne. Les décors intérieurs, bien que partiellement disparus, arboraient des motifs italianisants (arabesques, grotesques) et des références à l'Antiquité, chers à la Renaissance. Le château, centre intellectuel et artistique grâce à Marguerite de Navarre, s'inscrit dans l'effervescence culturelle de l'époque, même si son architecture conserve une empreinte médiévale plus marquée que Chambord ou Chenonceau.

« Pau va être une place forte protestante durant les terribles guerres de Religion. »

Une ville doublement royale

Pau possède la particularité sans doute unique d'avoir enfanté deux personnages qui vont fonder deux dynasties qui régneront sur deux pays différents : Henri de Navarre, devenu Henri IV, porte les Bourbons sur le trône de France, et le maréchal Bernadotte, sous le Premier Empire, va fonder une lignée qui règne toujours sur le royaume de Suède.

Les armoiries d'Henri IV, roi de France et de Navarre.

Les armoiries de Bernadotte, devenu roi de Suède.

3 ÉPOQUE MODERNE
LE RATTACHEMENT À LA FRANCE

C'est dans le château que, en 1553, se déroule un événement qui va changer l'histoire de France. À cette époque, en pleine guerre de Religion, le Béarn est une terre protestante. On parlera même de Pau comme d'une « petite Genève ». Jeanne d'Albret, protestante, héritière du Béarn et reine de Navarre, accouche d'un jeune garçon, prénommé Henri.

Cet Henri de Navarre deviendra le futur Henri IV qui, par une série de hasards et de victoires militaires, montera sur le trône après avoir abjuré le protestantisme. Mais Paris ne vaut-il pas une messe ?

Malgré tout, le Béarn reste une terre protestante et plutôt tatillonne sur son indépendance, de plus en plus problématique : n'a-t-elle pas donné un roi à la France ? Le propre fils d'Henri IV va résoudre la question : en 1620, dix ans après l'assassinat de son père par Ravaillac, Louis XIII descend à la tête de son armée dans les Pyrénées et proclame le rattachement du Béarn à la France.

Après le rattachement, le parlement de Navarre gère le Béarn au nom du roi. Et aujourd'hui encore, il abrite le conseil départemental des Pyrénées-Atlantiques !

Et pour bien montrer que les choses ont changé, Louis XIII, un roi très pieux, très catholique, va entreprendre une « réévangélisation catholique » du Béarn et de sa capitale : on va donc implanter, à l'est de la ville, plusieurs congrégations religieuses, les ursulines et jésuites notamment, pour éduquer les petits Palois dans la religion catholique, comme en témoigne l'ancien collège des jésuites qui date du XVIIe siècle.

Le collège jésuite reste un lieu d'enseignement, puisqu'il est devenu le lycée Louis-Barthou. On en voit ici l'aile sud, datée de 1640.

4 ÉPOQUE CONTEMPORAINE
TOURISME ET GAZ À TOUS LES ÉTAGES

4.a • LE PALAIS BEAUMONT, *allée Alfred-de-Musset*
4.b • CENTRE SCIENTIFIQUE ET TECHNOLOGIQUE JEAN-FEGER, *avenue Larribau*
4.c • MUSÉE BERNADOTTE, *6, rue Tran*

Au début du XIXe siècle, la ville somnole quelque peu : elle vit de ses activités traditionnelles, la laine, l'agriculture et l'élevage. Mais le regard porté sur les montagnes évolue. Avec le romantisme en particulier, on les voit non plus comme des « monts affreux » mais comme des terres de liberté, où l'air est plus pur.

Et l'air pur, c'est ce que demandent les riches habitants des villes : les curistes vont affluer à Pau, en particulier les riches tuberculeux anglais ! En 1842, un médecin écossais, Alexander Taylor (1802-1879), vante les mérites de la ville dans son livre *On the Curative Influence of the Climate of Pau* et déclenche un véritable engouement outre-Manche pour la capitale béarnaise !

Les Anglais ne jurent désormais que par Pau. Et la ville va effectuer sa mue touristique, avec la création d'un magnifique belvédère sur les montagnes, le boulevard des Pyrénées, constellé d'hôtels de luxe.

Une affiche du début du XXe siècle qui résume les attraits de la ville : la montagne, le patrimoine et les joies du casino !

Pau, à la fin du XIXe siècle, c'est l'une des premières villes touristiques de France qui s'équipe dignement pour accueillir les visiteurs : on doit à cette époque le palais Beaumont, salle des fêtes et de spectacles puis casino à partir de 1927.

La pétrochimie

Pau, aujourd'hui, a diversifié son économie et, depuis 1951, a profité de la découverte du plus grand gisement de gaz naturel de France sur le territoire d'une commune voisine, à Lacq. Aujourd'hui, si le Centre scientifique et technologique Jean-Féger, au nord de Pau, se hisse à la première place en tant que centre européen pour l'exploitation du gaz, on réfléchit aussi à la mutation énergétique.

Ce centre technologique travaille justement à la manière de transformer le gisement de Lacq, désormais en grande partie fermé, en un centre de stockage de dépollution pour le dioxyde de carbone. La recherche s'est également tournée vers les énergies renouvelables, à base de bois ou de maïs pour le bioéthanol. **Un pari écologique qui pourra assurer l'avenir de Pau et de la région.**

La maison de Bernadotte

On ne peut pas terminer cette petite balade sans évoquer Jean- Baptiste Bernadotte (1763-1844). Fils d'un avocat béarnais, il avait peu de chances de devenir maréchal d'Empire et roi de Suède. Et pourtant...

Soldat de la République pendant la Révolution, il se fait remarquer par Bonaparte. C'est le début d'une relation passionnelle, nourrie autant d'amitié que de haine ! ***En 1810, c'est le coup de chance : alors qu'il est en disgrâce à la suite d'une énième querelle avec l'Empereur, Bernadotte est contacté par les Suédois, à la recherche d'un roi à poigne capable de défendre leur royaume contre ses voisins.*** *Bernadotte, d'abord prince héritier en 1810, adopte rapidement les mœurs scandinaves. Et là, c'est le drame : l'ancien maréchal de Napoléon rejoint la coalition anti-française et participe activement à la chute de l'Empire. Il règne sur la Suède et la Norvège sous le nom de Charles XIV Jean, à partir de 1818 jusqu'à sa mort en 1844, fondant une dynastie qui est toujours sur le trône aujourd'hui. Sa maison, devenue un musée, a d'ailleurs reçu la visite du couple royal suédois en 2018...*

Mon Petit Détour

4.d • LES GROTTES DE BÉTHARRAM, *chemin Léon Ross, Saint-Pé-de-Bigorre*

Une plongée sous les Pyrénées, ça vous tente ? C'est à Bétharram, entre Pau et Lourdes, que vous pouvez découvrir ce joyau géologique, dans lequel la nature a sculpté des merveilles souterraines. Jusqu'au début du XIXe siècle, ces grottes restent un monde caché, fait de silence, d'eau et d'obscurité. Il faut attendre l'Indiana Jones local, un certain Léon Ross, pour que ce trésor se révèle à tous.

En pleine Belle Époque, ce peintre et photographe explore les cavités, installe un éclairage électrique, aménage sentiers et passerelles pour faire du site une attraction exceptionnelle ! Le 10 août 1903, les grottes de Bétharram ouvrent officiellement leurs portes. Le succès est immédiat. Les visiteurs affluent, émerveillés par la beauté des formations calcaires et l'ingéniosité des aménagements. Ross et ses descendants ne s'arrêtent pas là et poursuivent les aménagements pionniers : en 1955, on sonorise les visites, en 1973, un petit train est installé et, en 2000, une partie des grottes est rendue accessible aux personnes en fauteuil roulant.

Aujourd'hui, les grottes de Bétharram continuent de fasciner. Sur près de 3 kilomètres sous les montagnes, se dévoilent plusieurs salles, le bassin des Naïades, la salle des lustres, une colonne géante, le cloître Chaos, un gouffre et même un lac souterrain. Bétharram demeure un lieu incontournable, un voyage au centre de la Terre, ou presque, qui se parcourt à pied, en barque et en petit train !

POUR PROLONGER LA VISITE :
tourismepau.com

BÉZIERS

À toute **Berzingue !**

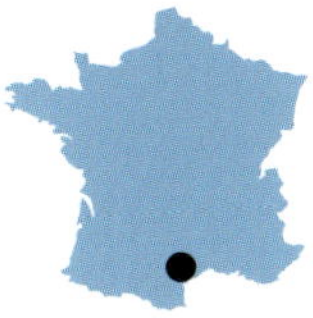

La cité de Béziers, située dans le département de l'Hérault en région Occitanie, est bâtie sur un promontoire rocheux, dominant la plaine viticole et le fleuve Orb.

Fondée par les Grecs, squattée par les Romains, occupée par les Francs… Béziers a un passé tumultueux et sanglant, notamment lors du sac de la ville en 1209. Desservie par l'autoroute A9, la Languedocienne, Béziers est aujourd'hui un centre économique important pour la viticulture. Bref, vous l'aurez compris, l'histoire ici, c'est rouge passion !

« *C'est à Béziers que passe* **la plus vieille route de France :** *la mythique* **Voie heracléenne.** »

BÉZIERS

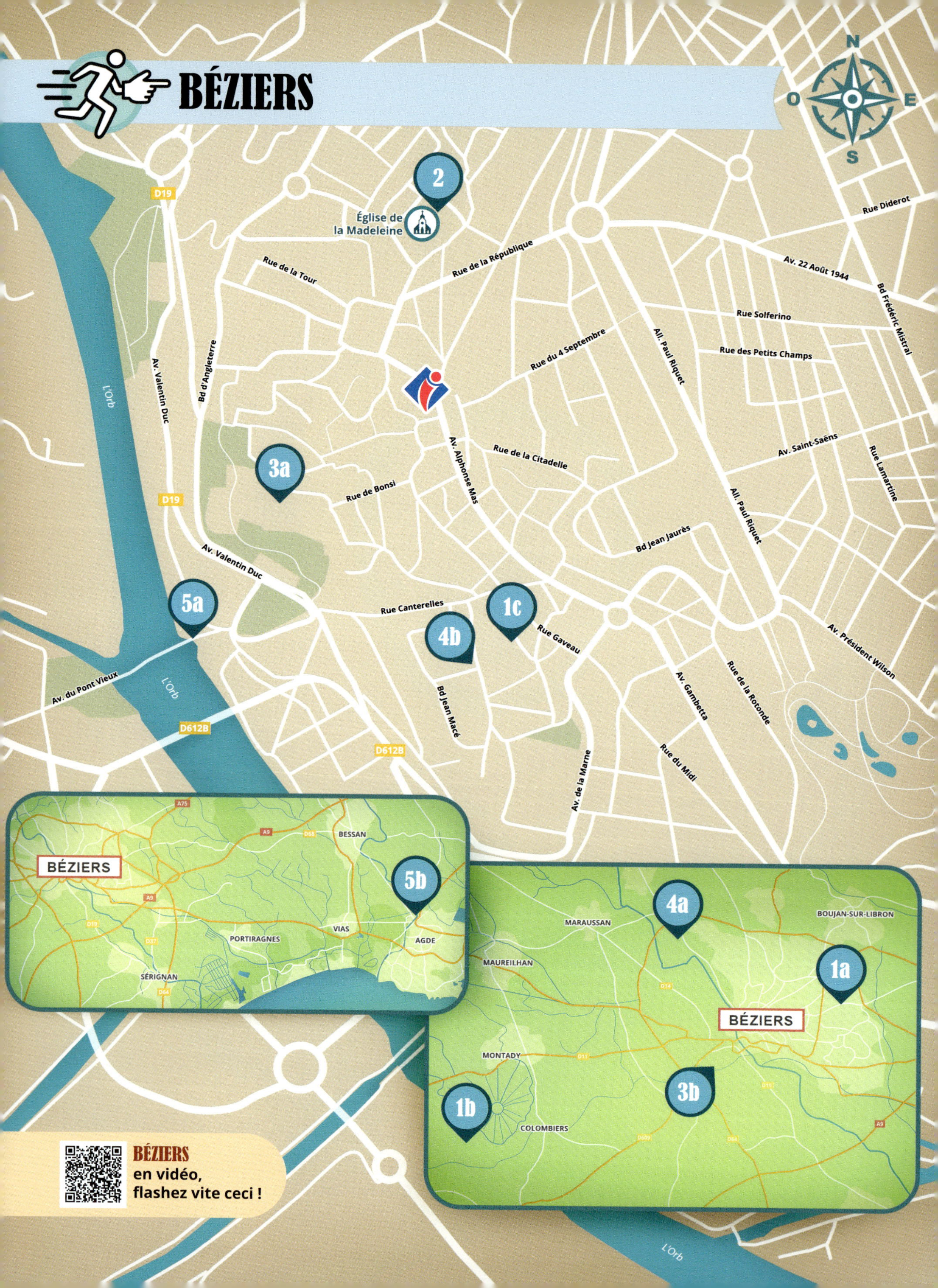

BÉZIERS
en vidéo,
flashez vite ceci !

1 ANTIQUITÉ
SUR LA BONNE VOIE

1.a • LA VOIE DOMITIENNE
1.b • L'OPPIDUM D'ENSÉRUNE, *Nissan-lez-Enserune*
1.c • LES ARÈNES, *6, rue du Moulin-à-l'Huile*

Béziers, disons-le tout de suite, c'est l'une des plus anciennes villes de France, peut-être même la plus vieille ! En effet, il y a peu de temps, les archéologues sont tombés sur des vestiges grecs – et il s'avère qu'ils sont plus anciens que ceux retrouvés à Marseille ! Le débat est en cours parmi les chercheurs...

Ce qui est sûr en tout cas, c'est que passe ici la plus vieille route de France. Mais il se trouve qu'elle était elle-même l'héritière d'une voie plus ancienne et plus mythique encore, la *via Heraclea* – « voie Héracléenne », ou « Herculéenne » – baptisée, rien que ça, du nom du demi-dieu grec. Cet itinéraire aurait relié le détroit de Gibraltar aux Alpes. Selon la légende, Hercule, au cours de son dixième exploit, sur les douze que comptent ses fameux travaux, aurait même emprunté cette route !

Hercule tue le géant aux trois corps Géryon pour s'emparer de son troupeau de bœufs et le conduire, en passant par la voie qui portera son nom, au roi Eurysthée, qui avait commandé les travaux.

Bon, ici la légende permet surtout de mettre cette route sous l'égide d'un personnage prestigieux. Car pour les anciens Grecs, Héraclès n'est pas seulement un héros de force brute : c'est aussi une figure protectrice de la civilisation et du commerce. Et quoi de plus symbolique qu'une route pour faire circuler les hommes, les idées et les marchandises ? On ignore cependant le tracé exact de cette voie dite « Héracléenne ». À l'époque, la région était constellée d'étangs, peu à peu asséchés au fil des siècles, ce qui a profondément modifié le paysage. Un itinéraire protohistorique traverse néanmoins la zone ; qu'il ait ou non un lien direct avec Héraclès, il témoigne d'une présence humaine ancienne et structurée.

Et, sur les hauteurs environnantes, s'établissent des oppida – ces fortifications en surplomb antérieures à l'arrivée des Romains – regroupant les populations préromaines appelées Celtibères, les tribus locales comme les Élisyques, les Longostalètes.

Pour découvrir l'un des témoignages les plus impressionnants de cette occupation préromaine, il faut se rendre sur l'oppidum d'Ensérune. Il domine la voie Herculéenne et, sur cette route, n'oubliez pas que les éléphants d'Hannibal sont passés !

Imaginez un village gaulois fortifié, témoin de siècles d'histoire et de brassages culturels. Son occupation s'étend du VIe siècle avant notre ère jusqu'au Ier siècle de notre ère. Habité par des populations indigènes, l'oppidum s'ouvre aux influences nouvelles, apportées par les Grecs de *Massalia* (Marseille), puis par les Romains. La preuve ? On y a découvert des céramiques grecques, des amphores romaines, des objets artisanaux locaux. Un véritable carrefour commercial et culturel ! On peut encore y voir les ruines d'habitations, de boutiques, d'entrepôts, ainsi que des restes de remparts.

Durant l'Antiquité, plusieurs étangs rendent la région insalubre (le village de Capestang le dévoile). L'étang de Montady sera asséché au XIIIe siècle et mis en culture (photo).

L'emplacement des anciennes arènes se lit encore dans les rues de Béziers. Cet amphithéâtre du Ier siècle de notre ère, remis au jour en 1992, pouvait accueillir 15 000 spectateurs. Sa forme circulaire se reconnaît dans les façades des immeubles.

Mais c'est avec l'arrivée des Romains que va naître Béziers. Installée sur une hauteur, elle va prendre l'avantage sur les anciens oppida gaulois de la région. Et Rome, en Gaule, c'est toujours l'alliance des militaires et des ingénieurs !

Les militaires, ce sont les vétérans de la VIIe légion de César, installés par Jules à Béziers pour fonder une cité nouvelle, la *Colonia Urbs Julia Septimanorum Baeterra*, ce qui en fait une ville de droit romain – donc avantagée du point de vue des lois sur la population gauloise.

Bon, Béziers romaine ne joue pas dans la même catégorie que Nîmes, Arles ou Narbonne, bien plus prestigieuses. Mais quand même… Béziers, comme toute cité romaine d'importance, organise des jeux dans ses propres arènes et ça, question prestige, ce n'est pas rien…

Le succès de cette fondation tient aussi aux ingénieurs qui ont aménagé la route qui porte le nom de voie Domitienne. Elle doit cette appellation à un haut fonctionnaire romain du IIe siècle avant notre ère, le proconsul Cnaeus Domitius Ahenobarbus. C'est sous son autorité que l'on débute l'aménagement de cette route stratégique qui unit l'Espagne à la péninsule italienne en passant par Béziers et la *Provincia*…

Béziers, c'est la Province !

La Provincia, *créée vers 118 avant J-C par les Romains, correspond grosso modo à un territoire qui va de Nice à Narbonne… Pourquoi ce nom ? Tout simplement parce que c'était la première province romaine au-delà des Alpes. Un territoire stratégique, carrefour commercial et porte d'entrée vers l'Espagne. Et la* Provincia, *c'est un peu le laboratoire de la romanisation : construction de routes (*via Domitia*), développement de l'agriculture (vignes, oliviers), urbanisation (Arles, Nîmes… et Béziers). Cet héritage a façonné l'identité de la région et a laissé des traces indélébiles dans le paysage et dans la langue (le provençal, langue d'oc, est un héritage direct du latin). Et le territoire a donné à la langue française les termes de « Provence » et de « province » !*

On l'a vu pour pas mal de villes de France traversées par *À toute berzingue !* : la structure des cités – qui a souvent survécu jusqu'à nos jours – repose sur deux axes, l'un nord-sud (le *cardo*) et l'autre est-ouest (le *decumanus*). En se croisant, ils marquent le centre de la ville. Ici, la rue Saint-Jacques c'est le *cardo*. La rue Canterelles recouvre le *decumanus* et la *via Domitia* qui traverse la ville pour poursuivre, tranquille, son chemin vers Rome, via les Alpes et Turin.

Le pont actuel (Pont-Vieux) date du Moyen Âge mais a succédé à un ouvrage romain sur lequel passait la via Domitia. ***Dans l'Antiquité, Béziers bénéficie d'une position idéale, sur une hauteur qui contrôle un gué et bientôt un pont (forcément romain !) sur la rivière Orb, qui coule au pied de la cité.***

Et la *via Domitia*, c'est un axe important pour les commerçants, les fonctionnaires, les voyageurs de toute sorte… Pas étonnant que, selon la légende, ce soit au croisement du *cardo* et du *decumanus* qu'aurait été supplicié le premier évêque chrétien de la ville, saint Aphrodise. Ce compagnon des apôtres serait venu d'Égypte, à dos de chameau, évangéliser Béziers. Le pauvre termine sa prédication en étant décapité et, comme saint Denis, fait partie de ces saints dits « céphalophores » qui reprennent, une fois suppliciés, leur tête entre leurs mains.

2 MOYEN ÂGE

UN VRAI CHEMIN DE CROIX !

2 • L'ÉGLISE DE LA MADELEINE, *place de la Madeleine*

Béziers, après la chute de l'Empire romain au ᴠᵉ siècle, va aiguiser les appétits : Wisigoths, Francs, Sarrasins… Si Charlemagne, au début du ɪxᵉ siècle, stabilise un temps la situation, son empire s'effondre à son tour et laisse place aux aristocrates locaux. La terre est riche et la région explose en une myriade de seigneuries. Béziers, qui contrôle le pont sur l'Orb et la vieille voie romaine, occupe un point stratégique et devient le siège d'une vicomté, tenue par la famille Trencavel. Et être vicomte de Béziers, ce n'est pas de tout repos, surtout lorsqu'on veut défendre son indépendance. Car les comtes de Toulouse, à l'ouest, et les comtes de Barcelone, au sud, entendent faire des Trencavel, leurs vassaux. De gré ou de force !

> « *Béziers, en 1209, est une cité fortifiée* ***réputée inexpugnable.*** *Eh ben, ça ne va pas le faire… !* »

Le Sac de Béziers de 1209 :
la prise de la ville par l'armée française.

Mais la lutte entre ces seigneurs du Sud connaît une autre tournure avec la croisade albigeoise qui voit débouler les barons du Nord, appuyés par Philippe Auguste et le pape, venus pourchasser des hérétiques locaux, les cathares.

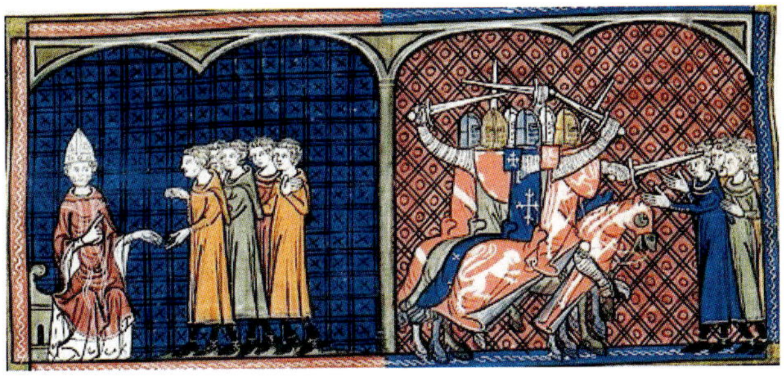

Innocent III excommunie les cathares (à gauche) et appelle à la croisade, dirigée par Simon de Montfort (à droite), reconnaissable à ses armoiries « de gueules au lion d'argent à la queue fourchée ».

Béziers, c'est bien sûr le terrible saccage de la ville par les croisés en 1209, soutenus par le pape et le roi de France. Car cet épisode, terrible et tragique, de la croisade des albigeois cache d'abord un projet politique : celui des Capétiens de mettre la main sur les terres du Sud, celles des Trencavel d'abord, puis de tout le Languedoc. Le vicomte de Béziers se retrouve donc attaqué et par les croisés et par le comte de Toulouse qui, pour sauver ses domaines, rejoint la croisade.

La cité, réputée inexpugnable, est pourtant investie le 22 juillet 1209, par les croisés qui vont passer au fil de l'épée les 5 000 habitants – alors que les cathares biterrois ne représentent au plus que quelques centaines de personnes !

Le terrible symbole de ce massacre, il faut le chercher du côté de l'église de la Madeleine, l'une des plus vieilles églises de Béziers. Les Bitterois, qui pensaient y trouver refuge en vertu du sacro-saint droit d'asile, y sont massacrés par les croisés, tandis que le légat du pape Arnaud Amaury prononce une phrase terrible, restée fameuse :

> « *Tuez-les tous, Dieu reconnaîtra les siens !* »

Portrait d'un Biterrois : Pepezuc

Qui ne connaît pas Pepezuc n'est pas biterrois ! En revanche, qui est vraiment Pepezuc, là est la question. C'est, au départ, une statue antique, peut-être celle d'une divinité ou d'un empereur romain, Auguste ou Tetricus. Source de nombreuses légendes folkloriques, cette sculpture a longtemps trôné place... Pepezuc (de l'occitan *pè pesuc*, « pied pesant » ?) mais est aujourd'hui remplacée par un moulage ; pour saluer l'original, rendez-vous dans le futur musée d'art et d'histoire.

Après ce terrible massacre, Béziers – ou ce qu'il en reste ! – sera rattachée au royaume de France. Au passage, signalons que le comte de Toulouse, qui s'était associé à la croisade, ne se tirera pas plus d'affaire que les Trencavel. Quelques années de lutte plus tard, ses terres seront rattachées à la Couronne de France.

Les Trencavel trinquent...

Blason des Trencavel.

Les Trencavel, c'est la grande famille des vicomtes de Béziers et Carcassonne qui émerge au XIe siècle. Leur politique se caractérise par un subtil jeu d'équilibre entre les puissances régionales, le royaume de France et la papauté. Raimond-Roger Trencavel II, le dernier de la dynastie, tente de maintenir une position neutre, mais son refus de persécuter les cathares et ses liens avec le comte de Toulouse, soupçonné de protéger les hérétiques, le placent en porte-à-faux avec le pape Innocent III. Son sort se tranche lors de la croisade lancée... sur ses terres ! En 1209, le vicomte est capturé à Carcassonne par l'armée croisée. Officiellement, il meurt de dysenterie. Mais la rumeur court qu'il fut étranglé... Quoi qu'il en soit, ses terres passent alors au chef de la croisade, Simon de Montfort. Une statue, depuis peu, l'honore dans sa cité de Béziers...

3 ÉPOQUE MODERNE
BÉZIERS, CANAL HISTORIQUE

3.a • PALAIS ÉPISCOPAL, *place de la Révolution*

3.b • LES 9 ÉCLUSES DE FONSERANES, *rue du Canal-Royal*

Béziers même lors des guerres de Religion affiche une fidélité sans faille envers le royaume de France et le catholicisme. **Cette fidélité envers le trône et l'autel se révèle avec les vestiges du palais épiscopal** – la résidence des évêques de Béziers – édifié tout contre la cathédrale Saint-Nazaire. Il en émane, dans son architecture, un petit côté italien... Ce qui n'est pas étonnant quand on sait qu'une famille de prélats d'origine florentine a trusté le poste d'évêque pendant quasiment un siècle au cours du XVIIe. Bon, d'oncle à neveu, hein, pas de père en fils !

À cette époque, la ville domine les terres alentour en raison de son importance administrative : siège d'une sénéchaussée, elle est habitée par une foule de fonctionnaires

Du haut de son acropole, la cathédrale Saint-Nazaire domine la cité et les alentours. L'édifice actuel, de style gothique, a succédé à un temple romain puis à une église romane, détruite en 1209 au moment de la prise de Béziers.

Piero Bonsi – Pierre de Bonzi – Dernier membre d'une lignée florentine qui occupa le siège épiscopal de Béziers pendant près de cent ans, entre la fin du XVIe siècle et la fin du XVIIe siècle.

royaux, fréquentée par la noblesse de robe, des avocats, des parlementaires… De ville prospère, elle va devenir richissime avec l'explosion du commerce.

Comment ? Grâce à un aménagement grandiose, fruit de la réflexion d'un ingénieur natif de Béziers, Pierre Paul de Riquet (1604-1680). Son grand œuvre ? Le canal royal de Languedoc, commandé par Louis XIV. Une voie d'eau artificielle reliant la Méditerranée à Toulouse, puis plus tard, grâce à un canal latéral à la Garonne (à partir de 1856), à l'Atlantique. Son nom, vous l'avez deviné : **le célébrissime canal du Midi, le canal des Deux Mers.**

Les 9 écluses de Fonseranes. Le canal du Midi est, depuis 1996, inscrit sur la liste du patrimoine mondial de l'Unesco et attire des centaines de milliers de visiteurs chaque année, sur ses berges ou à bord de péniches dédiées au tourisme fluvial.

4 ÉPOQUE CONTEMPORAINE
À CONSOMMER SANS MODÉRATION

4.a • CHÂTEAU DE RAISSAC, *route de Murviel*
4.b • MUR DE LA RÉVOLTE DES VIGNERONS, *18, rue des Capucins*

Les « châteaux pinardiers »

Béziers, au XIXe siècle, doit d'abord surmonter les traumatismes de la Révolution (1789-1799), de l'Empire (1804-1815) et de la Restauration (1815-1848). Ville plutôt conservatrice et catholique, elle perd son statut de capitale au profit de Montpellier, qui devient le siège de l'évêché et la préfecture du nouveau département de l'Hérault !

La ville va se réinventer avec un or liquide. Le vin bitterois, grâce à des avantages naturels – le climat et ses sols – et de judicieux aménagements – le canal du Midi puis le chemin de fer –, va se retrouver sur toutes les tables de France.

Au XIXe siècle, Béziers et sa région tirent d'autant plus leur épingle du jeu que les autres régions de France sont frappées par une calamité : le phylloxera, un puceron venu des États-Unis, détruit la plupart des vignes françaises.

Entre son arrivée en France et son apparition dans le Languedoc, les chercheurs auront eu le temps de trouver une parade chimique, sauvant ainsi les viticulteurs biterrois.

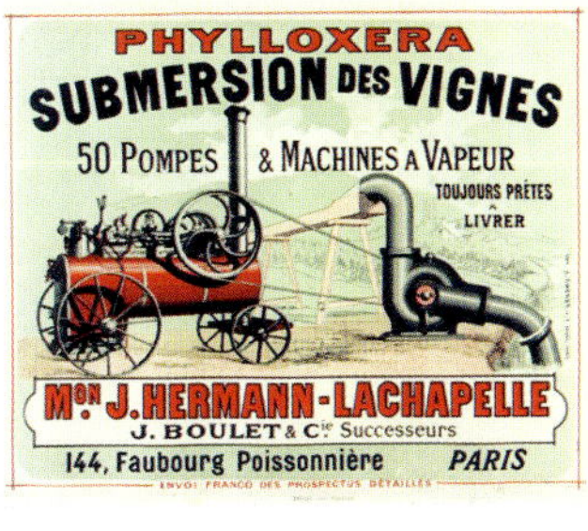

Pour éliminer la petite bête, tous les moyens sont bons…

Ceux-ci, en position de quasi-monopole, s'enrichissent en utilisant leur vin comme un assemblage, soumis à toutes les « sauces », d'autant plus que la quantité est là : le cépage local, à grosses grappes, fournit un vin généreux.

Les viticulteurs affichent leur réussite avec l'apparition d'improbables demeures, des châteaux viticoles, vite surnommés « châteaux pinardiers » par les mauvaises langues. Les familles Fayet et Viennet transforment ainsi le château de Raissac. Sur le site, déjà occupé dans l'Antiquité par une villa gallo-romaine, l'architecte Garros édifie un château, entouré par un jardin dessiné par deux paysagistes, les frères Bühler, célèbres en leur temps. Béziers se donne alors des airs de petit Paris : on y trouve même des halles Baltard. Et plus fort que Paris, Béziers les a conservées ! On y trouve aussi des immeubles de type haussmannien, un théâtre et même un jardin municipal, le Plateau des Poètes, qui n'est pas sans rappeler les Buttes-Chaumont, embelli par sa fontaine du Titan, signée du Biterrois Jean-Antoine Injalbert.

Depuis 1891, les marchés se tiennent sous les voûtes des halles de type Baltard, reconnaissables à leur style inimitable.

Cependant, cet âge d'or prend brutalement fin au début du XXe siècle. La crise est d'autant plus rudement ressentie que, grâce au boom du vin, la population de la ville a quadruplé ! Alors, lorsque les cours du vin s'effondrent en raison d'une surproduction, les émeutes éclatent dans la région.

Fresque* La Révolte vigneronne de 1907*, visible rue des Capucins.

En 1907, les manifestations sont partout réprimées dans le sang, sur les ordres du « premier flic de France », le ministre de l'Intérieur Georges Clemenceau.

À Béziers, en revanche, la troupe envoyée pour mater les insurgés refuse de tirer sur la foule. L'événement, en tout cas, marque la France, on commence à se pencher sur les problèmes pour résoudre la crise. Pour commencer, on remet de l'ordre dans les appellations afin d'améliorer la qualité. Et les efforts paient : aujourd'hui le Languedoc-Roussillon, première région viticole de France, connaît une remarquable montée en gamme de ses vins.

5 AUJOURD'HUI

BÉZIERS, DOUCEUR, COURAGE ET BEAUTÉ !

5.a • LIAISON DOUCE

5.b • MAISON JEAN MOULIN, *6, rue d'Alsace*

Béziers, aujourd'hui, réalise une véritable mue en mettant en valeur son patrimoine. En faisant découvrir son riche passé, elle prépare son avenir et, pour moi, le symbole de cet embellissement hallucinant réside dans la création d'une gigantesque liaison douce qui va relier le haut de la ville, perchée sur son « acropole », avec le bas de la cité et le canal du Midi, parcouru par des centaines de milliers de visiteurs. Cette nouvelle liaison douce partira de la *via Domitia* empruntera notre Pont-Vieux et bien sûr la rue Canterelles un axe qui, nous l'avons vu, constitue depuis toujours la colonne vertébrale de Béziers... Ici l'avenir dialogue décidément toujours avec le passé !

Les explorateurs *Ne perdez pas la tête*

Cherchez la statue d'Aphrodise ! Vous le découvrirez, imperturbable, la tête entre les mains, au coin d'une rue de Béziers.

Un indice : pas besoin d'avoir fait Saint-Cyr, mais autant y être...

Mon Petit Détour

5.c • LE CHÂTEAU LAURENS, *avenue Raymond Pitet, Agde*

En quittant Béziers pour Agde, vous arriverez en une demi-heure dans un univers étrange digne de *La Quatrième Dimension*... Le château Laurens, à Agde, est une curiosité architecturale surprenante. Bâti à la fin du XIXe siècle par Emmanuel Laurens, riche héritier et voyageur, il détonne dans le paysage languedocien. Imaginez un mélange exubérant de styles : néo-gothique, Art nouveau, orientalisme... L'extérieur surprend déjà, mais l'intérieur est une véritable explosion de décors inattendus. Mosaïques scintillantes, fresques luxuriantes, mobilier fantasque, tout est pensé pour émerveiller et déconcerter. Loin de la sobriété des châteaux cathares, le château Laurens c'est « le délire de l'artiste » !

Portrait d'un Biterrois : Jean Moulin

Une fresque place Lavabre rend hommage à Moulin et présente quelques-unes de ses œuvres – que Moulin signait de son pseudonyme, « Romanin » – dans la galerie qu'il ouvrit à Nice comme couverture à son activité de résistant. On devine sa silhouette derrière une fenêtre du premier étage. La photo de Jean Moulin a été prise par un ami d'enfance, qui résidait dans la maison voisine.

C'est le 20 juin 1899 qu'il naît au 6, rue d'Alsace dans la famille d'un professeur d'histoire-géographie. La suite, on la connaît ! **Figure emblématique de la Résistance, il incarne le courage et le sacrifice.** Préfet intègre, il refuse de collaborer avec l'occupant dès 1940, tentant même de se suicider plutôt que de céder aux exigences allemandes. Renvoyé de son poste, il rejoint la France libre à Londres en 1941. De Gaulle le charge d'unifier les mouvements de résistance intérieure. Sous le nom de code « Rex », Moulin parvient à fédérer les principaux réseaux au sein du Conseil national de la Résistance en mai 1943. Trahi, arrêté par la Gestapo en juin de la même année puis torturé, il mourra sans avoir parlé. **Au cours d'une cérémonie grandiose en 1964, de Gaulle le fera entrer au Panthéon, occasion d'un discours inoubliable de Malraux.**

POUR PROLONGER LA VISITE :
beziers-mediterranee.com

SAINT-TROPEZ

À toute **Berzingue !**

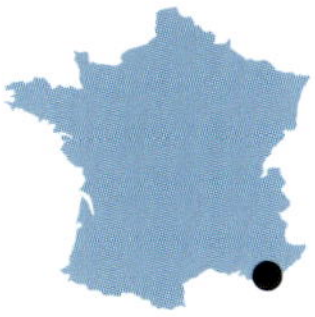

Haut lieu de la jet-set internationale, Saint-Tropez, commune du département du Var, fut d'abord, dans l'Antiquité, un petit port commercial fréquenté par les Grecs et les Romains. *Mais c'est surtout après la Seconde Guerre mondiale, avec l'arrivée des artistes comme Colette, Paul Signac, et plus tard des figures du cinéma comme Brigitte Bardot, que le village a acquis sa renommée mondiale. Aujourd'hui, Saint-Tropez est synonyme de luxe et de glamour, attirant une clientèle internationale pour son port, ses plages et sa vie nocturne animée. Son accès se fait principalement par la route départementale D98A, qui la relie à la N98 et au reste du littoral varois.*

« Torpès créa **Saint-Tropez** et Dieu créa **la femme.** »

SAINT-TROPEZ

1 ANTIQUITÉ
TORPÈS TORPETIUS DÉBARQUE !

1 • FÛT DE COLONNE ANTIQUE, *quartier du Pilon (face au 66, avenue du Général-de-Gaulle)*

Saint-Tropez, durant l'Antiquité, c'est une halte appréciée par les marins grecs puis romains le long du littoral méditerranéen entre Nice et Marseille. Il faut dire que, depuis toujours, le golfe de Saint-Tropez offre un abri maritime idéal. Mais attention ! L'archéologie et l'histoire sainte suggèrent aussi que le rivage du golfe s'avère un endroit parfait pour faire naufrage !

La légende raconte que l'histoire de Saint-Tropez débute sous le règne de Néron, dans les années 60 de notre ère avec un naufrage, pas n'importe lequel – celui d'un saint, nommé Torpès ou Tropez.

Le Martyre de Saint-Tropez, ***par Placido Costanzi (cathédrale de Pise). Le saint est toujours honoré dans la ville ligure et possède même une petite église qui lui est consacrée.***

Né à Pise, ce jeune Ligure devient intendant de l'empereur. Mais double problème : il se convertit au christianisme et son impérial patron n'est autre que Néron, pas forcément l'ami de la nouvelle religion. **Après s'être débarrassé de saint Paul et de saint Pierre, l'empereur n'entend pas être dérangé par un membre de son personnel ! Tropez est donc décapité à Pise et son corps, placé sur une barque, en compagnie d'un coq et d'un chien.** Cette étrange compagnie rappelle que trahir la religion de l'empereur, c'est un peu trahir son père, car traditionnellement, on punissait les parricides en les jetant à l'eau en vie mais cousus dans un sac avec un chien et un coq, qui se mettaient vite à déchiqueter le condamné. Or voilà que notre barque dérive jusqu'à venir s'échouer sur le rivage d'un village nommé *Heraclea*, le futur Saint-Tropez.

Tout ceci est une belle légende mais, comme toutes les légendes, on trouve, si on gratte un peu, un fond de vérité. Car à quelques encablures du rivage de Saint-Tropez, face à l'actuel cimetière marin, les archéologues plongeurs sont tombés sur les restes d'un navire romain, qui a sombré au milieu du Iᵉʳ siècle après notre ère…

Il y a près de deux mille ans, ce navire marchand romain, de type ponto, croise au large des côtes provençales, lourdement chargé d'éléments de colonnes de marbre. 14 fûts et 3 socles pour un poids avoisinant les 200 tonnes ! Et pas n'importe quel marbre, un marbre prestigieux, tiré des carrières toscanes de Carrare. Pour une raison inconnue, le navire sombre et plonge dans l'oubli jusqu'en 1950 de notre ère, date à laquelle on repère l'épave, et mieux, on repêche la cargaison !

Eh bien oui ! Presque deux mille ans après son naufrage une partie de la cargaison de notre navire romain a été retrouvée et une partie de ces colonnes romaines ont été réinstallées à Fréjus, à une trentaine de kilomètres de Saint-Tropez. Fréjus c'est la grande ville antique de la région d'ailleurs « Fréjus » vient du latin *Forum Julii* le « forum de Jules (César) ». Et ces colonnes ont été remontées le long de la mythique nationale 7, qui reprend le tracé de la voie romaine qui filait vers l'Italie. Tout n'est pas parti à Fréjus, vous en trouverez un morceau : installé à l'entrée de Saint-Tropez, dans le quartier du Pilon.

Seul un fût de colonne reste à Saint-Tropez…

… et le reste se trouve à Fréjus !

Comte de Provence Guillaume Ier

2 MOYEN ÂGE
LES TROPÉZIENS GRIMPENT DANS LES TOURS

2.a • TOUR SUFFREN, *1, place Raphaël-de-Garrezio*
2.b • FORTIFICATIONS DE LA CITÉ, *porte de la Ponche (place du Revelin), tour Jarlier (21, rue de la Citadelle), tour Vieille (La Ponche), tour du Portalet (26, rue du Portalet)*

Au début du Moyen Âge, la petite halte gallo-romaine connaît quelques bouleversements. Après la chute de l'Empire romain, elle voit passer, comme dans beaucoup de cités du sud de la France, une succession d'envahisseurs : Wisigoths, Burgondes, Francs puis Sarrasins. Pendant près d'un siècle, ces derniers vont même régner sur la région.

Des Maures représentés dans la* Chronique de Saint-Denis *(XIVe s.).

À l'image des Vikings, dans l'ouest de la France, les marins sarrasins multiplient les raids avant de s'implanter de manière durable dans des camps retranchés sur les hauteurs dominant le golfe, dans le massif des Maures – « maures », un terme trompeur qui, comme la « Montagne noire », désigne plutôt la sombre épaisseur des forêts locales que l'occupation musulmane.

Les chercheurs ont longtemps cherché leur camp principal du côté de La Garde-Freinet, à une vingtaine de kilomètres à l'ouest de Saint-Tropez. Désormais, ils prospectent également du côté de Gassin, un village perché qui domine la presqu'île et qui, de surcroît, conserve encore une porte baptisée « porte des Sarrazins »...

Cette présence musulmane s'achève autour de l'an 1000, quand les troupes du comte de Provence Guillaume Ier reprennent le contrôle du littoral. Et, **pour mieux surveiller le golfe de Saint-Tropez et ses abords, Guillaume fait bâtir une tour de guet, la tour Suffren** – le plus vieux monument de Saint-Tropez visible aujourd'hui ... avec notre petit bout de colonne romaine !

Saint-Tropez, au Moyen Âge, c'est donc une petite seigneurie appartenant au comté de Provence. À l'époque les habitants de la presqu'île restent sous la menace de raids barbaresques et, plutôt que de vivre dans la crainte sur le littoral, préfèrent s'installer sur les hauteurs environnantes. L'essentiel des habitants de l'époque vit donc à l'ombre des nombreux châteaux qui hérissent les collines voisines, comme celui de Grimaud.

Le château de Grimaud, fief des Grimaldi dont la seigneurie court jusqu'à Saint-Tropez.

Mon Petit Détour

2.c • GASSIN

Perché sur son rocher dominant le golfe de Saint-Tropez, depuis le XIIe siècle, Gassin séduit d'emblée. Son histoire millénaire se lit dans ses ruelles pavées, vestige d'un passé où Sarrasins et chevaliers se disputaient ce point stratégique. Classé parmi « Les Plus Beaux Villages de France », Gassin dévoile un patrimoine exceptionnel : en franchissant la porte des Sarrazins, vestige des anciennes fortifications, vous plongez dans un dédale de ruelles médiévales où le temps semble suspendu. **Ne manquez pas l'Androuno, considérée comme la rue la plus étroite du monde – 29 centimètres à son extrémité !!!** L'église Notre-Dame-de-l'Assomption, avec son clocher séculaire, veille sur les vieilles demeures aux portes sculptées en serpentine. Et depuis la table d'orientation, vous vous laisserez envoûter par un panorama époustouflant, ouvert sur la Méditerranée et les îles d'Hyères.

Donc pas grand monde sur les plages de Saint-Tropez, d'autant que, à la fin du Moyen Âge, les calamités s'abattent sur la région, guerre de Cent Ans, guerre de succession de Provence et peste noire. **Saint-Tropez va être abandonnée pendant des décennies et il faudra attendre le xve siècle pour voir réapparaître des Tropéziens.**

Le fameux roi René, comte de Provence, encourage le repeuplement du territoire, « de la vallée du Freinet jusqu'à la tour de Saint-Tropez ». À l'époque, on ne parle même plus de village ... Et il promet aux futurs habitats des taxes plus légères, des droits et des exemptions d'impôts. C'est ainsi que, le 14 février 1470, au pied de la tour Suffren, est officiellement passé l'acte de renaissance du village de Saint-Tropez entre Jean de Cossa, sénéchal de Provence, et un Génois, Raphaël de Garrezio, accompagné par 21 familles ligures qui s'engagent à repeupler Saint-Tropez.

Et une fois la presqu'île repeuplée, il faut bien renouer avec la mer. Au fond du golfe, Saint-Tropez n'est qu'un cul-de-sac, tandis qu'ouverte sur la mer elle retrouve son rôle de port côtier judicieusement situé. Se tourner vers la mer, oui, mais cette fois, le port et le village se protégeront des Barbaresques par l'édification de remparts et de tours ! La forme choisie, simple mais efficace, sera un quadrilatère avec quatre tours aux angles, la porte de la Ponche, la tour Jarlier, la tour Vieille et la tour du Portalet.

Certains vestiges sont parvenus jusqu'à nous comme des pans de remparts ou la tour Vieille qui, depuis le xve siècle, veille sur le port de Saint-Tropez. Un autre vestige, très impressionnant, a traversé les siècles : c'est la tour Jarlier, construite entre 1541 et 1569 et implantée au sud-est des remparts, pour protéger la cité des attaques venues des terres.

La tour Jarlier.

« Derrière moi, la tour **Vieille veille**... dur à dire... »

3 RENAISSANCE & ÉPOQUE MODERNE *DES INDES À SAINT-TROPEZ*

3 • CITADELLE, *1, monument de la Citadelle*

Le grand événement à Saint-Tropez, durant la Renaissance, c'est le rattachement de la Provence au royaume de France. Notre petit port de pêche mène ses activités commerciales comme par le passé, mais cette fois-ci sous bonne garde : sur les hauteurs du village, les ingénieurs royaux édifient une magnifique citadelle au tournant des XVIe et XVIIe siècles – donc antérieure aux innovations apportées par Vauban.

Coup double pour la monarchie : elle protège sa frontière… et garde un œil sur ces Provençaux tardivement rattachés au royaume ! Et cette présence militaire un peu pesante ne passe pas inaperçue… Encore en 1789, lors de la rédaction des fameux cahiers de doléances, les habitants de Saint-Tropez réclament la destruction de cette citadelle !

Mais, la sécurité assurée, le port de Saint-Tropez peut se développer librement. Il va s'agrandir et se scinder entre les petits pêcheurs locaux, dont les bateaux mouillent du côté de la Ponche, vers l'est, le Vieux Bassin, qui va être réservé aux navires de commerce, et pour compléter l'ensemble on va édifier des chantiers navals à l'ouest du vieux port, encore en activité aujourd'hui.

Ainsi, au tournant du XIXe siècle et du XXe siècle l'activité maritime de Saint-Tropez la hisse parmi les grands ports de la côte grâce au commerce du liège (venu du massif des Maures, pour les bouchons), du vin et du bois notamment.

> « Le roi de France a décidé de **protéger le littoral** avec une citadelle ! »

Pas vraiment moderne, la citadelle, mais c'est normal, elle a été construite avant les innovations d'un certain M. de Vauban !

Portrait d'un Tropézien : Jean-François Allard

Né à Saint-Tropez en 1785, il a connu plusieurs vies : général audacieux, globe-trotteur flamboyant, homme d'État. Bref, un aventurier à la française ! Imaginez un peu : parti de son village natal, ce Tropézien pur sucre a traversé les mers et les empires pour se tailler une place dans l'Histoire. Capitaine dans la Vieille Garde, c'est un fidèle de l'Empereur. Il le sert à Waterloo et, après la défaite, décide de tout plaquer pour partir en Perse. Puis il met le cap encore plus à l'est, passe par Kaboul et entre au service du maharaja Ranjit Singh, « le Lion du Pendjab ». Là, il réforme l'armée sikhe, la modernise à la mode européenne, donne ses ordres en français mais parle punjabi à ses soldats. Il devient un personnage clé… et épouse même une princesse hindoue de lignée royale. Voulant éviter le sort réservé aux veuves indiennes – immolées après la mort de leur mari – il regagne l'Europe avec femme et enfants et débarque à Bordeaux en 1835. **Nommé ambassadeur auprès de Ranjit Singh par Louis-Philippe, il repart et meurt à Peshawar en 1839.**

4 ÉPOQUE CONTEMPORAINE

JOUER AUX GENDARMES ET AUX BRONZEURS

Saint-Tropez, à l'époque contemporaine, c'est donc un petit port de pêche traditionnel, qui se double d'activités plus conséquentes, militaires, commerciales ainsi qu'un important chantier naval particulièrement actif aux XVIIIe et XIXe siècles. On creuse de nouveaux bassins, on multiplie les aménagements, comme en témoignent la grande jetée et son phare, qui signale l'entrée du port, devenu une icône tant il a été peint par les artistes, comme Paul Signac.

Saint-Tropez, de nos jours, a vu son port délaisser ses activités militaires et commerciales au profit de la navigation de plaisance. **C'est même l'un des ports de plaisance les plus courus du monde!** Car Saint-Tropez, au XXe siècle, devient *the place to be* pour la jet-set et s'impose comme une station balnéaire à la renommée mondiale.

Le phare et la jetée, peints par Paul Signac en 1895.

Sa célébrité débute à la fin du XIXe siècle quand les grands artistes de l'époque se passent le mot et recommandent ses paysages enchanteurs : le peintre Paul Signac, l'écrivain

Maupassant, puis Colette vers 1930 apprécient le côté sauvage de la presqu'île. Mais, dans les années 1950, tout change avec un film réalisé par Roger Vadim, tourné en partie à Saint-Tropez : ***Et Dieu… créa la femme*** **(1956), interprété par une jeune actrice de 22 ans, Brigitte Bardot.**

Ce film, qui propulse Brigitte Bardot (et Saint-Tropez) au rang d'icône, raconte l'histoire de Juliette, jeune femme sensuelle allongée sur la plage de la Ponche, tiraillée entre trois hommes. Sa spontanéité et son charme transgressent les codes de l'époque, incarnant une nouvelle féminité. Le film scandalise autant qu'il fascine, lance la Bardotmania et la Saint-Tropezmania ! **Pas étonnant que BB ait choisi, depuis longtemps, de poser ses valises près d'ici, à La Madrague…**

*« Il y a plein d'autres symboles de cet amour entre **Saint-Tropez et le cinéma…** Ça se passe de commentaires, autrement vous avez un problème… »*

Saint-Tropez, c'est évidemment un lien éternel avec la Méditerranée, et pour moi le plus beau symbole de cette relation, c'est un événement qui a lieu chaque année depuis 1999, organisé par la Société nautique de Saint-Tropez : Les Voiles de Saint-Tropez, une série de régates et un moment magique à la fin de l'été où plusieurs centaines de bateaux se réunissent – des voiliers centenaires jusqu'au maxi-yatch dernière génération…

Bref, tous les amoureux de la voile et de la mer ont rendez-vous à Saint-Tropez…

> **« Douliou-douliou Saint-Tropez ! »**

Mon Petit Détour

4 • ABBAYE DU THORONET

Pour s'y rendre, il faut tourner le dos à la mer et regarder vers le ciel. À une trentaine de kilomètres de Saint-Tropez, au pied du massif des Maures s'élève un joyau de l'art roman, un havre de paix et de spiritualité noyé dans la garrigue… En 1146, on pose la première pierre de cette abbaye cistercienne, une des trois sœurs provençales avec Silvacane et Sénanque. Une abbatiale romane à la beauté brute, un cloître avec arcades, une fontaine magique, une salle capitulaire. Mais Le Thoronet a un truc en plus, c'est l'acoustique ! Un temps de réverbération incroyable, paraît-il un des plus longs du monde. **Du coup, le chant grégorien, là-dedans, c'est juste… céleste !**

Les explorateurs *Un débarquement peut en cacher un autre*

Une double plaque honore les hommes qui participèrent à un événement souvent oublié.

Un indice : ça ne se passe pas en Normandie !

POUR PROLONGER LA VISITE :
sainttropeztourisme.com

TOKYO
À toute Berzingue !

BONUS

Tokyo, capitale du Japon, est aujourd'hui une mégalopole faisant face à l'océan Pacifique, mais, durant l'Antiquité, le site actuel de Tokyo, alors connu sous le nom d'Edo, n'était constitué que de petits villages de pêcheurs. *L'histoire de Tokyo, telle que nous la connaissons, a débuté véritablement au XVIIe lorsque ici s'y établit le centre du pouvoir politique japonais. Aujourd'hui, Tokyo est l'une des plus grandes et des plus influentes métropoles mondiales, un centre névralgique de la culture, de la finance et de la technologie.*

*« **Tokyo** s'appelle ainsi par opposition à l'ancienne capitale ancestrale : **Kyoto.** »*

TOKYO

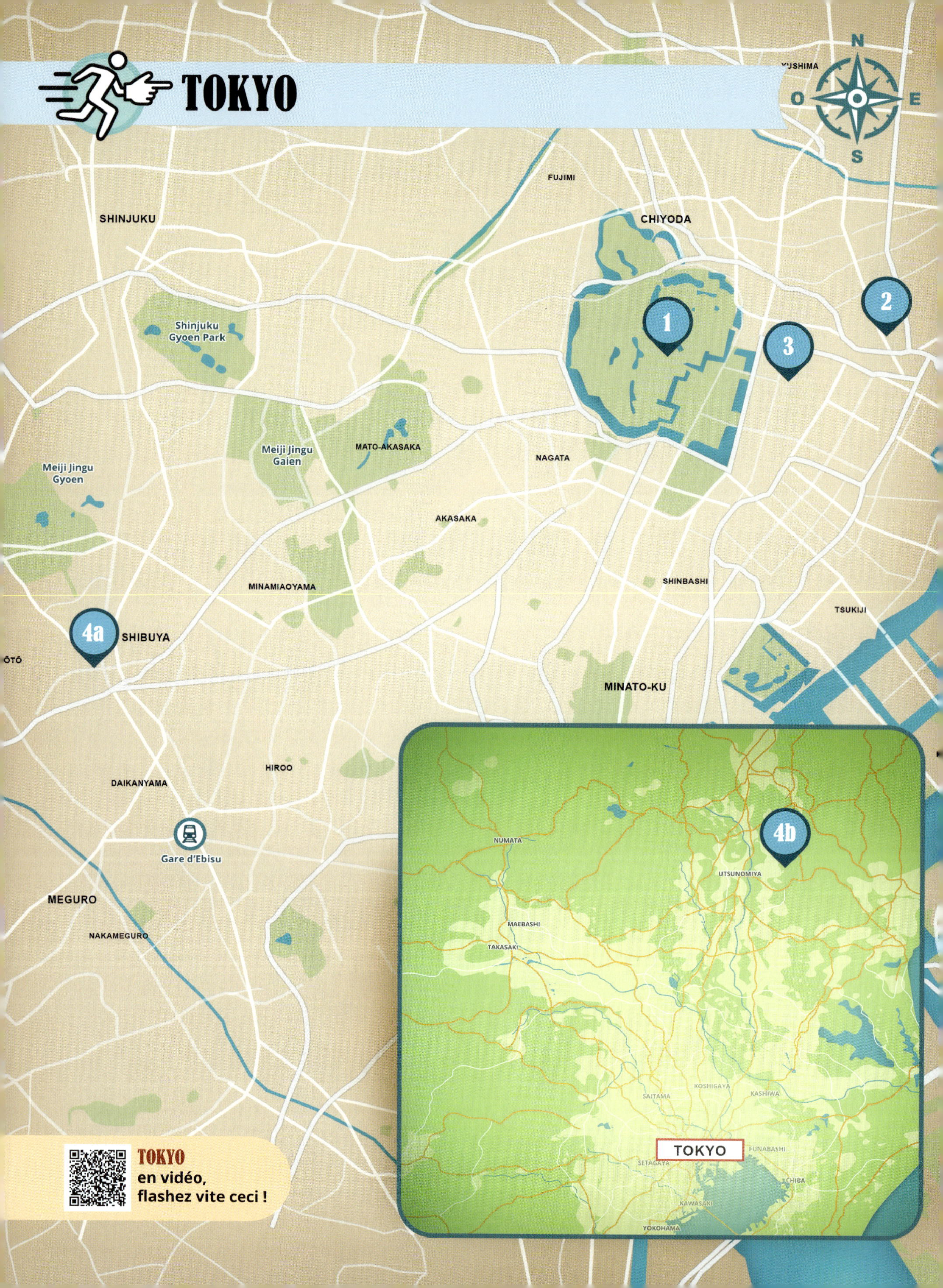

TOKYO en vidéo, flashez vite ceci !

1 MOYEN ÂGE
EDO, QUE D'EAU !

1 • PALAIS IMPÉRIAL, *1-1 Chiyoda, Chiyoda City, Tokyo 100-8111*

Jusqu'au Moyen Âge, Tokyo n'est encore qu'un hameau sans grande importance. La véritable grande ville de l'époque se trouve à l'ouest : Kyoto, capitale ancestrale du pays du Soleil-Levant. Ici, dans la baie poissonneuse de la future Tokyo, à l'embouchure (*edo*, en japonais) de l'océan Pacifique, on ne trouve qu'un modeste village de pêcheurs... qui se nomme justement Edo. Mais pour qu'il entre dans l'Histoire, il va falloir attendre le XIIe siècle, avec la première mention du petit bourg d'Edo dans un texte.

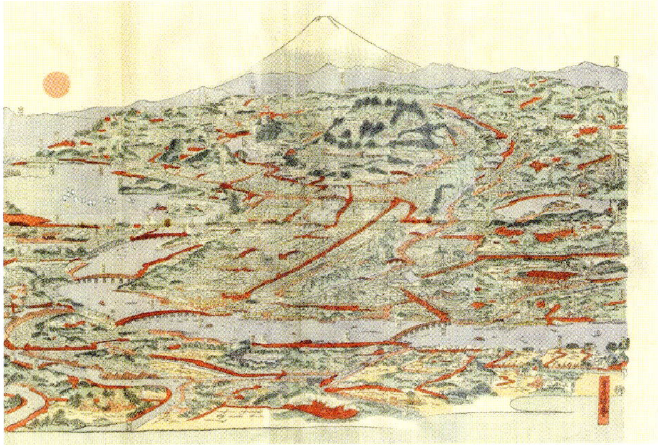

Au Moyen Âge, comme en Europe, la société japonaise est une société féodale, où le pouvoir se partage entre un empereur (*mikado*), un général en chef (*shogun*) qui dirige le pays au nom de l'empereur et, enfin, des seigneurs locaux (*daimyo*).

L'empereur, dont le pouvoir vient du ciel, fait le lien entre le monde des vivants et celui des dieux Le *shogun*, de 1192 à 1868, détient le pouvoir au nom de l'empereur ; c'est vraiment lui qui gouverne le pays, à défaut de le contrôler. Car l'île est morcelée en baronnies dirigées par les *daimyos* (« grand nom »), ces seigneurs locaux, qui disposent d'un fief ou d'un clan (*han*), sont théoriquement soumis à l'empereur, mais avouons-le : ils n'en font qu'à leur tête.

Dans la région de Tokyo, une famille de vassaux fait élever le premier château d'Edo, la future Tokyo. Les puissantes fondations de pierre de son donjon sont parvenues jusqu'à nous. On peut les découvrir dans les Jardins Est du palais impérial. À l'époque, cette tour maîtresse culminait à plus de 51 mètres de hauteur, ce qui en faisait le plus haut donjon du monde !

« Le donjon de Tokyo était le plus haut du monde et ça, ça vous coupe la chique ! »

2 ÉPOQUE MODERNE *(Kinsei)*
NAISSANCE D'UNE CAPITALE

2 • PONT DE NIHONBASHI, *1 Chome Nihonbashimuromachi, Chuo City, Tokyo 103-0027*

Le véritable essor d'Edo-Tokyo débute en 1590, lorsqu'un seigneur, le *daimyo* Tokugawa Ieyasu, y établit son quartier général.

Armoiries (mon, en japonais) du clan Tokugawa.

> « ***Les Tokugawa****, c'est une famille* ***hyper-puissante*** *qui va défoncer tous ses rivaux et qui va accéder au* ***titre suprême de shogun.*** »

Le clan Tokugawa fait d'Edo le centre de sa seigneurie et fait remplacer le château en ruine par une énorme forteresse – on disait que c'était le château le plus vaste du monde au XVIIe siècle. On en voit encore les traces aujourd'hui, puisque l'ancien repaire des Tokugawa est devenu le palais résidentiel de l'empereur du Japon, protégé par ses immenses douves. Pas près de s'assécher !

Sous le règne des Tokugawa, Edo connaît une période de croissance et de prospérité sans précédent. Kyoto demeure la vieille capitale impériale tandis qu'Edo s'impose comme le centre politique et économique du pays. La ville s'agrandit selon des plans organisés, et se divise en quartiers distincts pour les samouraïs, les marchands et les artisans.

Le palais (Kōkyo, « résidence de l'Empereur »), bâti sur le site de l'ancien château d'Edo, abrite toujours la résidence de l'actuel empereur du Japon.

Et pour booster l'économie et la culture, rien de plus simple : faire payer les riches ! Le système *sankin-kotai* (littéralement « rotation de services ») oblige les seigneurs féodaux à quitter leur fief et passer une partie de l'année à Edo. La ville devient vite un pôle commercial, d'art et de culture, attirant des personnes venues de tout le Japon. La population augmente rapidement, dépassant le million d'habitants au XVIIIe siècle, faisant d'Edo l'une des plus grandes villes du monde.

3 ÉPOQUE MODERNE *(Kindai)*
LE TRAIN DE LA MODERNITÉ

3 • GARE DE TOKYO, *1 Chome Marunouchi, Chiyoda City, Tokyo 100-0005*

Tokyo, à l'ère moderne, est marquée par l'arrivée – ou plutôt l'irruption ! – des Américains en 1853, qui veulent forcer le pays à s'ouvrir au commerce et aux étrangers. C'est le fameux épisode des « navires noirs », les bateaux à vapeur de l'US Navy qui donnaient des sueurs froides aux Japonais encore équipés de barques de bois. Tokugawa va devoir accepter l'arrivée des Américains, provoquant une révolte de ses troupes, qui se rangent du côté d'un nouvel empereur en 1868. Ainsi s'ouvre une nouvelle époque impériale, l'ère Meiji (*meiji* signifiant « gouvernement éclairé »). Première décision, l'empereur Mutsuhito (sur le trône entre 1868 et 1912) déplace sa capitale et s'installe à l'est de Kyoto, dans la ville d'Edo, rebaptisée pour l'occasion Tokyo (« capitale orientale »).

En 1853, la flotte de l'amiral américain Perry stationne dans la baie d'Edo et réclame, sous la menace de ses canons, l'ouverture de relations commerciales et diplomatiques. Ses bateaux, surnommés par les Japonais « navires noirs », inspirent les auteurs d'estampes...

Les explorateurs *Chat alors !*

Vous allez les croiser partout dans Tokyo. C'est normal, ils sont nés ici, près du temple de Gotoku-ji.
Ils vous tendent même le bras et ont un temple rien qu'à eux !

Un indice : Un félin malin.

Après des siècles de féodalité et d'immobilisme, le nouvel empereur, obligé d'ouvrir son pays aux Occidentaux, sait que, pour rivaliser avec eux, il doit moderniser la société japonaise. Et, à cette époque, la modernité, c'est la révolution industrielle ! Le gouvernement adopte des réformes politiques, économiques et sociales, et Tokyo devient le symbole de la modernisation du Japon. Des bâtiments et des infrastructures de style occidental sortent du sol et la ville subit une transformation radicale. Le signe le plus emblématique de cette course à l'industrialisation, c'est la construction de la gare en 1914, en face du palais impérial.

Dans le quartier artisanal du Nihonbashi, ce pont, représenté par le célèbre peintre Hiroshige, marquait le départ des « cinq routes d'Edo » ; presque l'équivalent de notre point zéro sur le parvis de Notre-Dame !

4 ÉPOQUE CONTEMPORAINE

LA CITÉ BANZAÏ

4.a • SHIBUYA, *2 Chome-2-1 Dōgenzaka, Shibuya City, Tokyo 150-0043*

Entre la fin du XIXe siècle et le milieu du XXe siècle, Tokyo connaît plusieurs bouleversements. La ville continue de croître et de se développer, devenant un centre économique et culturel mondial. Cependant, la ville est frappée par des catastrophes naturelles et des guerres. En 1923, le terrible tremblement de terre de Kanto coûte la vie à plus de 105 000 Japonais. En 1945, les bombardements américains vont, à leur tour, faire plus de 100 000 morts dans la capitale nippone.

La ville est, une fois encore, reconstruite et modernisée. En accueillant les jeux Olympiques d'été de 1964, Tokyo symbolise le retour du Japon tout entier sur la scène internationale.

Aujourd'hui, elle abrite dans son aire urbaine près de 40 millions d'habitants et a su s'imposer comme un centre économique, financier, technique et culturel d'importance mondiale. La ville réunit de nombreux monuments célèbres, tels que le palais impérial, le temple Senso-ji et la tour de Tokyo.

Tokyo est également connue pour ses quartiers animés, sa cuisine délicieuse et, bien sûr, sa culture pop unique !

> « *Vous avez demandé* ***un miracle ?*** *Ici, il y a soixante-dix ans,* ***il n'y avait rien.*** *Bienvenue à Shibuya !* »

Le célèbre quartier de Shibuya, rendez-vous de la jeunesse tokyoïte.

Portrait d'une (presque) Tokyoïte :

Amélie Nothomb

Amélie Nothomb en balade à Shibuya, à Tokyo.

De tous les Belges, Amélie Nothomb est sans doute la plus tokyoïte ! Car, au fil de sa vie et de ses romans, Amélie-san a fait de Tokyo sa ville d'élection, même si elle vit à Bruxelles ! C'est même le Japon tout entier qui est devenu la muse littéraire obsessionnelle de cette fille de diplomate née à Kobe en 1967. On la découvre ainsi avec son roman *Stupeur et tremblements*, en 1999, qui offre une satire hilarante – et franchement flippante – de sa vie de « pire employée » d'une grande entreprise tokyoïte, où elle finit par nettoyer les toilettes avec application. Ensuite, *Métaphysique des tubes* (2000) nous plonge dans ses souvenirs d'enfance japonaise, et *Ni d'Ève ni d'Adam* (2007) raconte sa romance avec un Tokyoïte.

Mon Petit Détour

4.b • LE PARC DE NIKKŌ

Après le monde ultra-urbain de Tokyo, deux heures de train pour se retrouver dans un Japon éternel, niché dans son écrin de nature : **bienvenue dans le parc national de Nikko, créé en 1934, qui s'étend sur plus de 1 400 kilomètres carrés.** Forêts majestueuses, lac Chuzenji, cascades, sources chaudes... Le parc est célèbre pour son alignement de 13 000 cèdres du Japon, certains vieux de quatre cents ans, plantés au XVIIe siècle le long de la route menant au sanctuaire. Car c'est dans ce calme que plus de 100 temples, témoignages de l'architecture shintoïste et bouddhiste, attendent votre visite, forcément zen... Ce site exceptionnel abrite aussi le mausolée de Tokugawa Ieyasu, le premier shogun de la dynastie Tokugawa, édifié en 1617.

Cascades de Kegon qui dégringolent du lac de Chuzenji au pied du mont Nantai dans le parc national de Nikko.

Le sanctuaire Futarasan, fondé au VIIIe siècle.

POUR PROLONGER LA VISITE :
gotokyo.org

Les explorateurs
Toutes les réponses

SAINT DENIS
« Le courage donne ce que la beauté refuse. »

Il s'agit de Bertrand Du Guesclin (1320-1380), connétable de France de 1370 à 1380. Son gisant se trouve auprès de son maître, Charles V. Le sculpteur a donné un portrait fidèle du chevalier, en représentant même une blessure à l'œil gauche du Breton, reçue au combat.

SAINT-MALO
À côté de la plaque

Sur le sol de la cathédrale, une plaque marque l'endroit où Cartier a été béni par l'évêque de la ville avant son départ. Elle souligne aussi les liens qui unissent encore la ville au Québec.

Sommeil explosif

En observant la façade de l'hôtel Cathédrale (12, place de la Cathédrale), vous pourrez distinguer un obus prussien (au premier étage, près de la fenêtre de droite), qui s'est fiché là au cours de la guerre franco-prussienne.

ARRAS
Cherchez le lion

En levant la tête vous le verrez briller au soleil. Placé au sommet du beffroi (4, place des Héros) après la Première Guerre mondiale, il remplace son aîné, réalisé en 1842, abattu lors d'un bombardement allemand le 21 octobre 1914 et aujourd'hui conservé au Musée des beaux-arts.

STRASBOURG
Le « mesureur de bedaine »

Vous pourrez essayer le *Büchmesser*, « mesureur de bedaine », à l'angle de la rue Mercière et de la rue de la Cathédrale.

AUXERRE
Le clos bien caché

Bien caché, mais à quelques dizaines de mètres seulement du centre-ville, le Clos de la Chaînette se trouve dans l'enceinte du centre hospitalier spécialisé de l'Yonne, 4, avenue Pierre-Scherrer.

VANNES

À la recherche du château de la Motte

Une petite voie, au niveau du 16, rue Billault, se dénomme « impasse du Château-de-la-Motte », un nom qui reste le dernier témoignage de l'existence de cette fortification.

Le couple qui fait le buzz

Sur la façade d'une maison qui s'élève à l'angle des rues Bienheureux-Pierre-René-Rogue et Noé, deux bustes en granit représentent un couple… uni depuis le XVIe siècle !

MULHOUSE

Sculpté par et pour l'effort !

Cette statue d'un travailleur éreinté par le travail a été surnommée par les Mulhousiens *Schweissdissi*, « Gars qui sue ». Elle s'élève en bordure du parc du Tivoli, à l'angle de la rue du Tivoli et du boulevard Léon-Gambetta.

CHÂTEAUROUX

Bête du Berry

Au centre du décor, les sculpteurs antiques ont représenté à la droite du cavalier un lion pourchassé et rugissant.

« Ze » tower

Cet étonnant immeuble, officiellement dénommé résidence Gambetta, s'élève place Saint-Cyran.

LES SABLES-D'OLONNES

Des kilomètres à toute berzingue

C'est sur le rebord du toit d'une maison à la Chaume, à l'angle de la rue du Lieutenant-Maurice-Anger et de la rue du Filet, que vous découvrirez cette singulière borne kilométrique.

BORDEAUX
Ils sont partout !

Les mascarons, ces visages sculptés qui ornent les façades bordelaises, témoignent de l'âge d'or de la ville au XVIIIe siècle. Plus de 3 000 de ces figures observent les passants depuis les clés de voûte des fenêtres et des portes, chacune avec sa propre expression, son propre caractère. Contrairement aux mascarons parisiens, souvent grimaçants et monstrueux, ceux de Bordeaux se distinguent par leur côté bonhomme et leur diversité : dieux antiques, négociants prospères, nobles dames, figures exotiques évoquant le commerce maritime… Certains grimacent, d'autres sourient, quelques-uns semblent même nous adresser un clin d'œil complice !

ROCAMADOUR
Notre-Dame de l'Ovalie

Les maîtres verriers qui ont assuré la décoration de Notre-Dame de l'Ovalie ont transformé l'essai en glissant un ballon ovale dans les vitraux de la chapelle.

SALON-DE-PROVENCE
Une pierre qui amasse mousse

La Fontaine Moussue, place Crousillat, c'est un peu la star locale, mais avec un côté sauvage. Pas de jets d'eau sophistiqués ici, juste une roche calcaire brute, sculptée par le temps et l'eau, d'où jaillit une source depuis le XVIe siècle. À l'origine, elle servait d'abreuvoir pour les troupeaux en transhumance. Puis, au fil des siècles, la nature a fait son œuvre : le calcaire s'est couvert de mousse, de fougères et de concrétions, donnant à la fontaine son aspect unique. Et cette métamorphose (naturelle !) en a fait le symbole de la cité salonnaise.

PAU
Signé Fébus

À Pau, comme sur plusieurs de ses châteaux, le vicomte a fait placer une plaque portant ses armoiries, accompagnées de la formule, écrite en gothique, *Febus me fe*, « Fébus m'a fait ».

BÉZIERS

Ne perdez pas la tête

La statue de saint Aphrodise se trouve à deux pas de la place Saint-Cyr, à l'angle de la rue Saint-Jacques et de la rue Canterelles.

SAINT-TROPEZ

Un débarquement peut en cacher un autre

Quand on évoque « le débarquement », on pense immanquablement à Omaha Beach, à Sainte-Mère-Église… bref au 6 juin 1944. Mais en août 1944, les Alliés, forts de leur succès en Normandie, veulent élargir le front. Le Sud, c'est la porte vers la vallée du Rhône, vers l'Allemagne. Le 15 août, c'est le grand jour. Entre Cavalaire et Saint-Raphaël, GI de la 3e DI et Français de l'armée d'Afrique débarquent sur les plages – comme celle de Pampelonne, aujourd'hui prisée par la jet-set – tandis que des paras du 509e sautent sur la presqu'île. Une double plaque honore les GI de la 3e DI et commémore le destin tragique de 17 parachutistes largués par erreur au-dessus des flots et jamais retrouvés. Le monument, au centre de Saint-Tropez, se trouve à deux pas de la place des Lices, près de la salle Jean-Despas, 16, boulevard Vasserot.

TOKYO

Chat alors !

Le temple de Gotoku-ji (dont voici l'adresse : 2 Chome-24-7 Gotokuji, Setagaya City, Tokyo 154-0021) perpétue une vieille tradition avec ses centaines de statuettes de chats… Maneki-neko signifie « le chat qui invite » ; ces statuettes de chat agitant la patte naissent à Tokyo au XVIIe siècle. Un jour, un seigneur surpris par un orage se réfugie sous un arbre. En face de lui, il voit dans le temple de Gotoku-ji un chat, qui, de la patte, l'invite à le rejoindre. À peine a-t-il couru vers lui que l'arbre sous lequel il s'abritait est touché par la foudre… Reconnaissant, le seigneur finança la restauration du temple, qui prospéra ensuite. Cette figurine, devenue symbole de chance et de prospérité, orne désormais de nombreux commerces.

ASSO
ATLANTIQUE

80 m
20
VOYAGEUR
ARRETE TOI ICI
CAR LE SOL QUE TU
FOULES ET L'AIR
QUE TU RESPIRES
SONT IMPRÉGNÉS
DE GLOIRE ET
DE GRANDEUR
PASSÉES

Remerciements

Merci d'abord à mon premier compagnon de route, Emmanuel Sokol, celui qui court derrière moi depuis le début.

Par sa curiosité et sa patience, j'ai avec lui mon premier interlocuteur, mon premier public, je peux ainsi sonder si telle ou telle anecdote est pertinente ou par trop fastidieuse.

Merci ensuite à mon vieil ami Cyrille Renouvin qui, depuis Le Métronome illustré, *illustre mes ouvrages comme il le faisait déjà au lycée pour les copies souvent trop blanches de mes contrôles de mathématiques…*

Merci aussi à Nicolas Azoulay, un vieil ami du PSG qui m'a présenté mon premier partenaire, mon premier soutien, Rodolphe Albert, qui a tout de suite cru à ce tour de France au long cours dans lequel je me suis engagé et dont sa société « Histoire et Patrimoine » s'attache à réhabiliter et à rénover d'anciens monuments historiques pour les sauver de la ruine ou de l'oubli.

Merci enfin à tous les guides conférenciers, les offices de tourisme, les mairies et tous ces petits musées locaux nourris des efforts de tant de passionnés qui sont autant de gardiens de notre patrimoine.

À ceux-là qui m'ont toujours si bien accueilli, renseigné et orienté, je dédie mon voyage et mon tour de France.

Que vos foyers de lumière illuminant si délicieusement ma route ne s'éteignent jamais.

Lorànt Deutsch

Crédits

Tous les visuels représentant Lorànt Deutsch proviennent de © A tout berzingue Production, ©Emmanuel Sokol tous droits réservés.

Illustrations et cartes : © Cyrille Renouvin.

Wikimedia commons : p. 9 (milieu), p. 10 (haut), p. 10 (bas gauche), p. 10 (bas droite), p. 11 (haut), p. 11 (haut droite), p. 11 (bas droite), p. 12 (haut gauche), p. 12 (haut droite), p. 13 (droite), p. 14 (haut droite), p. 14 (milieu), p. 14 (bas droite), p. 15 (haut droite), p. 15 (milieu), p. 19 (bas droite), p. 20 (gauche), p. 22 (droite), p. 23, p. 31 (droite), p. 32 (bas gauche), p. 33 (droite), p. 34 (bas gauche), p. 35 (gauche), p. 35 (droite), p. 37 (haut), p. 37 (milieu), p. 37 (bas droite), p. 39 (milieu), p. 45 (bas gauche), p. 46 (gauche), p. 48 (milieu gauche), p. 48 (milieu centre), p. 48 (bas), p. 49 (bas gauche), p. 51 (haut gauche), p. 51 (haut droite), p. 53 (haut), p. 53 (bas), p. 59 (bas), p. 62 (milieu droite), p. 69 (milieu droite), p. 70 (milieu), p. 70 (bas), p. 71 (haut), p. 74 (bas), p. 75 (haut), p. 81, p. 82 (haut droite), p. 83 (bas droite), p. 84 (bas), p. 87 (haut gauche), p. 89 (haut), p. 96 (milieu gauche), p. 96 (bas droite), p. 103 (droite), p. 104 (haut droite), p. 113 (haut milieu), p. 113 (haut droite), p. 113 (bas gauche), p. 115 (milieu), p. 116 (bas gauche), p. 118 (gauche), p. 119 (haut), p. 120, p. 123 (bas gauche), p. 125 (haut gauche), p. 127 (haut), p. 128 (haut), p. 129 (haut), p. 135 (haut gauche), p. 135 (haut droite), p. 136 (bas droite), p. 137 (bas), p. 138 (bas gauche), p. 140 (haut gauche), p. 146 (haut gauche), p. 146(bas), p. 147 (bas droite), p. 148 (bas), p. 155 (milieu), p. 158 (milieu), p. 158 (bas gauche), p. 167 (milieu gauche), p. 168 (haut droite), p. 168 (milieu gauche), p. 170 (haut), p. 171 (bas), p. 176, p. 177 (haut), p. 179 (milieu), p. 180 (haut), p. 184 (haut gauche), p. 184 (haut milieu), p. 184 (bas gauche), p. 184 (bas milieu), p. 184 (bas droite), p. 185 (haut gauche), p. 185 (haut centre), p. 185 (bas gauche), p. 185 (bas centre), p. 186 (milieu droite)

Shutterstock : p. 12 (bas), p. 14 (haut gauche), p. 19 (bas gauche), p. 21 (haut gauche), p. 21 (haut droite), p. 21 (bas), p. 26-27, p. 28, p. 33 (haut gauche), p. 34 (droite), p. 36 (bas), p. 40-41, p. 42, p. 46 (haut), p. 49 (bas droite), p. 50 (bas), p. 51 (bas milieu), p. 52 (milieu gauche), p. 52 (milieu droite), p. 52 (bas), p. 56, p. 60 (haut droite), p. 60 (milieu droite), p. 62 (haut droite), p. 63 (haut), p. 66, p. 72 (haut), p. 73 (haut gauche), p. 73 (milieu), p. 74 (haut), p. 74 (milieu), p. 83 (milieu), p. 89 (bas), p. 90, p. 107 (haut), p. 108, p. 114 (bas), p. 115 (haut droite), p. 119 (bas), p. 126 (haut gauche), p. 127 (milieu), p. 129 (bas), p. 132, p. 141 (milieu), p. 141 (bas), p. 145 (bas), p. 147 (milieu gauche), p. 149, p. 152, p. 157 (bas droite), p. 158 (bas droite), p. 161 (haut), p. 162-163, p. 164, p. 167 (haut droite), p. 168 (bas droite), p. 171 (milieu gauche), p. 173 (haut), p. 173 (bas), p. 180 (bas gauche), p. 181 (bas gauche), p. 182 (haut droite), p. 182 (milieu gauche), p. 182 (bas gauche), p. 182 (bas droite), p. 185 (haut droite), p. 186 (haut gauche), p. 186 (haut centre), p. 186 (bas), p. 187 (haut gauche), p. 187 (milieu droite)

Adobe stock : p. 6, p. 16, p. 37 (bas), p. 47 (bas), p. 63 (milieu), p. 78, p. 82 (bas droite), p. 104 (bas gauche), p. 113 (milieu gauche), p. 117 (bas), p. 118 (bas droite), p. 128 (bas), p. 130-131, p. 136 (haut), p. 139, p. 142, p. 150-151, p. 159 (milieu gauche)

Getty images : p. 9 (bas droite), p. 47 (haut gauche), p. 50 (haut), p. 54-55, p. 61 (milieu droite), p. 64-65, p. 75 (milieu), p. 76-77, p. 116 (milieu droite), p. 127 (bas centre), p. 128 (haut gauche), p. 183

Alamy : p. 25 (bas gauche), p. 38 (haut droite), p. 48 (milieu droite), p. 51 (bas gauche), p. 157 (haut), p. 172 (milieu gauche)

Bridgeman : p. 11 (bas gauche)

BNF/Gallica : p. 61 (haut)

DR : p. 13 (gauche), p. 14 (bas gauche), p. 15 (bas gauche), p. 20 (droite), p. 22 (gauche), p. 24 (haut), p. 24 (bas), p. 25 (haut), p. 25 (bas droite), p. 31 (gauche), p. 38 (bas droite), p. 39 (haut milieu), p. 39 (haut droite), p. 45 (milieu), p. 47 (milieu gauche), p. 48 (haut), p. 51 (milieu), p. 60 (milieu gauche), p. 60 (bas gauche), p. 61 (milieu gauche), p. 69 (haut droite), p. 70 (haut gauche), p. 73 (bas droite), p. 75 (bas), p. 85 (haut), p. 85 (bas gauche), p. 85 (bas droite), p. 86 (haut droite), p. 87 (milieu droite), p. 88 (haut), p. 88 (milieu), p. 93 (bas droite), p. 94 (haut gauche), p. 95 (haut), p. 95 (bas), p. 96 (haut), p. 96 (milieu droite), p. 97 (haut gauche), p. 102 (bas droite), p. 105 (bas), p. 106 (haut), p.111 (bas), p. 116 (bas droite) © Musée des Plans-Reliefs, p. 123 (haut gauche), p. 123 (bas droite), p. 124 (haut gauche), p. 124 (haut droite), p. 124 (bas), p. 125 (bas), p. 126 (milieu droite), p. 126 (bas milieu), p. 127 (bas droite), p. 147 (bas gauche), p. 156 (haut), p. 156 (milieu), p. 157 (bas gauche), p. 159 (bas droite), p. 160 (milieu), p. 160 (bas gauche), p. 161 (milieu), p. 161 (bas), p. 172 (haut droite), p. 180 (bas droite), p. 181 (bas droite), p. 184 (haut droite), p. 187 (bas gauche)

Autres : p. 13 (haut) © Office de tourisme du Pas de Calais, p. 15 (bas droite) © Éric Compernolle, p. 45 (haut gauche) © Éric Vial, p. 82 (haut gauche) © Vianney MULLER, p. 94 (bas gauche) © Lezbroz, p. 97 (haut droite) et (bas) © Service tourisme CDC La Châtre / Ste Sévère, p. 98 © Lamoureux, p. 101 (haut) © Antoine Martineau, p. 107 (bas) © Johny Lenormand, p. 128 (milieu) © édition Douin, p. 140 (milieu centre) © Rampal Latour, p. 140 (milieu droite) © Marius Fabre, p. 155 (bas) © Sandra-Berenice-Michel, p. 160 (bas droite) © Karinegregoire, p. 169 (bas) © Guillaume Voiturier, p. 174-175 © Marian Baciu, p. 185 (bas droite) © Office de tourisme des Sables d'Olonne

Direction des Éditions Michel Lafon
Elsa Lafon

Direction éditoriale
Marie Dreyfuss
Pierre Perry

Direction artistique
Emmanuel Sokol

Corrections
Clara Féquant

Avec la collaboration de
Alexis Charniguet

Fabrication
Christian Toanen et Nikola Savic

Illustrations
Cyrille Renouvin

Photogravure
Press Prod

ISBN : 978-2-7499-6247-4
Dépot légal : novembre 2025
LAF : 3638
Achevé d'imprimer en Roumanie par Rotolito

14 boulevard de la Madeleine
75008 Paris

www.michel-lafon.com

Tastbaar welkom

Haptonomische zwangerschapsbegeleiding in beeld

Tastbaar welkom

Haptonomische zwangerschapsbegeleiding in beeld

pre- en postnatale begeleiding
van ouders en kind

Vereniging Haptonomische Zwangerschapsbegeleiders VHZB
pre- en postnatale begeleiding van ouders en kind
www.vhzb.nl

Inhoud

1. Inleiding

De Vereniging Haptonomische Zwangerschapsbegeleiders VHZB heeft in dit fotoboek de haptonomische pre- en postnatale begeleiding in beeld gebracht. Het boek is bestemd voor iedereen die geïnteresseerd is in zwangerschap, zwangerschapsbegeleiding of de begeleiding van ouders en kind tijdens en na de geboorte. In de hoofdstukken 2 tot en met 10 volgen we negen verschillende fasen, ieder hoofdstuk wordt ingeleid met een korte tekst. Deze indeling in fasen is een vereenvoudiging van de realiteit. In de begeleiding zal er namelijk steeds aandacht zijn voor datgene waar de moeder en haar partner behoefte aan hebben op dat moment.

In de tekst wordt gesproken over 'partner', waar zowel man als vrouw bedoeld kan zijn; er wordt 'zij' en 'haar' gebruikt voor het kind.

De VHZB is bijzonder blij met de toestemming van Willem Pollmann-Wardenier om haar artikel *Over de haptonomische zwangerschapsbegeleiding* in zijn geheel op te nemen in dit boek. Dit is eerder verschenen in het boek *Verkenningen in de haptonomie*, uitgegeven in 1986 door A.W. Bruna te Utrecht.

2. Aan het begin

Het proces rond kinderen krijgen begint vaak al voordat er sprake is van een zwangerschap. De mooiste start voor een kind is een start die ontstaat vanuit liefde en harmonie. Dáár waar twee mensen zich in vrijheid en liefde aan elkaar verbinden en waar bij beiden het verlangen naar een kind ontstaat.

Zo mooi als dit is het echter niet altijd, veel kinderen hebben een minder rooskleurige start. Niet altijd is er liefde en harmonie en niet altijd is er vrijheid en eenzelfde gelijktijdig verlangen. En ook als dat er wel is, laten kinderen zich niet 'nemen', ondanks alle technologie. Als kinderen komen, komen ze op hun eigen manier: soms te vroeg voor de ouders, soms te laat, soms anders dan gehoopt. Hoe het ook gaat, 'kinderen krijgen' is voor velen een ingrijpend thema in het leven. Een thema waarbij iedereen een eigen verhaal heeft.

Op het moment dat de zwangerschap werkelijkheid is, kan de relatie tussen ouders en kind gaan groeien. De haptonomische pre- en postnatale begeleiding is een affectieve begeleiding die zich richt op de veranderingen in de relatie van de ouders en de steeds grotere plek die het kind binnen die relatie inneemt. Samen bereiden de ouders zich voor op de geboorte en de tijd daarna.

Binnen deze begeleiding is er aandacht voor de zwangere vrouw, haar partner en hun kind. Het uitgangspunt is te zoeken naar de eigenheid en een appèl te doen op de kracht van ieder van hen. Er wordt aangesloten bij de emotionele beleving en het gevoelsniveau van beide partners op dít moment. Omdat het hier om een individuele begeleiding van dit paar gaat, kan alles wat er bij hen leeft aan de orde komen. Soms zijn er verschillen in wensen en mogelijkheden of spelen vroegere ervaringen een rol. Juist door dat wat er leeft ruimte te geven en te delen, kunnen de ouders in deze fase hun relatie verdiepen.

3. Geboorte van de hoop

De wederzijdse liefde en het vertrouwen tussen de partners staan nu centraal. Als de liefde in vrijheid gegeven wordt, kan deze ontvangen worden als een geschenk. De partners kunnen die liefde koesteren en zich in antwoord daarop open stellen voor de ander, dit heeft een verzachting tot gevolg. Daar waar warmte en veiligheid zijn, ontstaat ruimte en is het goed toeven.

De partners zijn gereed voor de komst van een kind, zij maken plaats voor nieuw leven. Zal het komen? Ze nodigen het vol verwachting uit en hopen dat hun wens in vervulling zal gaan. Evenmin als zij liefde kunnen opeisen, kunnen zij het kind nemen of maken. Het mysterie van het leven heeft hen een bescheidener rol toebedacht. 'Kinderen zijn niet van ons, maar komen door ons en wij mogen vol verwondering getuige zijn.' [1]

Bij de foto's
Sprekend over liefde en zwangerschap... boven de huizen vliegt een ooievaar.

4. Welkom heten

Als de zwangerschap is ontstaan, breekt een periode aan waarin het kind letterlijk en figuurlijk plaats inneemt. Niet alleen in het lichaam van de moeder, maar ook in haar gedachten en in die van haar partner. Zij zijn de ouders van dit kind. De tijd is gaan lopen en kan niet meer stilgezet worden.

Negen maanden lijken misschien lang, maar de ouders en het kind hebben deze tijd nodig om zich op de geboorte voor te bereiden. Tijd voor de ouders om ruimte te creëren in hun leven, om een relatie op te bouwen met dit kind. Zij wordt welkom geheten, in de eerste plaats door de ouders en vervolgens door de broertjes of zusjes, grootouders en anderen. Rondom dit kind ontstaat een nieuwe kring, deze mensen worden iets van dit kind wat ze voorheen niet waren. Ieder krijgt een nieuwe positie.

Bij de foto's
Handen op een zwangere buik kunnen ruimte geven aan moeder en kind, de moeder zal dit als prettig ervaren. Wanneer handen zwaar zijn, kan dit door hen beiden gemakkelijk als drukkend worden beleefd. Het kind zal dan wegduiken en zich niet laten voelen wanneer de moeder haar partner wil betrekken bij het bewegende kind. De reden hiervoor is dat elk mens een gevoelsmatige aanleg heeft om onderscheid te maken tussen dat wat een goed -bevestiging van- en dat wat een kwaad -ontkenning, bedreiging- betekent voor het individuele bestaan. Het gevolg is dat het kind instinctief weggaat van iets dat bedreigend voor haar is. Omgekeerd zal zij zich toewenden naar datgene wat goed en levensbevestigend is, zoals handen die teder omvattend zijn en gericht op haar. In zulke handen, die moeder en kind als het ware begroeten en uitnodigen om contact te maken, zal de moeder verzachten, de spanning van haar buikspieren vermindert. Het kind ervaart daardoor extra ruimte en zal naar deze handen toe bewegen en zich er zelfs in nestelen.

Samen voorbereiden op het ouderschap

Welkom in ons leven…

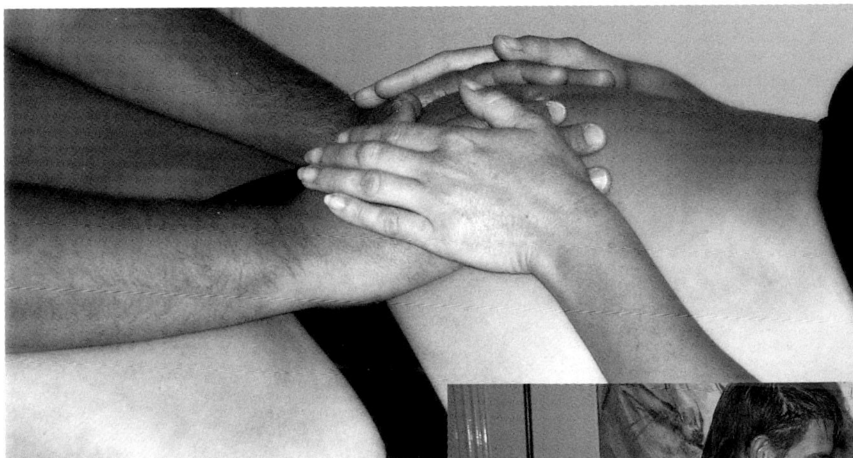

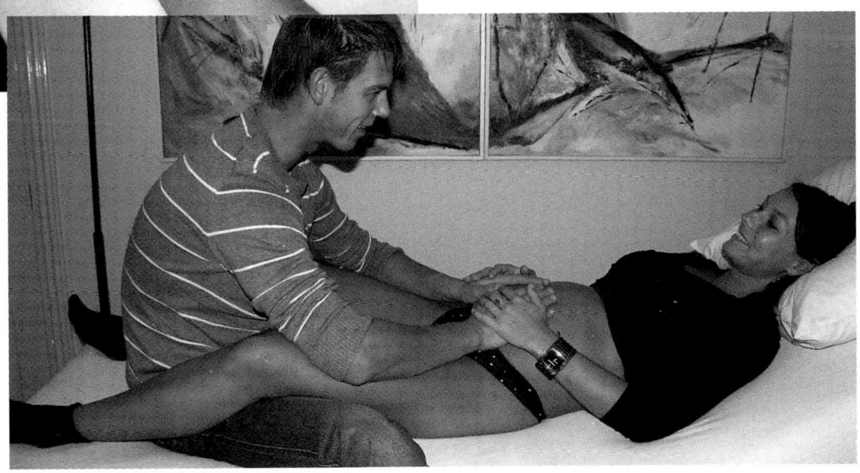

welkom in ons gezin...

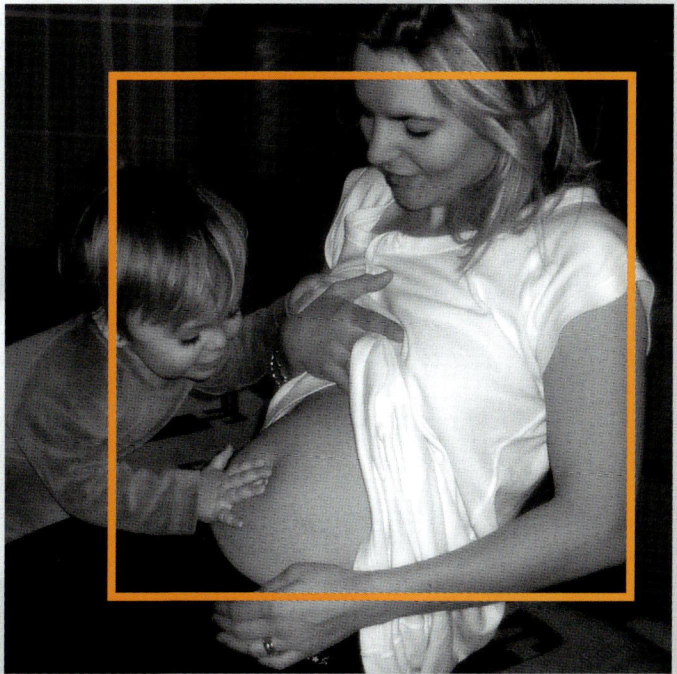

23

welkom in onze familie

5. Rust en ruimte

De moeder voelde het kind misschien al langere tijd van binnenuit en nu is het kind ook voelbaar voor de partner en samen kunnen zij deze beleving delen. Het kind, dat als klein voelend mensje omhuld wordt door de moeder, doet voortdurend indrukken op. Zij voelt de hartslag van de moeder, haar ademhaling, haar spijsvertering, haar spierspanning en ervaart ook de invloeden van hormonen. Als de moeder zich prettig voelt, zal haar omhulling zacht zijn zodat het kindje levensruimte en geborgenheid ervaart. Haar partner heeft een heel eigen, ondersteunende rol in dit welbevinden van moeder en kind.

Het bestaan van het kind wordt steeds tastbaarder en concreter voor de ouders. Zij zien en voelen haar bewegen in de buik van de moeder en kunnen haar in hun handen koesteren. Binnen de begeleiding wordt ruimte gecreëerd waarin plaats is voor tederheid en ontroering die ook de partner, in verbinding met moeder en kind, verzacht. Zo wordt deze periode tot een fase waarin de relatie zich kan verdiepen.

Bij de foto's
Het contact tussen de ouders en hun kind kan worden uitgebouwd. De ouders hoeven niet alleen toeschouwer te zijn van de bewegingen van hun kind, maar kunnen haar zowel uitnodigen tot bewegen als haar in haar eigen bewegingen volgen. Samen met de partner kan de moeder leren om contact te maken met haar eigen basis, waarin zij hun kind actief een goede plaats kunnen geven. Het evenwicht van de moeder verandert letterlijk en figuurlijk. De partner kan haar op beide vlakken helpen in balans te komen, zowel bij activiteiten als in rust.

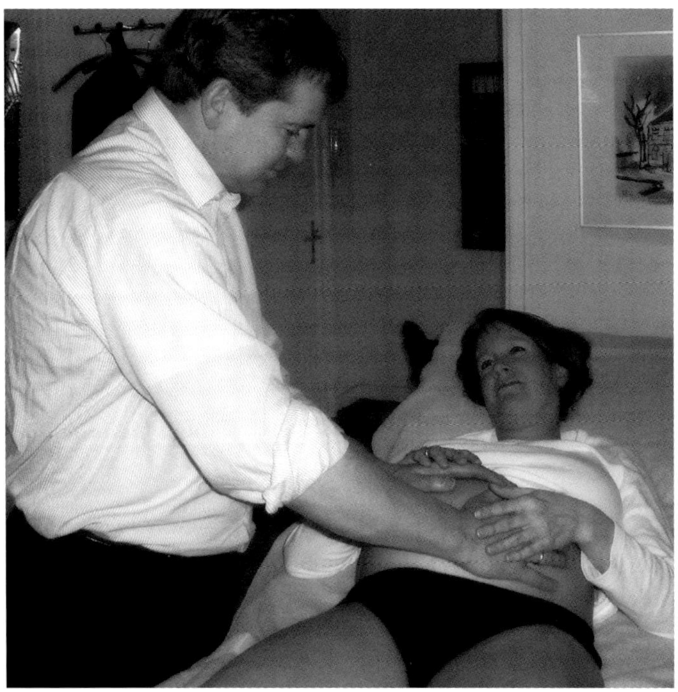

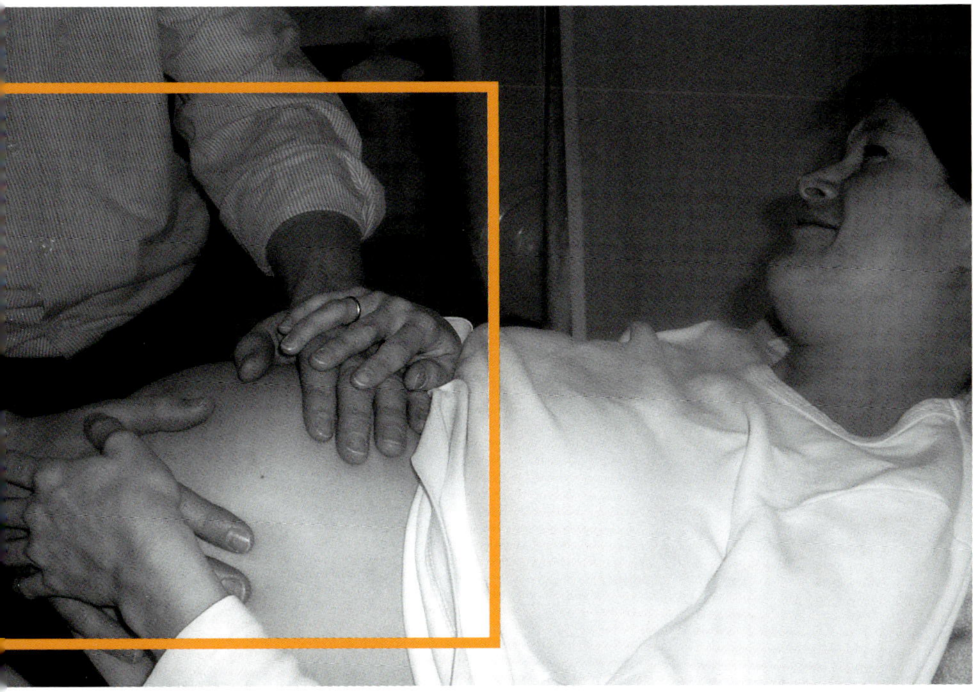

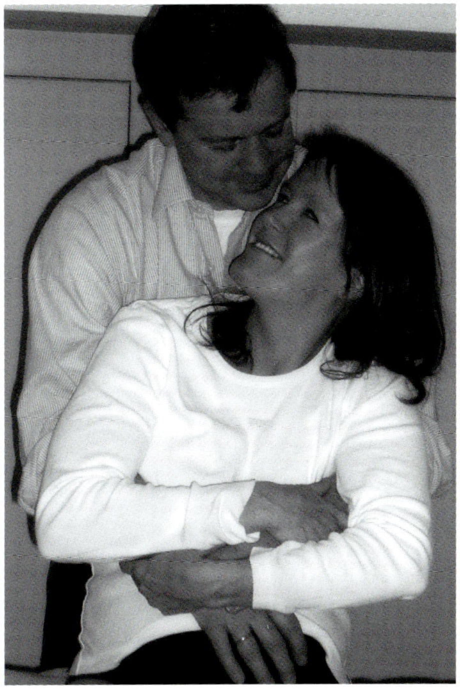

Verdieping van het contact

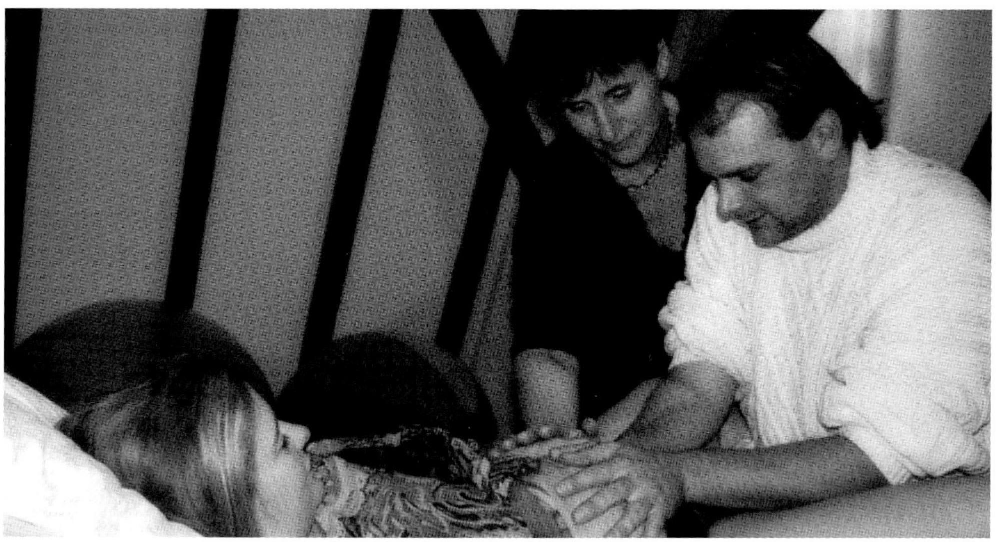

6. Voorbereiding op de geboorte

De ouders laten het kind ervaren dat zij zich kan verplaatsen in de moederschoot, in de richting van het baringskanaal. Door de uitnodigende handen van de partner kan de moeder verzachten en ruimte maken in haar lichaam.

Naarmate de geboorte dichterbij komt, bereiden ouders en kind zich voor op de dingen die komen gaan. Samen zoeken ze naar houdingen voor ontsluiting en uitdrijving waarbij zij zich prettig voelen. Door diverse houdingen uit te proberen, weten zij in de verschillende fasen tijdens de geboorte een keuze te maken. De moeder leert de pijn tegemoet te treden en zich te openen, waarbij haar partner haar kan ondersteunen. Dit alles versterkt het vertrouwen van de moeder in zichzelf, haar partner en hun kind. Zo wordt de verbondenheid van dit drietal bevestigd.

Bij de foto's
In verschillende houdingen ervaart de moeder hoe zij ruimte kan maken om het kind dieper in haar schoot te laten komen. De partner heeft hierin een actieve gidsende rol.

In afstemming voorbereiden

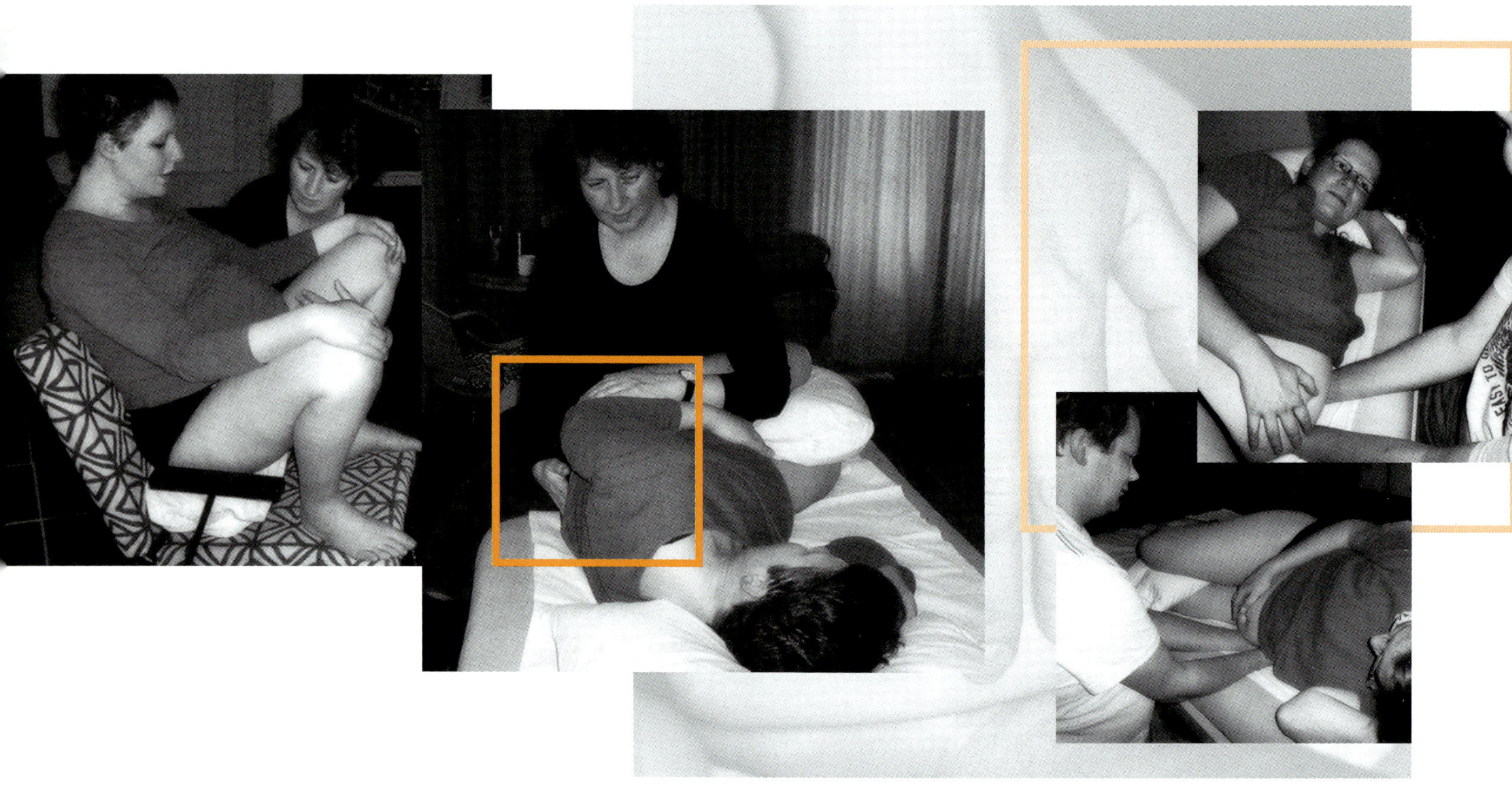

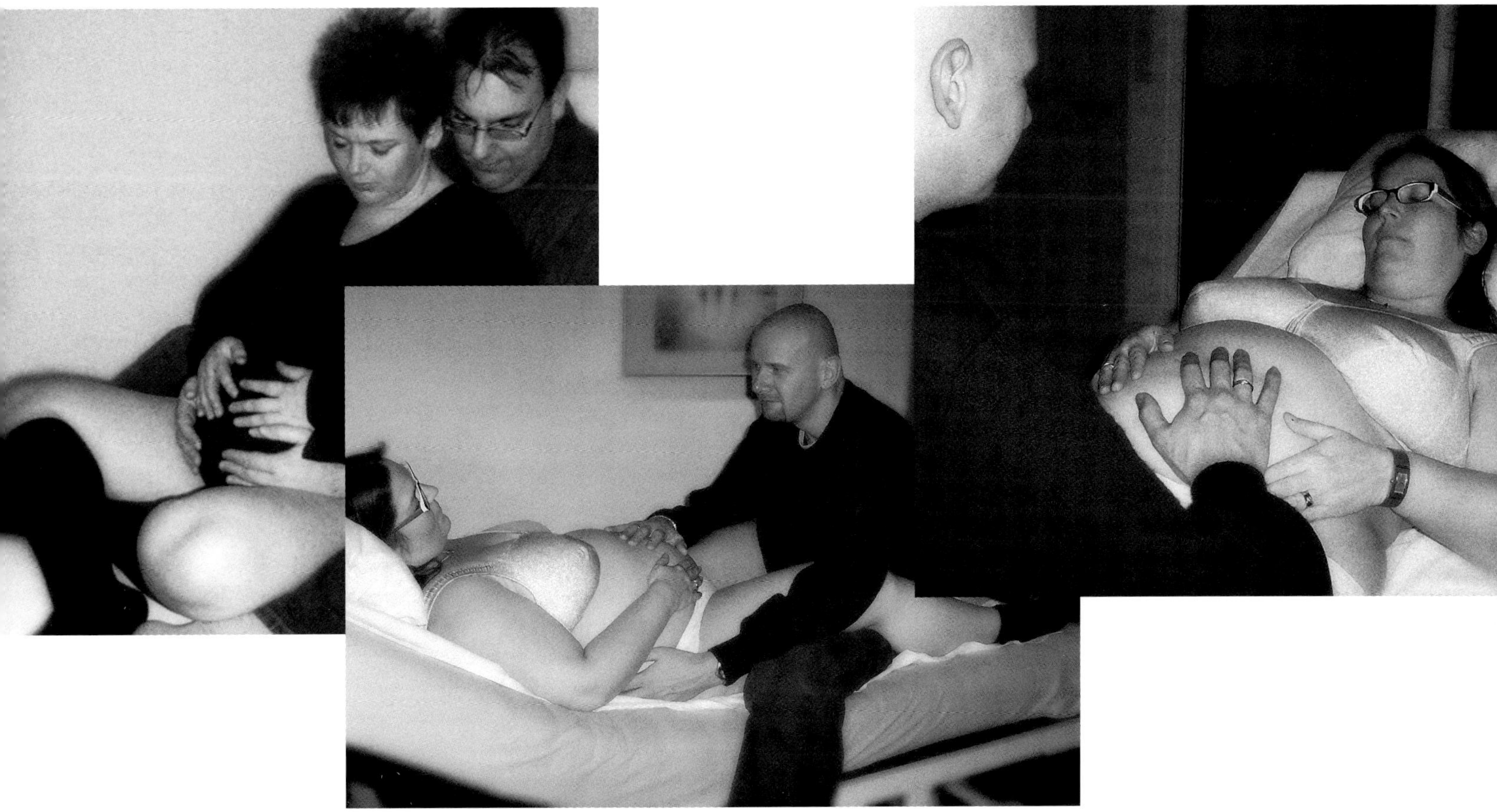

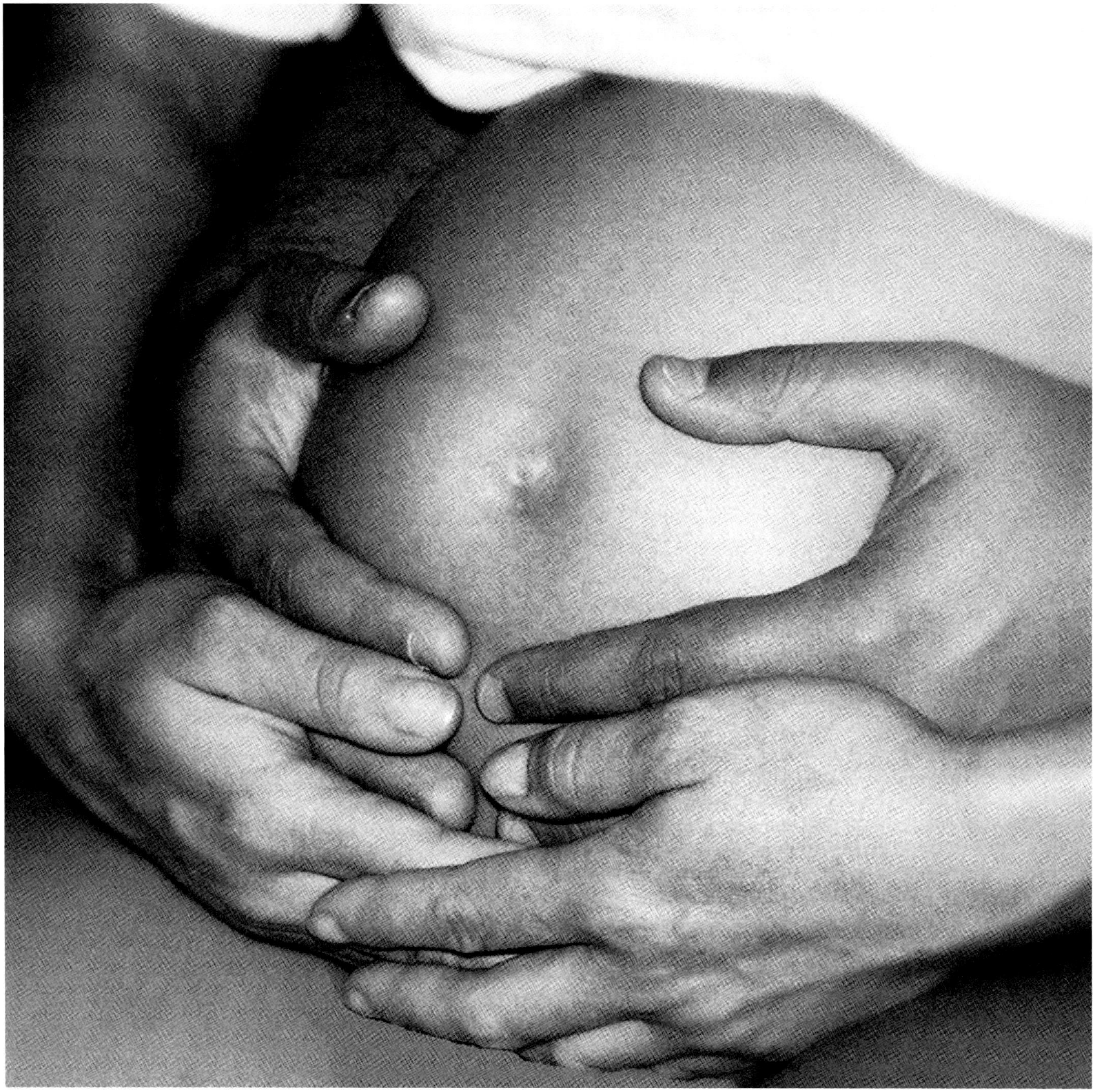

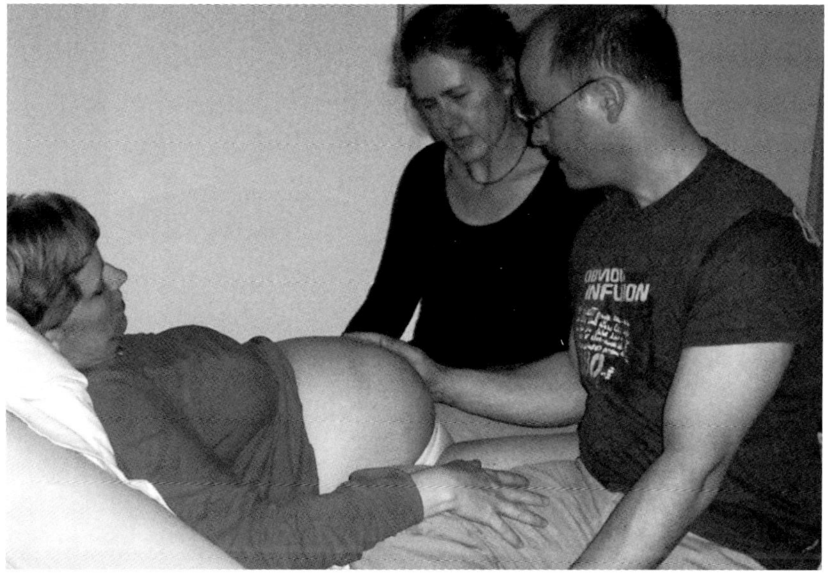

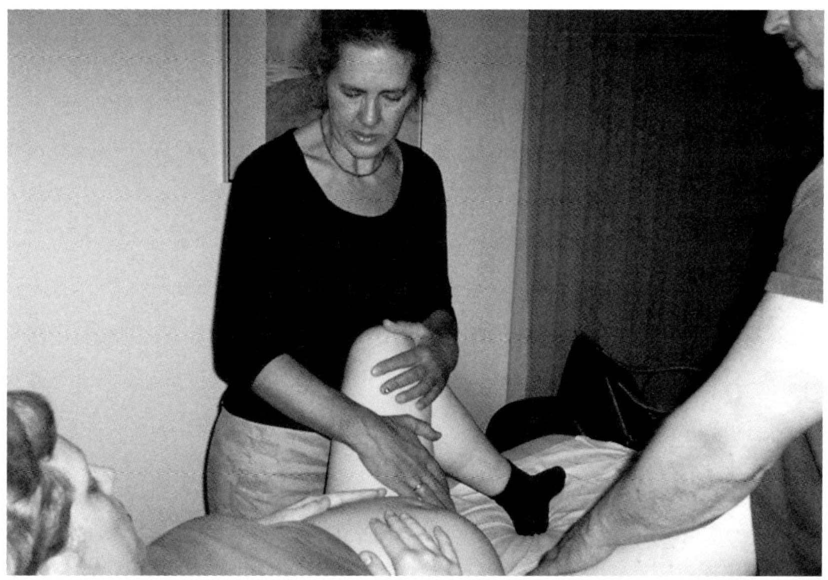

7. Geboorte

De aanwezigheid van de partner, vanaf het moment dat de geboorte zich aandient, maakt het mogelijk dat de ouders dit hele proces samen beleven. Het contact met elkaar en het kind is gedurende het gehele geboorteproces van groot belang. Dit doet een appèl op ieders betrokkenheid en wekt vertrouwen. Voor de moeder zal de pijn van de weeën aanvaardbaar zijn en haar angst verminderen. Zij zal de signalen van haar eigen lichaam en van het kind kunnen opvangen, waardoor zij adequaat kan reageren.

Aan het begin van de ontsluitingsweeën kan de partner het kind samen met de moeder zo in de schoot brengen, dat zij 'in positie ligt' voor de geboorte. Op deze manier drukt het hoofdje van het kind beter op de ontsluitingsrand en bevorderen de weeën op effectieve wijze de ontsluiting. Door met de weeën 'mee te gaan' en zich niet te verzetten, kan de moeder de weeën hun werk laten doen. De affectieve ondersteuning van de partner zorgt ervoor, dat het lichaam van de moeder, en dus ook de baarmoedermond, verzacht.

De partner kan van grote, soms letterlijke steun zijn bij het vinden van een geschikte houding voor de uitdrijving. De moeder kan het kind uitnodigen door ruimte te maken in haar schoot. De vader houdt met zijn handen contact met het kind en geeft moeder en kind richting aan. Het wordt dan een actief en bewust proces van deze drie betrokkenen.

De ouders begeleiden hun kind bij de geboorte

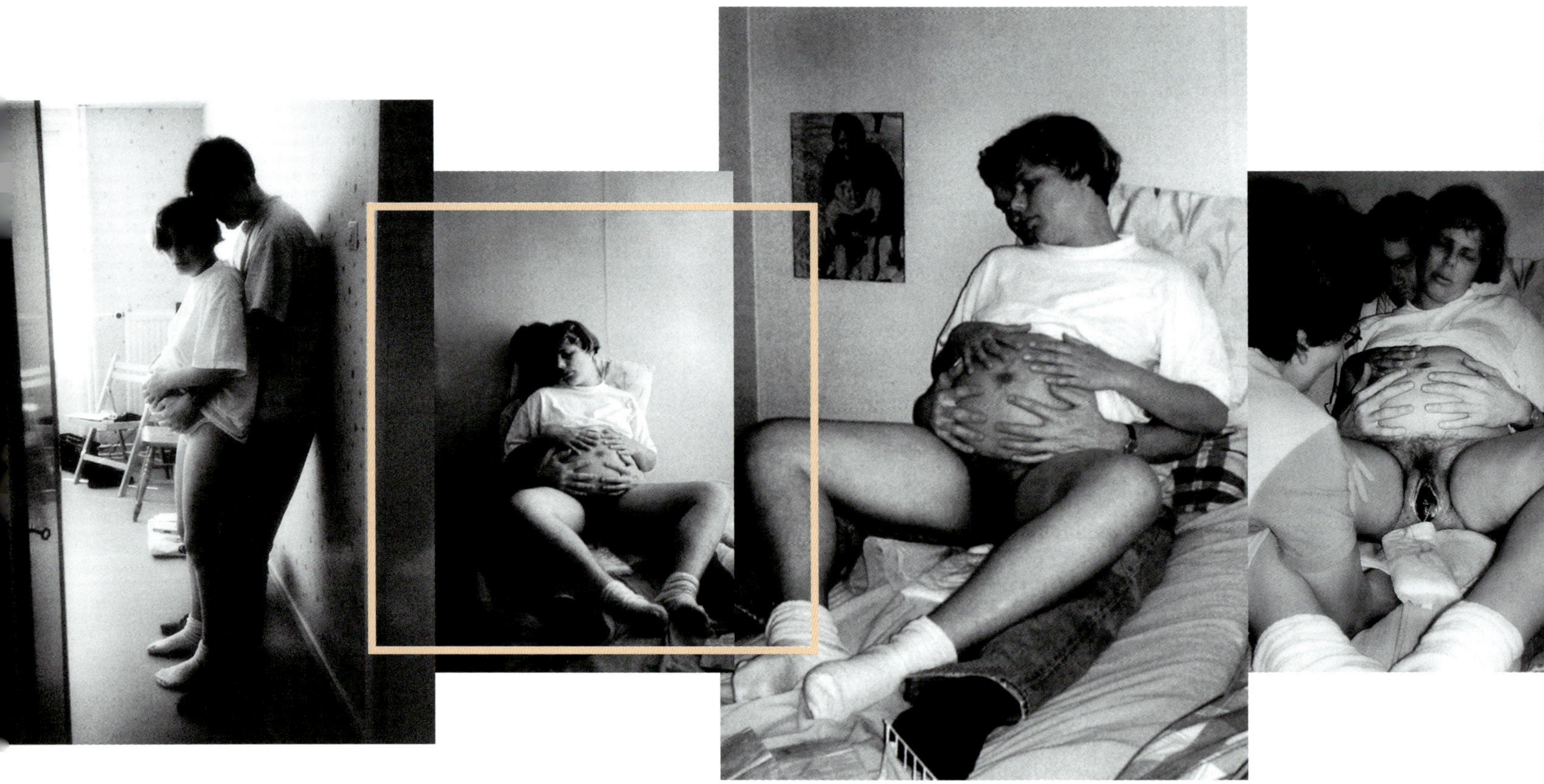

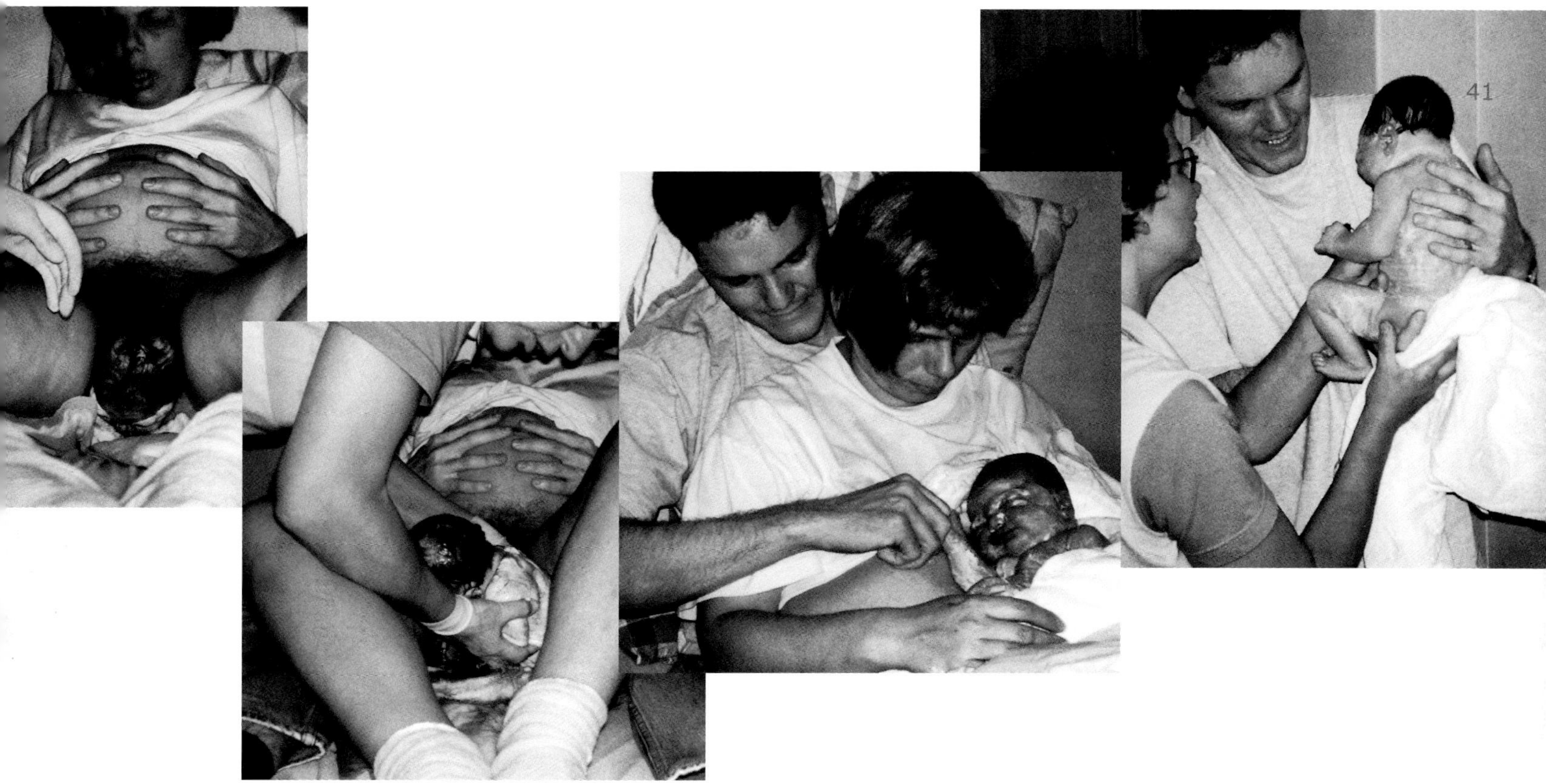

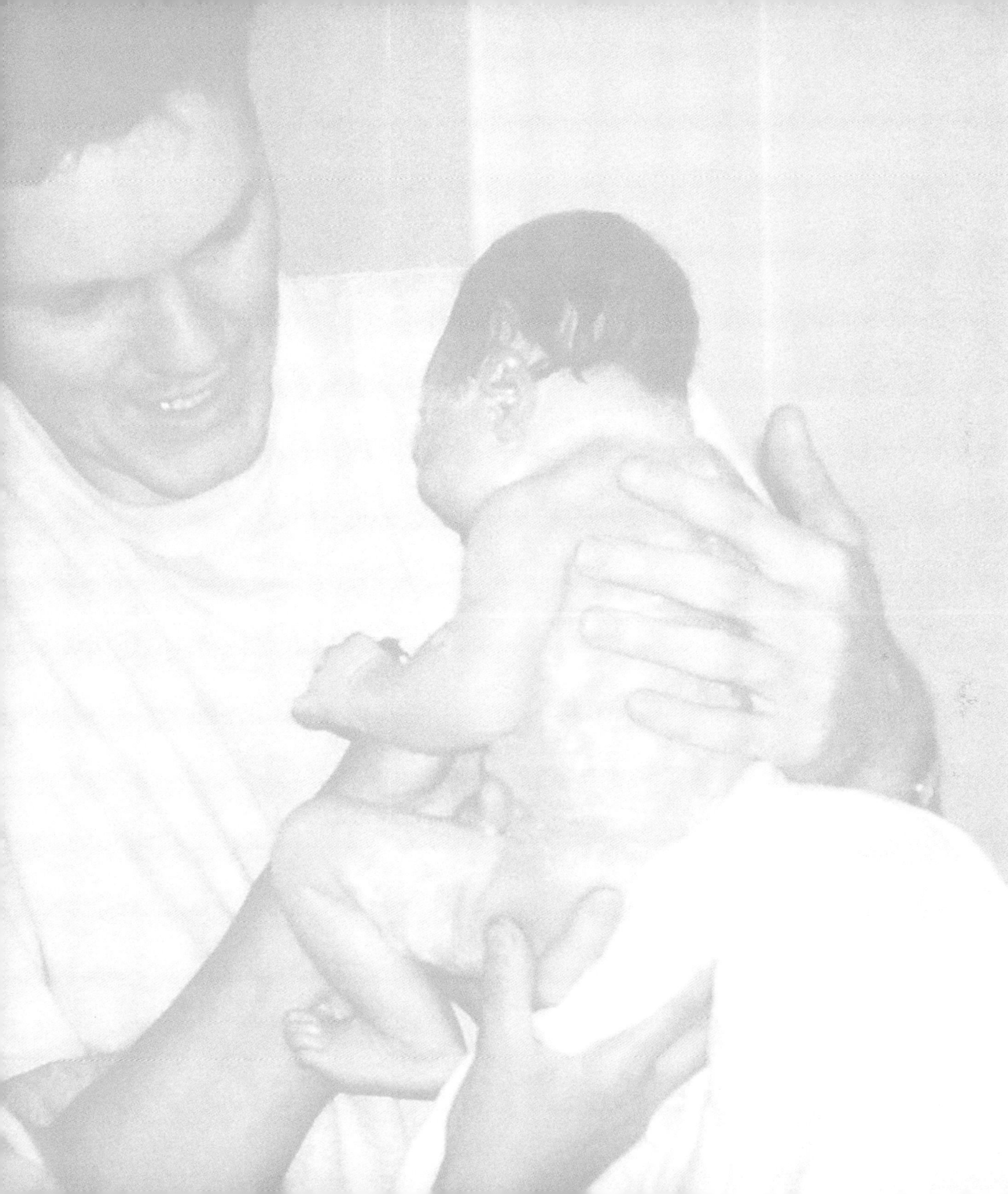

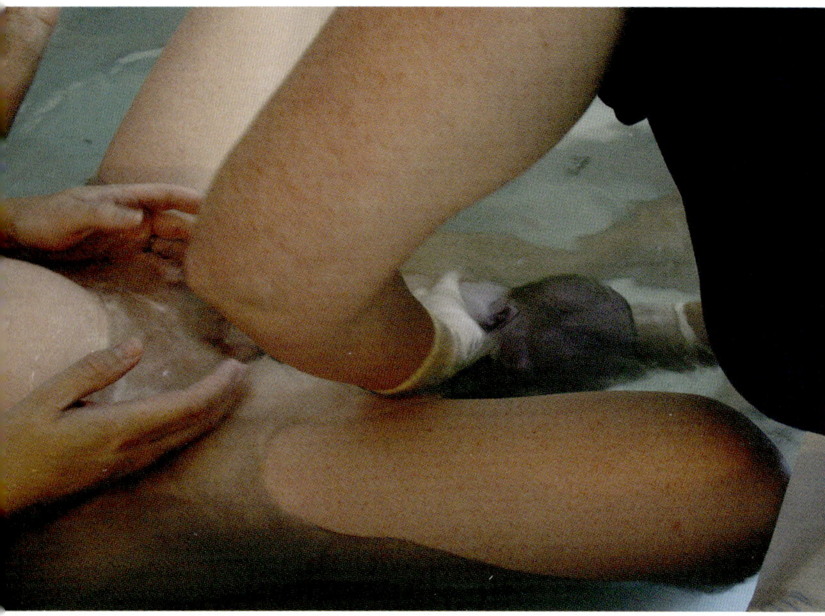

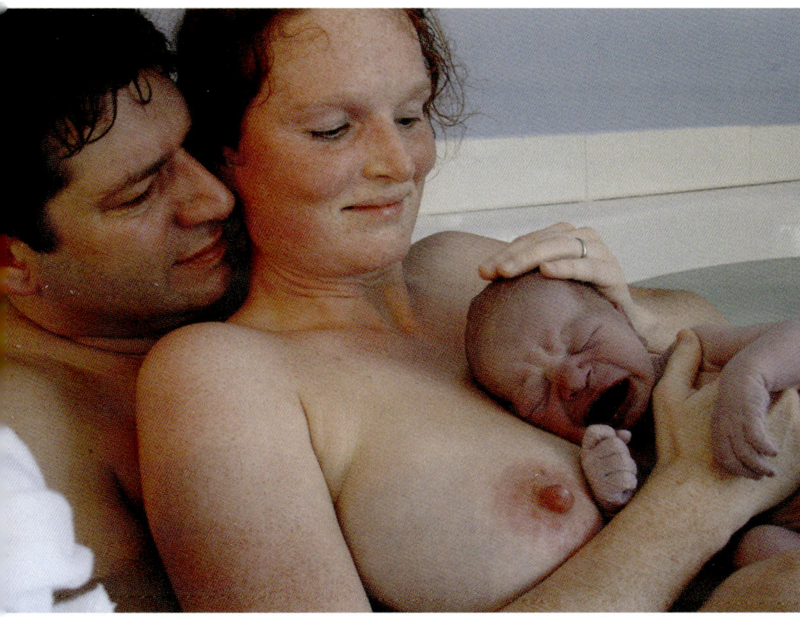

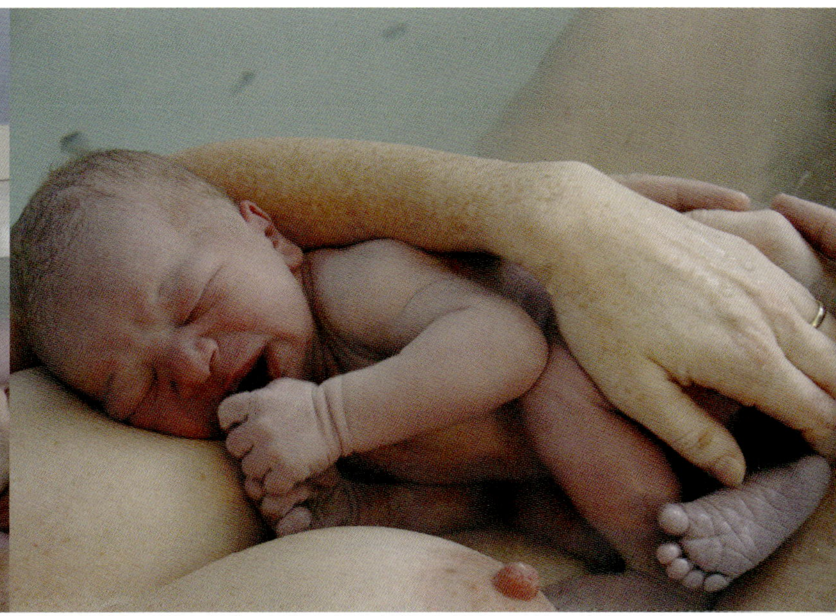

8. Kennismaking met elkaar

Als het kind in goede conditie geboren wordt, kunnen de ouders haar in hun armen ontvangen. De meest vertrouwde plaats voor haar zal dan zijn op de linkerkant van moeder's buik, daar waar het hart van de moeder goed hoorbaar en voelbaar is. Het kind zal na de geboorte tot rust kunnen komen, omvat door de liefdevolle bevestigende handen van haar ouders. Nadat ze bijgekomen is, zal het kind behoefte krijgen om te drinken. Dit zal zij aangeven door met de tong naar buiten te komen, op haar vingers of een knuistje te gaan zuigen. Het kind zal uit eigen beweging, enkel ondersteund met een hand onder haar billen, naar boven kruipen en de moederborst en tepel vinden. Hierbij hoeft alleen een intentie en een richting aangegeven te worden, want het kind weet al veel in zichzelf. Na deze ervaring zal de borstvoeding in het kraambed gemakkelijk voortgezet kunnen worden.

De partner speelt een belangrijke rol in de onthechting van het kind van de moeder, als belangrijke stap om een gezonde postnatale hechting mogelijk te maken. Het kind wordt bij voorkeur pas nadat zij gedronken heeft, door de partner van de moederbuik weggenomen. Dit moment van onthechting, waarbij het kind door de vertrouwde handen van de partner in haar basis ondersteund naar de wereld geopend[3] wordt, zal een blijvende indruk op haar maken. Zeker wanneer de partner het kind in staat stelt zich op te richten en haar autonomie te voelen. Op deze wijze wordt contact gelegd tussen ouder en kind, hierna zal de moeder haar kind als autonome mens kunnen begroeten. Dan legt de partner het kind weer terug op de moederbuik.

Het kind is geboren en komt terug bij de vertrouwde moederbuik, het wordt door de andere ouder gedragen en komt opnieuw op haar vertrouwde plek bij de moeder, alvorens vreemde handen haar beroeren en eventueel nakijken en kleden.

Wanneer het kind onverhoopt meegenomen wordt omdat het medische zorg nodig heeft, is het van groot belang dat de ouder meegaat en contact houdt met bijvoorbeeld haar voetjes. De voelbare aanwezigheid van de ouder doet een appèl op het kind om te willen leven. Tevens is de partner de schakel tussen kind en moeder, omdat de moeder op dit moment niet gemakkelijk van haar plaats komt.

Na de kennismaking met de ouders volgt de ontmoeting met eventuele broertjes en zusjes en in een later stadium de overige dierbaren.

Bij de foto's
Als er een appèl gedaan wordt op het kind, zal zij alert en actief worden. In de veilige handen van haar gezinsleden zal er bij het kind vertrouwen in zichzelf ontstaan.

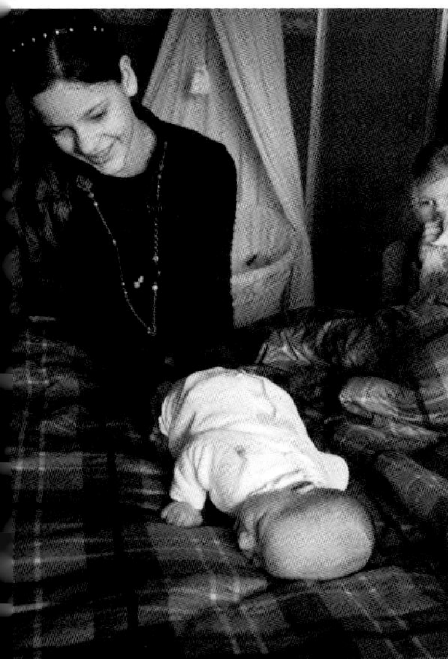

Uitgenodigd worden en meebewegen

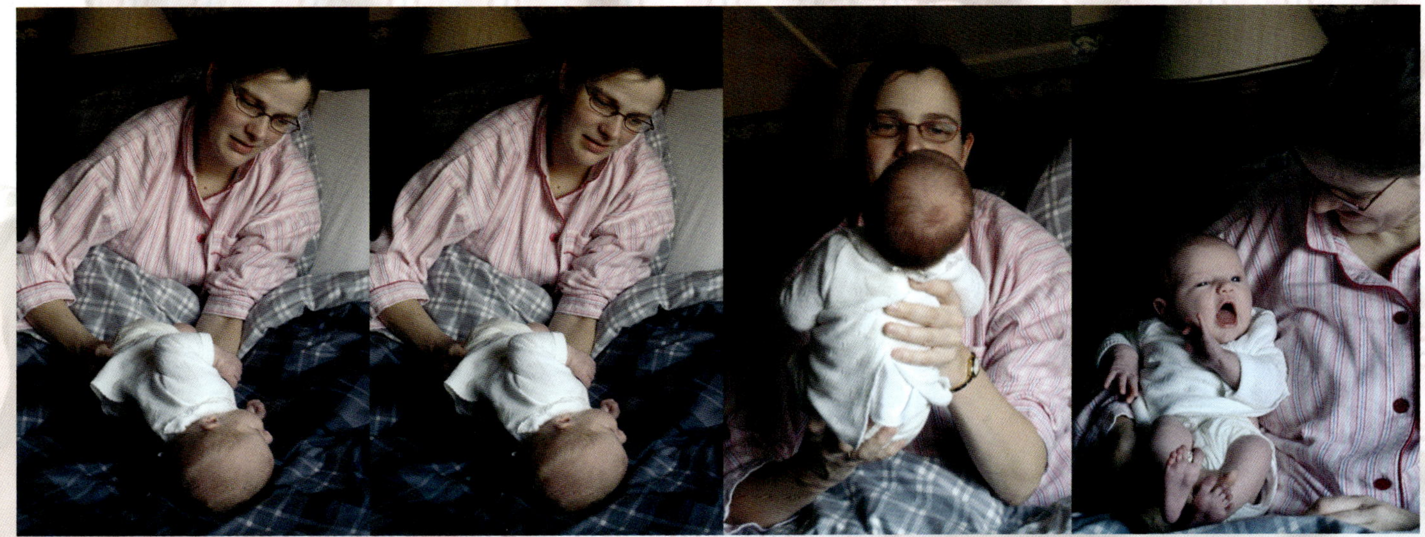

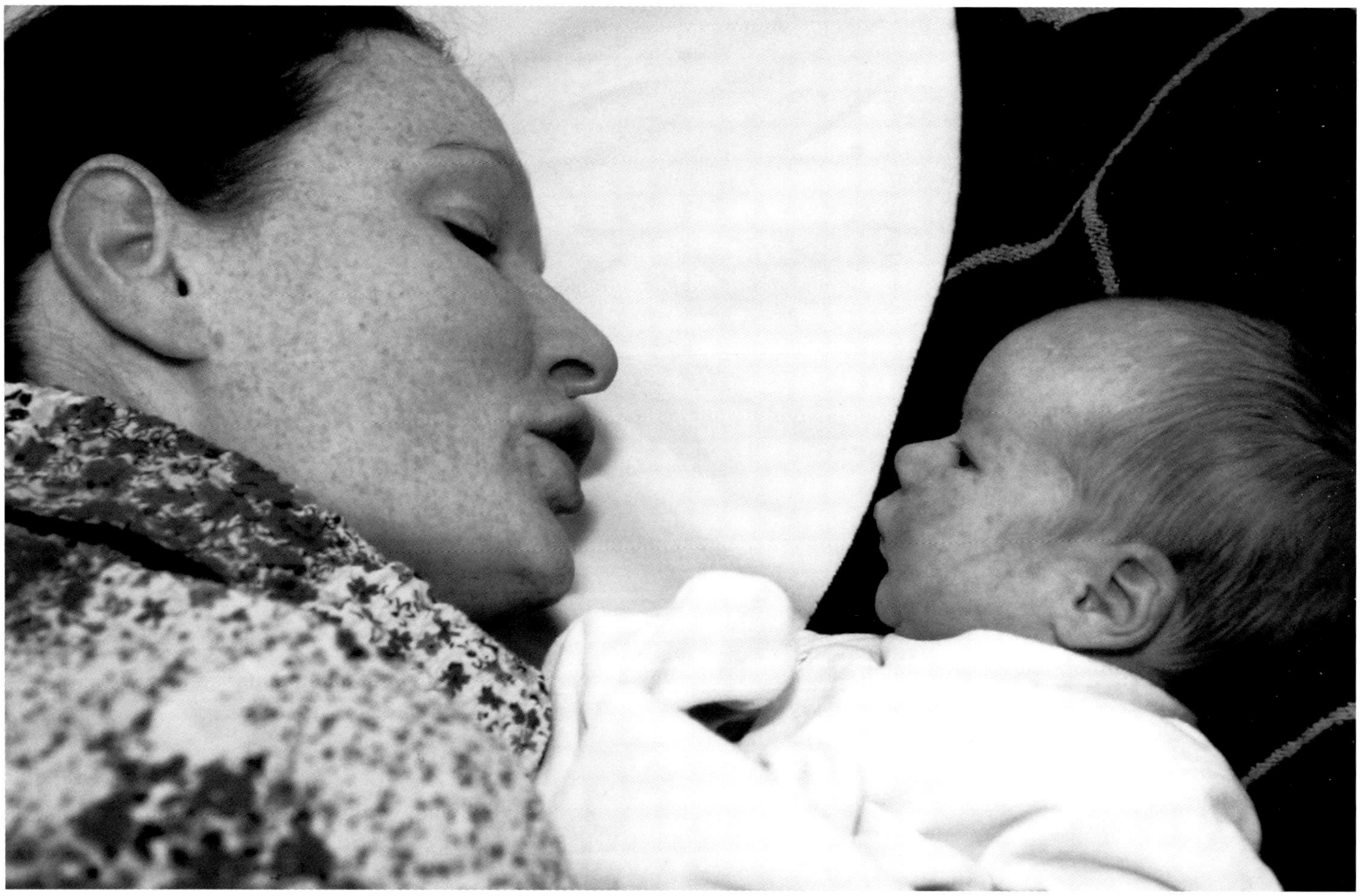

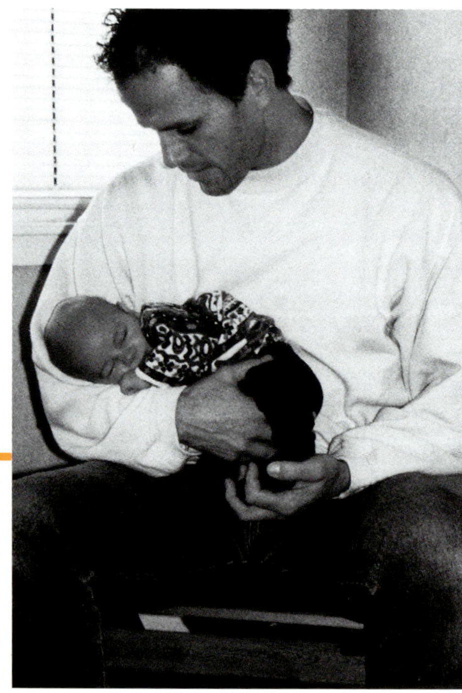

57

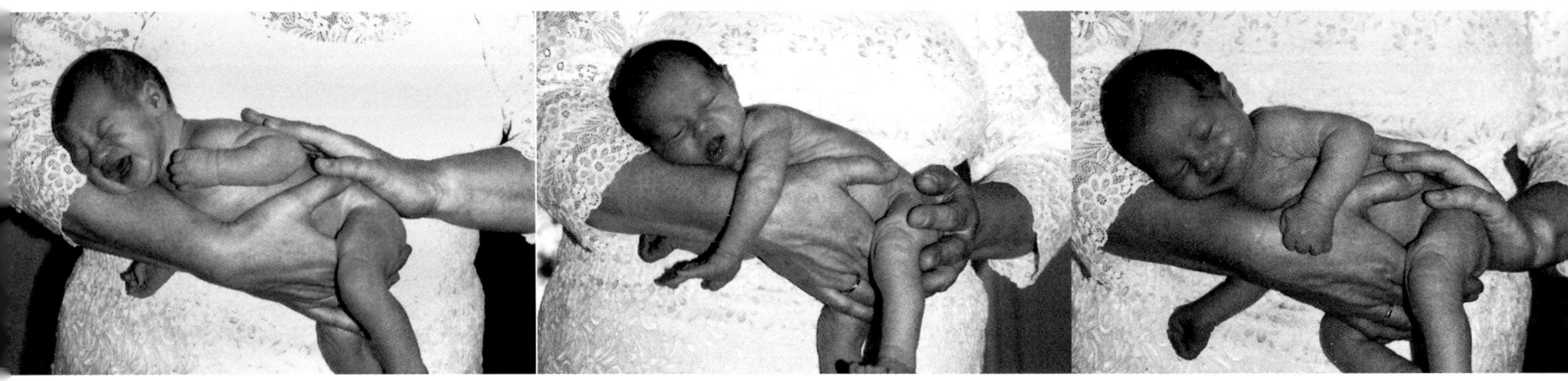

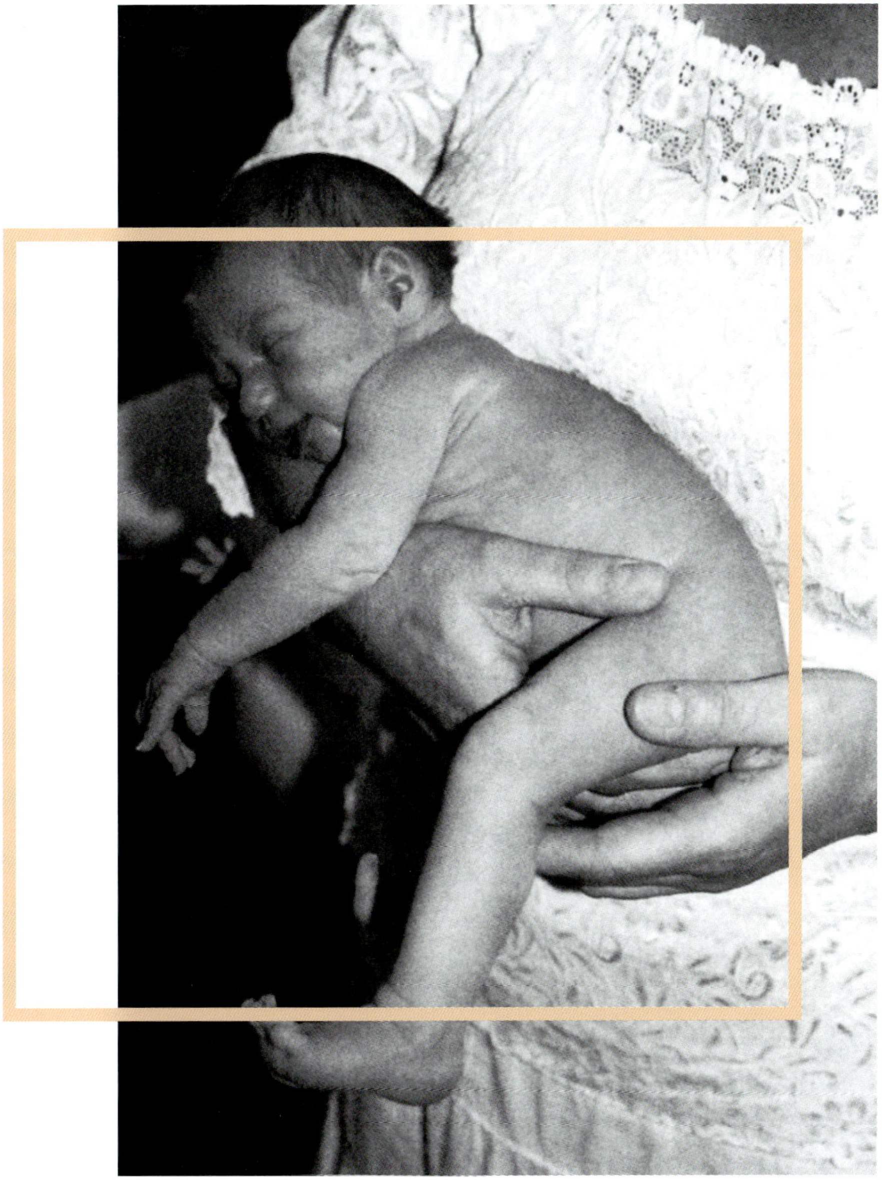

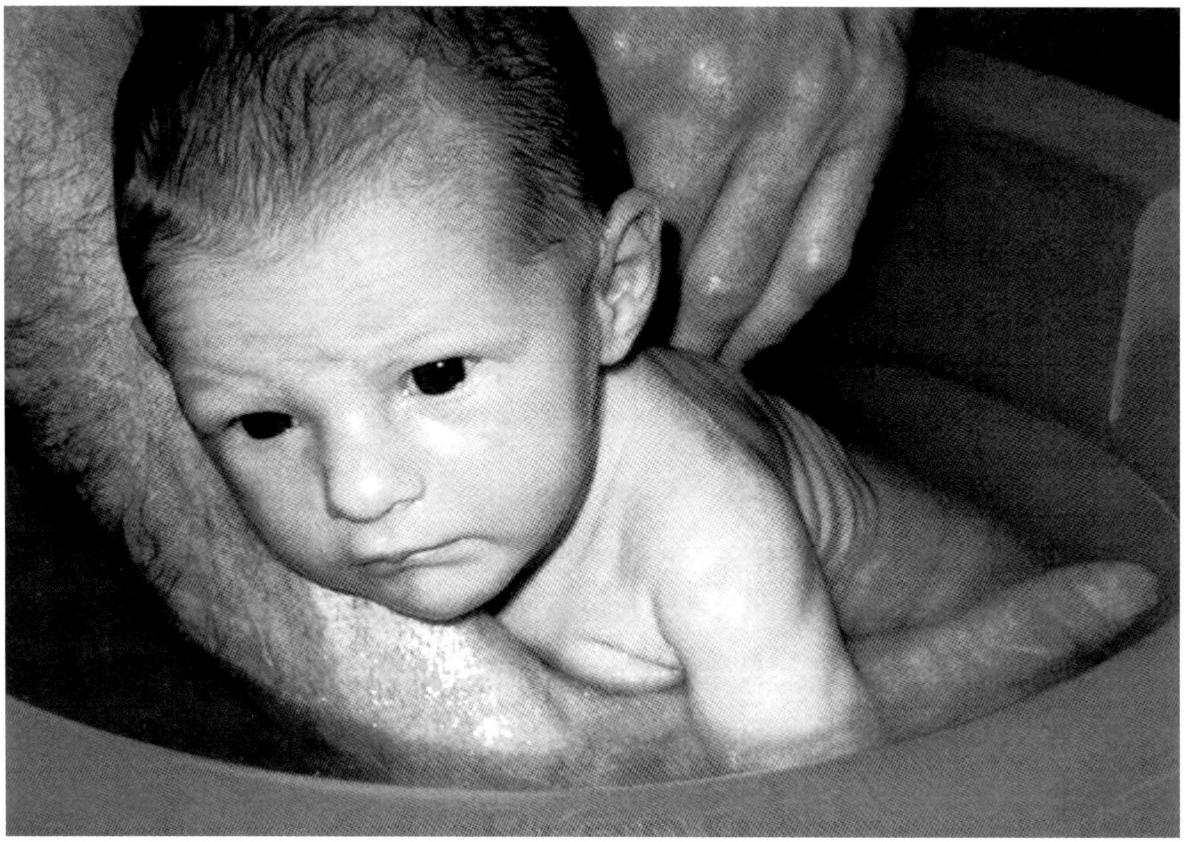

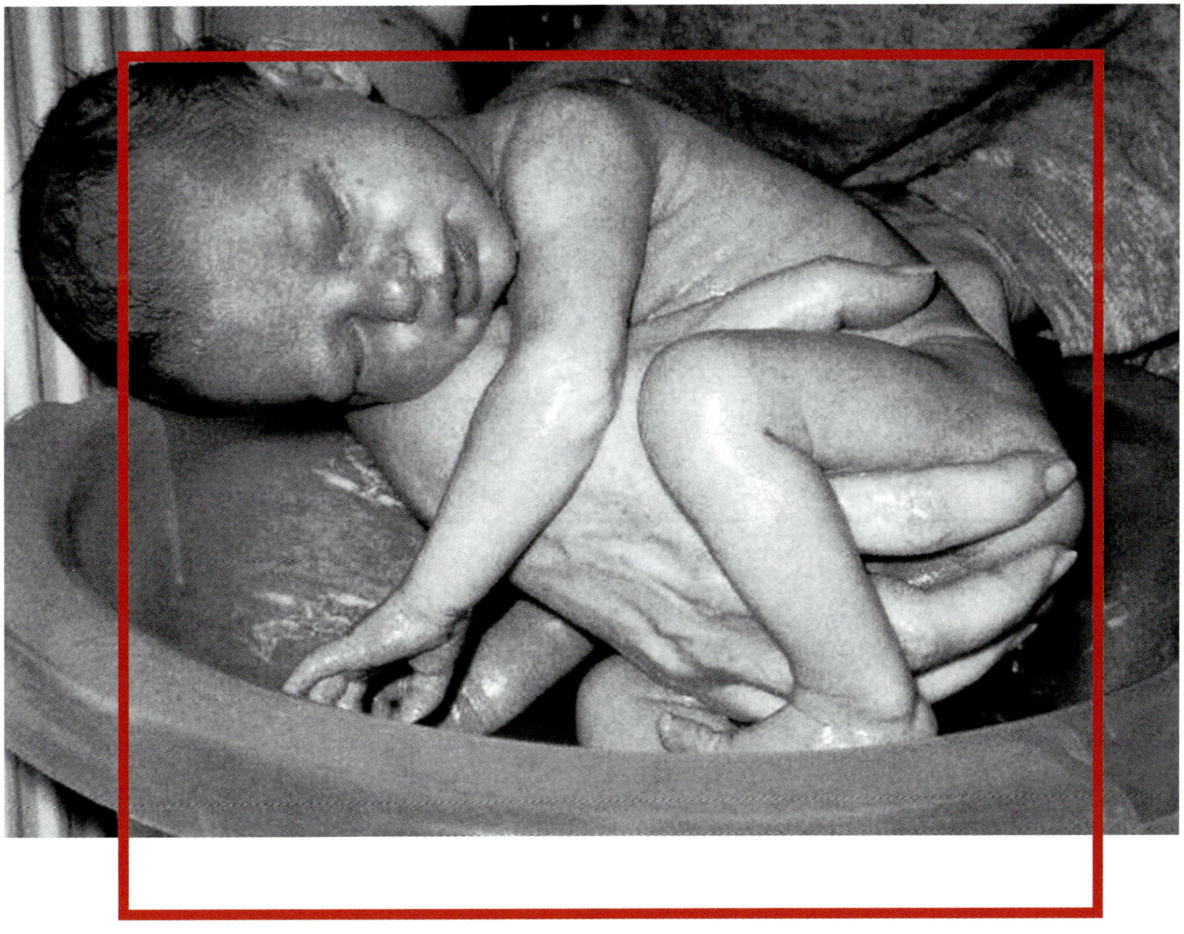

9. Elkaar leren kennen - de eerste zes weken

De kraamtijd is er om elkaar en ieders behoeften te leren kennen. De ouders hebben daar tijd voor nodig, zowel in de relatie tot hun kind als in de relatie tot elkaar. Als er al kinderen in het gezin zijn, zal er ook met hen gezocht moeten worden naar een nieuwe balans.

In het kraambed of op een ander moment in de eerste zes weken na de geboorte wordt in de begeleiding aandacht gegeven aan de interactie tussen ouders en kind. Er wordt ondermeer gekeken hoe het kind gedragen wordt. Wat vertellen de verzorgende handen? Mag het kind ook huilen of eigenlijk niet? Hoe is de onderlinge verbondenheid en het respect voor ieders eigenheid daarin? Begrippen die te herkennen zijn in voelbare, liefdevolle en bevestigende aanwezigheid en aanraking. Het kind kan zichzelf als goed ervaren in het contact met de ouders.

Tijdens de zwangerschap hebben ouders en kind contact gemaakt met elkaar en plezier gedeeld. Na de geboorte zal het kind dit samen genieten herkennen en er naar uitzien. Opnieuw kan het kind beurtelings gevolgd en uitgenodigd worden, bijvoorbeeld met gezichtsuitdrukkingen en bewegingen als rollen en kruipen. Bij alle activiteiten wordt zij in haar basis ondersteund en ligt het accent op wat zij zelf kan. Affectief bevestigend contact zal het kind activeren in haar gevoel voor haar lichaam, dit is belangrijk voor haar ontwikkeling. Zo kan zij zich vanuit vrijheid en op een zelfzekere manier ontplooien.

Zes weken na de geboorte gaat het in de begeleiding ook over ieder afzonderlijk. Hoe is het nu met de moeder, hoe gaat het met het kind en hoe gaat het met de andere ouder? Er is aandacht voor de veranderingen die deze geboorte voor de ouders met zich meegebracht heeft: voor hun nieuwe rol in het leven, voor veranderingen binnen hun relatie. Heeft ieder zijn of haar plek weer kunnen vinden? Het is ook een moment om terug te blikken: hoe hebben zij deze periode in hun leven ervaren? Door hier bewust aandacht aan te geven kan de fase van zwangerschap en geboorte worden afgerond.

Bij de foto's

Het is net als in de zwangerschap belangrijk om het kind in iedere aanraking te laten voelen dat zij goed en waardevol is. Met de ondersteuning van de basis wordt het kind bevestigd en uitgenodigd tot activiteit. De ouder laat in die basisondersteuning voelen wat er gaat gebeuren zodat het kind kan participeren in de beweging. Dit geeft een gevoel van veiligheid, welbevinden en autonomie.

Het kind zal bij het opnemen, neerleggen en draaien de ingezette beweging actief meemaken. Bij het optillen wordt het kind eerst op de zij gedraaid, zo kan zij haar hoofd zelf dragen zonder dat het door de ouder ondersteund wordt. Zij zal bij het gedragen worden en baden haar rug en hoofd zelfstandig kunnen oprichten, wanneer zij voldoende basissteun krijgt.

Wanneer zij van de één aan de ander wordt overgegeven, kan het kind daarin ook actief betrokken worden. Het kind wordt pas overgedragen, als het voelt dat de ander de basisondersteuning overneemt. Zij zal daarbij het contact met de eerste drager afsluiten en zich openen naar degene die haar in handen neemt. Het is belangrijk dat de verzorgenden en het bezoek kennismaken met de behoeften van de ouders en het kind. De ouders geven aan óf en hóe het kind bij de ander zal zijn.

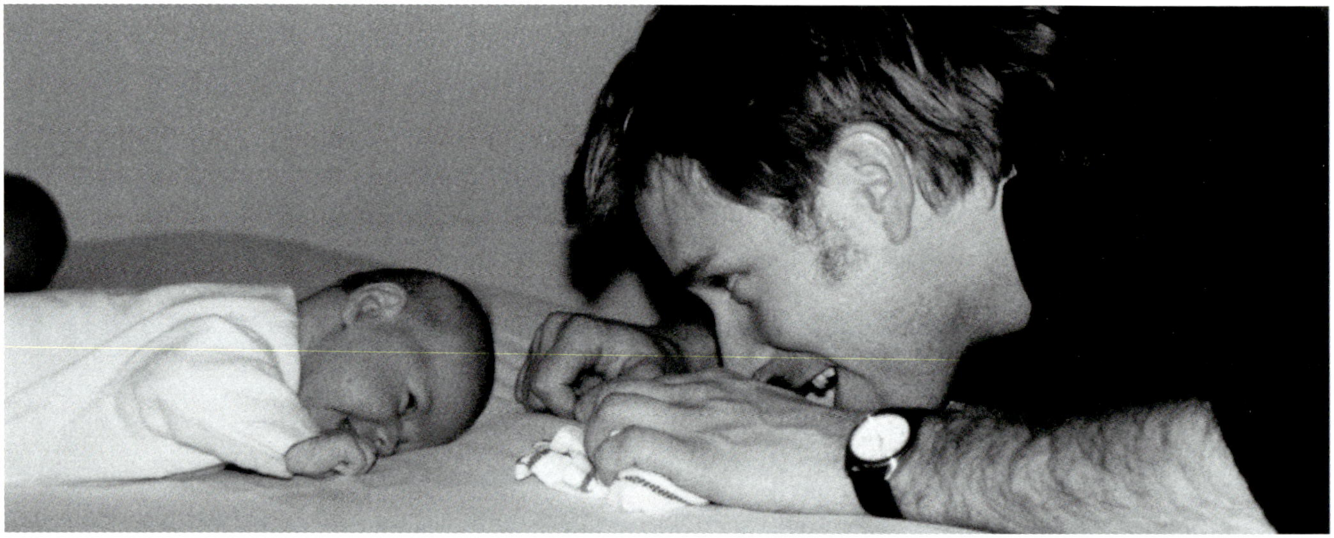

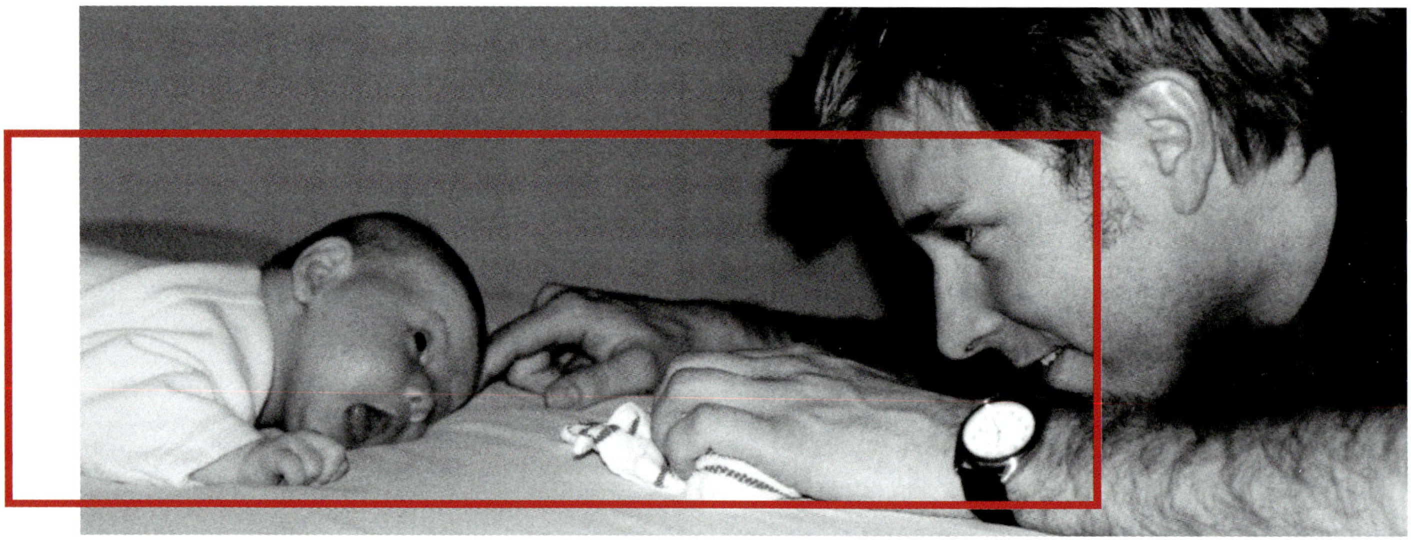

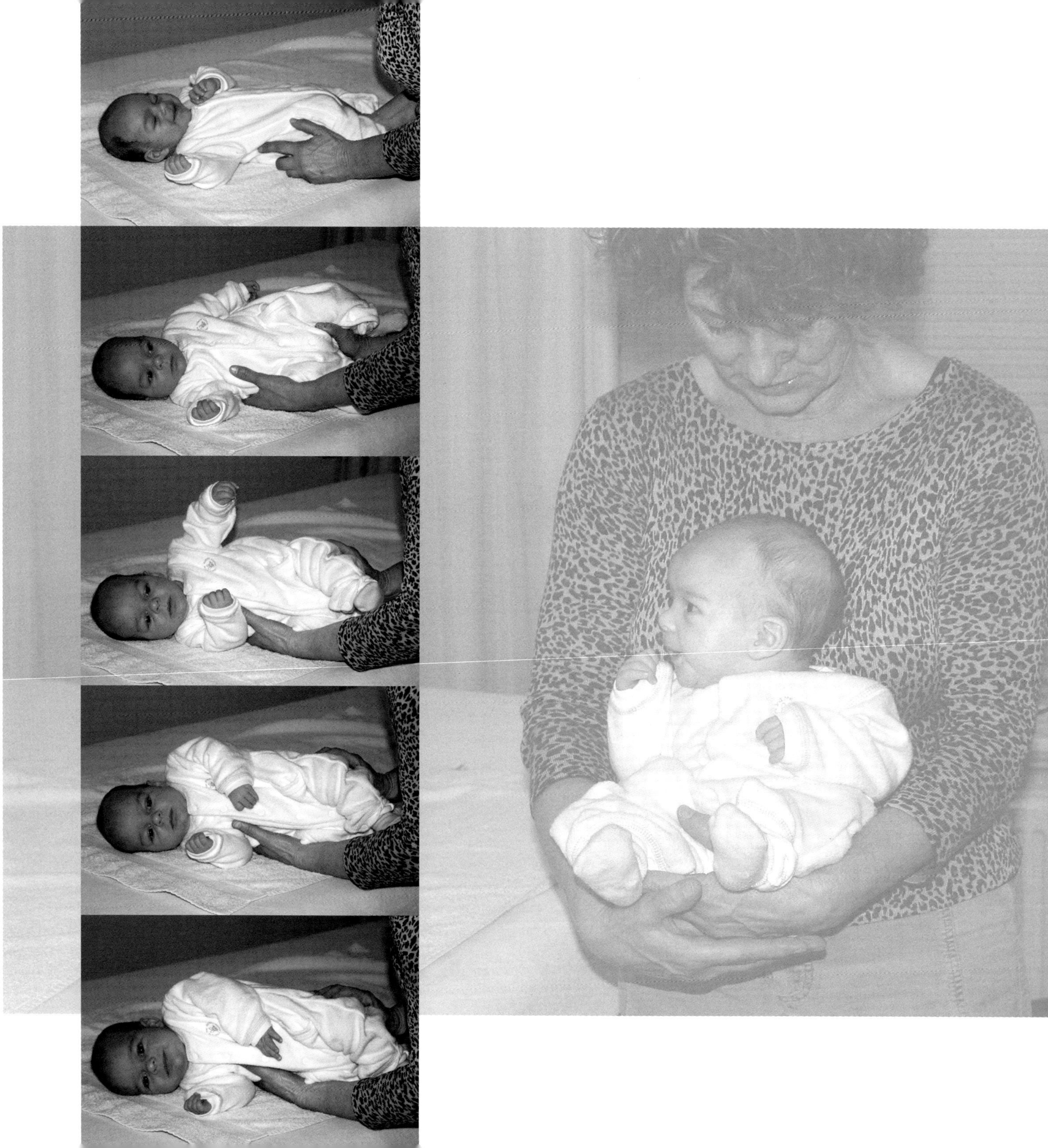

Basisondersteuning

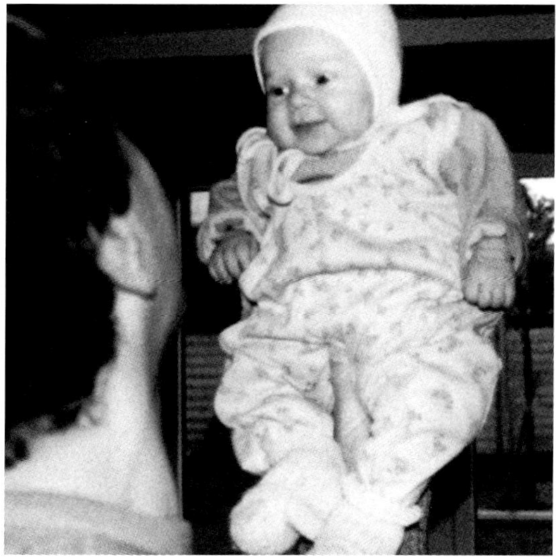

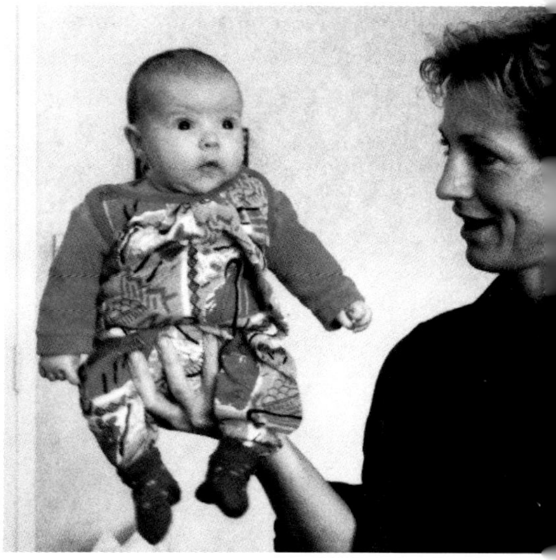

10. In vertrouwen verkennen - 3 tot 4 maanden

Tijdens de eerste levensmaanden ontwikkelt een kind een beginnend gevoel van het zelf. Dit betekent dat het kind ervaart dat het een eigen lichaam en eigen bewegingen heeft en afgescheiden is van anderen. Het is de meest sociaal actieve periode in het leven van het kind (Stern).[4] Haar mogelijkheden om in contact te zijn met anderen nemen toe. In deze fase zal een kind zichzelf steeds meer oprichten en tot zit willen komen. Het kind vraagt om meer uitdaging in de benadering, waarbij zij tegelijkertijd meer vrijheid wil nemen. Dit kan zij aan als haar ouders dicht in haar buurt blijven en haar ondersteunen in het onderzoeken van haar mogelijkheden.

Spelenderwijs

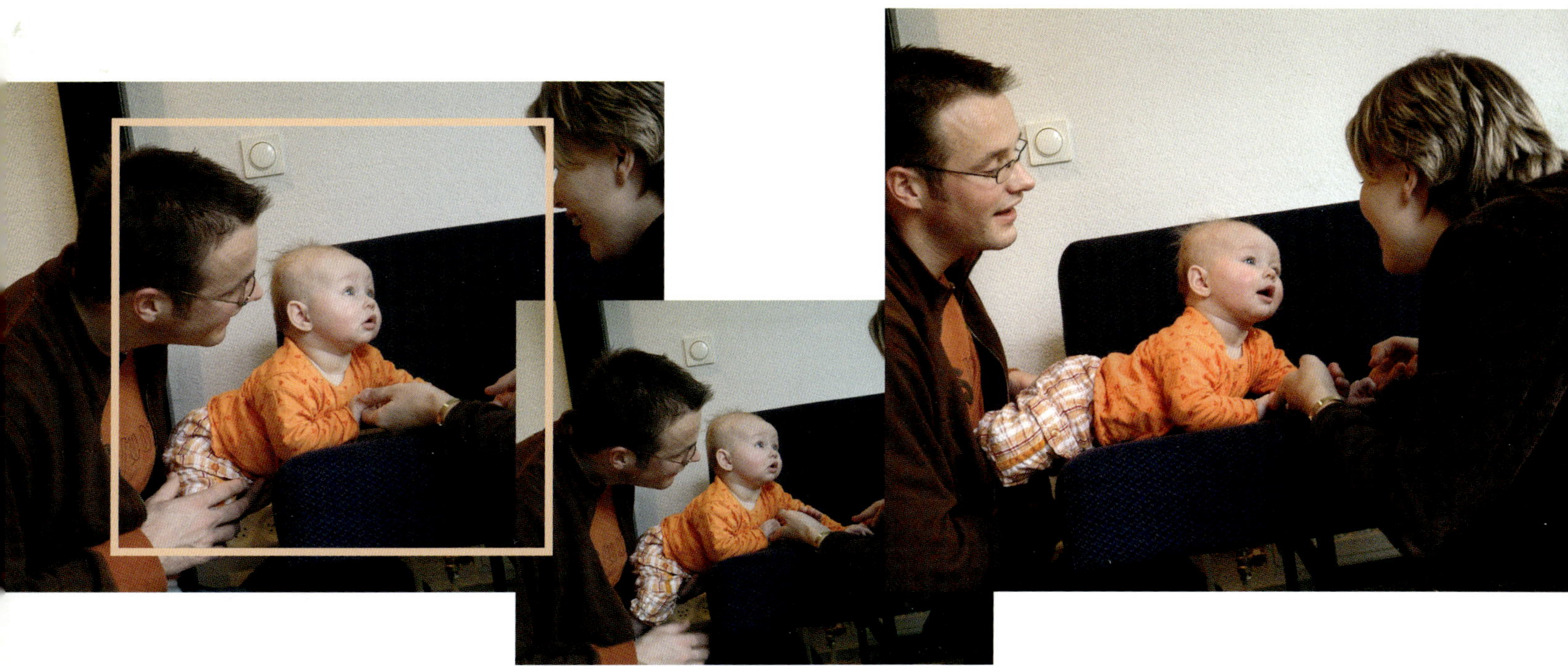

11. Van de ouders af de wereld in - 8 tot 12 maanden

Als het kind een veilige basis in zich heeft verankerd, zal zij zich vanaf zo'n zeven tot acht maanden gaan richten op objecten buiten de ouders. Overtuigd van hun aanwezigheid, waarnaar zij ieder moment terug kan keren, gaat zij fysiek en psychisch op eigen benen staan en de wereld verkennen. Zo krijgt zij een beginnend gevoel van een subjectief zelf, met een eigen psychische wereld, intenties en ervaringen.[5] Een affectief bevestigd kind, van ouders die de autonomie van hun kind hebben gewaarborgd, zal deze weg met vertrouwen gaan. Wanneer een kind dreigt te vallen, zal er zonodig een uitreikende hand of een daadwerkelijk steuntje zijn, vaak in de vorm van 'een kontje'. Het kind zal voelend haar weg bepalen vanuit een geïntegreerde basiszekerheid.

Geleidelijk zullen ook eisen gesteld worden aan het opgroeiende kind. Eisen, die voelbaar en haalbaar zijn, zullen gemakkelijk door het kind opgevolgd kunnen worden. Het is van belang om ook in deze fase de eigenwaarde van het kind te bevestigen en te laten voelen dat haar belang meetelt. Zo ervaart zij dat zij ertoe doet en dat zij van waarde is voor de mensen met wie zij leeft. Dit schept de optimale uitgangspositie voor een harmonische, autonome en authentieke ontwikkeling van het kind.

Zodra het kind op eigen benen staat, wordt de begeleiding afgesloten. Het kind kan de wereld gaan ontdekken.

"Ik weet me gesteund bij elke volgende stap"

12. Over de haptonomische zwangerschapsbegeleiding

W. Pollmann-Wardenier

'Waar was ik, voordat ik geboren was?' is een vraag die ieder kind in zijn vroege leventje stelt aan zijn ouders. De vraagstelling reikt tot over de grenzen van het bevattingsvermogen. Hoe moet het antwoord daarop gegeven worden? Moet geantwoord worden in termen van scheppingsverhalen of in termen van evolutie en mensontwikkeling? De kinderlijke vraag zou daarmee niet verstaan zijn. Wat het kind door zijn vraag te weten wil komen is of het ooit ergens helemaal alleen is geweest zonder zijn moeder, zonder zijn vader. Het is een vraag naar veiligheid en geruststelling.

Zoals alle kinderlijke vragen is ook deze tweeledig. Op de eerste plaats is het zijn wijze van contactname met de omgeving en op de tweede plaats dient de vraag als ordeningsmogelijkheid van deze omgeving. De omgeving van het kind zal een goede mate van veiligheid en geborgenheid moeten bieden, om het in de gelegenheid te stellen zijn plaats daarin te vinden. De moeder die de vraag beantwoordt met 'jij was er altijd al, in mijn hart en in mijn gedachten, zoals ik er was bij mijn moeder', heeft de diepte van de vraag begrepen. Ze schept in haar antwoord de geruststellende vertrouwelijkheid en ze schakelt onbegrijpelijke tijdsmomenten aan elkaar met haar 'we waren allang samen'. Want 'als je negen maanden in de buik van je moeder mag meegaan met haar, dan kun je ook lang van tevoren in haar hart zitten'.

De haptonomische zwangerschapsbegeleiding preludeert op dit verlangen naar geborgenheid, door op een specifieke wijze zicht te geven op de emotionele ontwikkeling van de mens, een ontwikkeling die nauw verbonden is met de tastvermogens. Zoals lichamelijk leven om voeding en verzorging vraagt, zoals de intelligente vermogens hun aanbod en training moeten krijgen, zo geldt dit ook voor de emotionele ontwikkeling. Deze ontwikkeling is vanaf het eerste levensmoment afhankelijk van de mate en de kwaliteit van de tast- en gevoelservaringen.

Door consequente toepassing van de haptonomische inzichten is het mogelijk te beginnen bij het begin: het aanwezige maar nog niet geboren kind. Uit observatie blijkt telkens hoe ontvankelijk het ongeboren kind is voor prikkels van buitenaf en hoe zeer het erop reageert. Het maakt bijvoorbeeld zijn onlustgevoelens bekend door bruuske bewegingen, zoals moeders dat heel goed voelen wanneer ze het (te) druk hebben of wanneer het kind bij plotselinge schrik meeschrikt. Ook voelen moeders heel goed hoe het kind reageert op plotseling geluid of te harde muziek, het wordt onrustig. Er schijnt zelfs een 'ongeboren' voorkeur te zijn voor Mozart en Händel. Evenzo geeft het kind aan wat het behaaglijk vindt en hoe het zich toewendt naar goede aanrakingen en omvattingen. Aanstaande moeders raken hun ongeboren kind vaak aan. Als vanzelfsprekend wrijven, kloppen en strelen ze zachtjes over hun buik en pakken ze lachend een voetje wanneer hun kind zich behaaglijk uitrekt in hun schoot.

De gebaren, die mensen maken rond iemand die hen dierbaar is, hebben altijd de vorm van omvatting en koestering. De kwaliteit en inhoud van deze omvatting kent nuances die variëren van teder, veilig, speels, stevig, tot affectief en liefdevol. Een goede omvatting of aanraking verdraagt geen dwingende of knellende aspecten. Het is deze relatievormende omvatting die in de haptonomische zwangerschapsbegeleiding de leidraad vormt. De vormen ervan zijn voorhanden in de menselijke ervaring en zijn daardoor altijd herkenbaar. Elke menselijke relatie vormt zich op het niveau van de affectiviteit, dat wil zeggen dat in de relatie het *affect*, het gevoelsbeleven doorklinkt in positieve zin. Het valt niet te ontkennen dat ook haat een gevoelsbeleven is, doch wie spreekt over affectiviteit brengt dit in verband met menselijke ontmoetingen, waarin leven en samenzijn mogelijk worden. Het is de ander laten voelen en weten dat het goed is, dat hij of zij bestaat. Affectiviteit is, zoals dr. Terruwe het eens poëtisch noemde, 'het binnenlachen in het wezen van de ander'.[6]

Mede daardoor is het de bestaansbevestiging bij uitstek. Het menselijk klimaat van deze affirmatie kan verstaan worden als veiligheid waarin de mens zich opgenomen voelt, in een ervaarbare aanwezigheid van een ander. Het is een tastbare nabijheid van waaruit geleefd kan worden. Dit nabijheidsgevoel wordt met elkaar gedeeld en is te toetsen op echtheid en helderheid van bedoeling. De ontwikkeling en het verstaan van de menselijke gevoelens liggen geworteld in het emotionele en affectieve milieu. Dit milieu is de basisconditie voor de vorming van een gezond eigenbesef en het vertrouwen op eigen mogelijkheden. Het scheppen van een klimaat waarin het (ongeboren) kind voelt dat het welkom is of welkom wordt, is van verstrekkende betekenis voor het verdere verloop van zijn leven.

Affectieve acceptatie

Met alle anticonceptiemiddelen, die beschikbaar zijn, kan gesteld worden dat er een situatie groeit, waarin mensen die vrijwillig een kind geboren laten worden, ook kiezen voor dit kind. Dit wil echter niet zeggen dat er tegelijk met de zwangerschap al een affectieve band met het ongeboren kind bestaat.

Aanstaande ouders moeten wennen aan dat kleine mensje dat hun leven gaat veranderen. Van vrouw moeder worden is ingrijpender dan van meisje vrouw worden. Het leven van de vrouw die moeder wordt verandert volkomen, zeker als ze haar beroep wil blijven combineren met het moederschap. De zorgtaken zullen wel afnemen en ook worden gedeeld, maar nooit is ze meer 'niet-moeder'. De vanzelfsprekende verantwoordelijkheid, die daarmee wordt opgeroepen, leidt soms tot angstige momenten, zeker wanneer het geboorteuur nadert. Gedachten als 'ik hoop maar dat het kind "goed" is', 'in welke wereld komt mijn kind terecht', 'ik hoop maar dat ik niet doodga als het kind nog klein is' en 'ik moet er goed voor kunnen zorgen' geven aan hoe toekomstgericht de moeder is. Ook de man die vader wordt, deelt deze gedachten en gevoelens, vermeerderd met de stille wens 'dat de bevalling maar goed mag gaan en dat er met de moeder maar niets gebeurt'.

Omdat zowel de moeder als de vader de sfeer bepalen waarin het nieuwe leven aanvangt, wordt de haptonomische zwangerschapsbegeleiding bij voorkeur aan beide ouders gegeven. Zijn er andere volwassenen die naast of in plaats van de biologische ouders de zorg voor het kind op zich nemen, dan kunnen ook zij in de begeleiding betrokken worden. De begeleiding is erop gericht de natuurlijke gevoelens van de aanstaande ouders voor het kind te vestigen en/of te verdiepen en tegelijkertijd het vertrouwen in de eigen mogelijkheden bij zwangerschap en bevalling te bekrachtigen, zowel bij de moeder als de vader.

De tastbare relatie tussen de ouders en het nog ongeboren kind hoeft niet uitgesteld te worden tot het kind 'er is'. Vanaf het moment dat de bewegingen van het kind voelbaar zijn, ongeveer tussen de vierde en vijfde maand, kan het spel met het kind beginnen. Voor die tijd spelen zich grote hormonale veranderingen af in het lichaam van de moeder, wat vele wisselingen van stemming en emotie met zich meebrengt. De vrouw moet een nieuwe relatie met zichzelf aangaan, met haar lichaam dat anders wordt, er komt ook een andere dimensie in de relatie met haar partner. Daarna komt het kind aan de beurt, het meldt zich in de vlinderlichte bewegingen rond de vierde maand, zo subtiel, zo goed te voelen, maar bijna niet te geloven, zodat het altijd 'de darmen' zijn waarmee het verwisseld wordt. Maar niet lang!

Zodra de moeder de kindsbewegingen herkent, krijgt haar zwangerschap meer reliëf en onmiddellijk wil ze dat de vader dat ook voelt. Ouderlijke handen voelen tastend naar het kind, zoeken het op, wachten geduldig tot het zich weer meldt en beiden zijn dan ongelovig verwonderd en ontroerd. In het tastbare welkom spelen de handen een grote rol. Als vanzelfsprekend voegen de handen zich naar de oude gebaren van wiegen, geruststellend strelen en omvatting.
Uit de reactie die het ongeboren kind geeft wanneer het zo wordt aangeraakt, blijkt dat de tastzin heel goed ontwikkeld is en dat het kind niet alleen gericht is op de interne invloed van de moeder, maar tevens op de omgevingsinvloed, met name de aanrakingen van buitenaf. Deze reacties, die altijd in *bewegingsresponsen* tot uitdrukking komen, geven een duidelijke differentiatie te zien in tegemoetkomend, afwijzend dan wel ontwijkend gedrag van het kind. Een goede hand wordt gevolgd, voor puntige vingers of knellende aanrakingen duikt het kind weg.

Het bewegingsspel met het kind maakt dat moeder en kind nog vertrouwder met elkaar raken. Tegelijkertijd wordt de vader meebetrokken in dit omvattingsspel, waardoor ook hij bekend raakt met zijn kind, dat nu een steeds grotere plaats krijgt toegewezen en dat in de responsen die het geeft, laat merken dat het die plaats wil innemen. De herkenning van de vader- en moederhand wordt na de geboorte op ontroerende wijze bewaarheid. Het kind kent zijn ouders en omgekeerd, want het prenatale gedrag, de houdingen, de slaap- en waakuren worden nog geruime tijd na de geboorte voortgezet. Vooral de moeder weet dit precies. Het kind is geen vreemde nieuweling voor haar, het is haar kind. Altijd zal ze het lachen en huilen van haar kind tussen honderd anderen herkennen, zoals omgekeerd het kind haar stem tussen vele anderen herkent en er onmiddellijk op zal reageren. Dit wederkerige ontmoetingsritueel voert tot de affectieve acceptatie van het te verwachten kind. De moeder maakt vanuit haar gevoelsbetrokkenheid plaats voor haar kind en het kind huist letterlijk bij haar in. En waar een plaats wordt ingeruimd, is het goed toeven.

Het prenatale hechtgedrag

De menselijke structuur is ingesteld op het vermogen relaties aan te gaan en deze te onderhouden. Voor een gezonde opbouw van deze ontmoetingszin is het noodzakelijk dat een kind zich kan hechten aan degene die hem vertrouwd is en die van hem houdt. Het gevoel van zekerheid, dat aan de aanwezigheid van deze vertrouwensfiguren ontleend wordt, is belangrijk voor een harmonische mensontplooiing. Vanuit die zekerheid en veiligheid kan de verkenning van het leven aanvangen, voerend tot zelfstandigheid. Via een goed ontwikkeld hechtgedrag krijgt het kind vertrouwen in zijn eigen mogelijkheden, leert het durven, leert het iets te ondernemen, omdat het zich veilig en geborgen weet in de relatie met zijn leefmilieu. Omdat dit instinctzekere hechtgedrag in aanleg reeds prenataal aanwezig is, speelt de haptonomische zwangerschapsbegeleiding hierop uitnodigend in.

Het kind leert prenataal volgen maar het leert ook prenataal verwachten. Wanneer ouders op een regelmatig tijdstip van de dag -meestal aan het begin of eind ervan- even de tijd nemen om met het ongeboren kind te spelen, dan blijkt uit het gedrag van het kind, dat het daarop al lag te wachten. Het meldt zich heel duidelijk aan de moeder. Eenzelfde lijn is te trekken naar het huiluurtje van de baby en de uren waarop de moeder het in haar zwangerschap erg druk had, bijvoorbeeld tijdens het aankleden of naar bed brengen van de andere kinderen of tijdens het eten koken. Als de moeder deze verbanden kan leggen, dan zal ze het huilen beter begrijpen. Het prenatale volgen, het ingaan op de ontmoeting zal een belangrijke factor blijven voor de relatiebekwaamheid in het verdere leven. Het affectieve ontmoetingsspel van de ouders met het kind doet tevens een beroep op de motoriek van het kind, het kind volgt met beweging. Op een goede motoriek baseert zich de ontwikkeling van de intelligente vermogens. Een bewegingsvol kind is leergierig en nieuwsgierig in de goede zin van het woord.

In het affectieve klimaat waarin deze ontmoetingen zich afspelen kan ook de gevoelsontwikkeling van het kind zich harmonieus inzetten. Het kind wordt door zijn ouders gewekt uit zijn eenzaamheid en spelenderwijs liefdevol binnengeleid in de meerzaamheid van de menselijke relaties. Iedere goede aanraking laat het kind voelen dat er vreugde is om zijn bestaan. Woorden zijn hierbij niet zo belangrijk. De vreugde, die het bestaan bevestigt, wordt prelogisch ervaren, want: gevoeld. Een mens kan niet geloven in de zin van zijn bestaan als hij de vreugde om zijn bestaan niet aan den lijve heeft gevoeld. Mensen, die zo hun bestaan aanvangen, hebben ook zin in het leven. Dit wordingsproces vraagt om een redelijke emotionele stabiliteit van de ouders.

Een haptonomische zwangerschapsbegeleiding tracht aan te sluiten bij de belevingswereld van de ouders. Het is verheugend te constateren dat in de tijd van (ver)wachten bij de aanstaande ouders een verhoogde gevoeligheid aanwezig is, die hun rijpingsproces versnelt. Aan de zorg voor het kind, dat komen gaat, gaan de zorg en de aandacht die man en vrouw voor elkaar hebben vooraf. De omvattende gebaren voor het kind hebben direct te maken met de ontmoetingsuitingen van mensen die elkaar liefhebben. Zeker is dat via het contact dat zij ervaren met het kind, ook de gevoeligheid van de partners voor elkaar zich zal verdiepen. De handen worden in de aanraking fijngevoeliger, de gevoelservaringen daarbij zullen de *lichamelijkheidsbeleving* verdiepen en verrijken. Het verfijnen van de affectieve kwaliteit in de omgang met elkaar blijkt een natuurlijk gevolg van haptonomische begeleiding. De man krijgt 'oog' voor zijn vrouw, voor haar stemming, haar houding, voor haar wijze van staan, lopen en hij leert via heel eenvoudige handelingen en houdingcorrecties zijn vrouw te helpen hun kind op de juiste wijze te dragen.

Dragende houding

Tijd van verwachten betekent een groeiend kind dragen en er steeds plaats voor inruimen. Het kindje, dat toeneemt in gewicht en grootte, doet een voortdurend beroep op het goede lichaamsgevoel van de moeder. Al voelend zal de moeder moeten leren het kind zo precies in het midden van haar lijf te houden, dat ze er als het ware omheen is, en niet 'achter haar kind aanloopt', hetgeen onder andere in de beruchte holle rug te zien en te voelen is. Uiteraard heeft dit te maken met de beleving van haar lijf. Hoe ervaart de aanstaande moeder haar in omvang toenemende lijf? Hoe draagt ze haar kind? Als ze 'achter haar kind aanloopt' krijgt het kind weinig natuurlijke steun, waardoor het voortdurend uit de bekkenschaal dreigt te vallen. Er is dan geen natuurlijke eenheid te zien tussen moeder en kind, de moeder heeft het moeilijk en het kind ook.

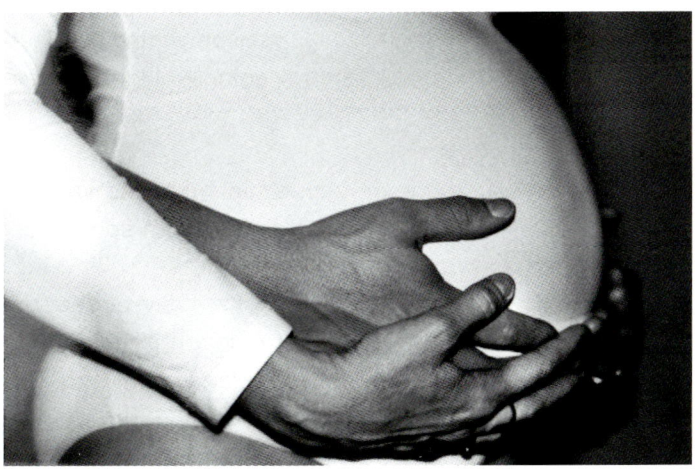

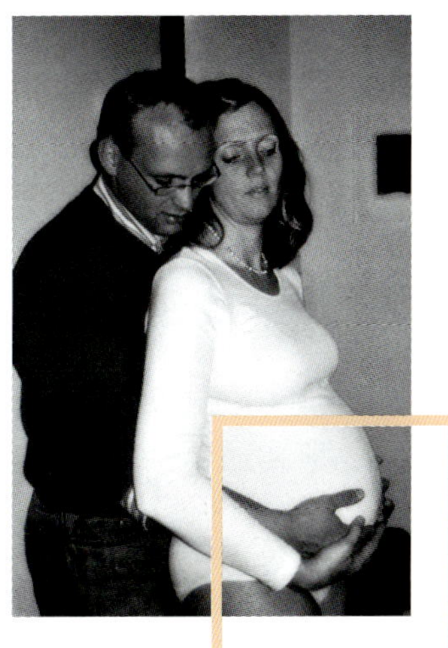

De snelle veranderingen waarmee een zwangerschap gepaard gaat zullen door de aanstaande moeder verwerkt worden naargelang de mate waarin ze zichzelf beleeft, maar tevens naargelang de mate waarin ze zich verbonden voelt met haar partner en haar omgeving.

Ook de houding van de aanstaande vader ten opzichte van de zwangerschap kan de verhouding van de moeder ten opzichte van het ongeboren kind positief dan wel negatief beïnvloeden. Veel zwangeren die tezamen met hun partners volgens de haptonomische inzichten werden begeleid, gaven aan dat hun relatie aan diepte won en dat het gezamenlijk geluksbeleven in het spel met het kind, de tederheid voor elkaar deed toenemen. Uiteraard is een goed houdingsgevoel belangrijk voor een goede baringshouding. Wanneer de moeder haar kind in haar midden draagt, heeft het de beste kans om goed in te dalen en zich klaar te maken voor de weg naar buiten. Het voelende dragen houdt ook de buikwand soepel, waardoor de kans op striae, de zogenaamde zwangerschapsstriemen, vermindert.

De bevalling

Haptonomische zwangerschapsbegeleiding is geen techniek maar richt zich op het ontwikkelen en uitbouwen van de natuurlijke gevoelens van de moeder voor haar kind en van de vader voor zijn kind, via de moeder. Het scheppen van dit affectieve klimaat en de gevoelsmatige acceptatie van het kind heeft enkele gunstige neveneffecten.

Het aanspreken van de tastgevoeligheid, die gericht is op de ontmoeting met het kind, en de emotionele vertedering die hiermee gepaard gaat, brengt wetmatig een vertedering in de zin van versoepeling van de spierspanning teweeg. Er ontstaat een andere regulatie van de tonus, waardoor buik en bekkenbodem verzachten, en daardoor in de goede actieve spanning worden gebracht, waardoor de baring soepeler verloopt. Er is immers verband tussen bewogen worden en bewegen. Hieruit volgt dat er geen wilsmatige gestuurde en bedachte spierbeheersing wordt beoefend, in de vorm van gymnastiek. Ook is het ontbreken van de ademregulatie belangrijk voor deze begeleiding. Beoogd wordt de moeder een goede gevoeligheid te geven voor de processen in haar eigen lijf, zodat ze dit gevoel durft te volgen en erop leert vertrouwen. Deze gezonde aandacht voor haar eigen lijf opent de weg voor een natuurlijke en actieve bevalling waarin de moeder haar kind 'vrij geeft' als hun beider uur gekomen is.

Pijn

In deze tijd van pijnontwijking is het belangrijk dat de aanstaande ouders een goed inzicht krijgen in hun eigen reactiepatronen op pijn en moeite en in hun uithoudingsvermogen. In de begeleiding wordt getracht door middel van gedoseerde pijnbelasting een attitude aan te kweken, waarin de barende vrouw de pijn tegemoet treedt en niet ontwijkt. Door inzicht te geven in de functie van de barenspijn en de weg die het kind volgt, kan de moeder actiever betrokken zijn bij de baring. Bovendien kan ze in een van de belangrijkste uren van haar leven het contact met haar lijf en haar kind in goede harmonie bewaren. Het kind wordt geboren, niet de moeder.

Er worden dus geen technieken geleerd om de aandacht van de pijn af te leiden, maar vanuit de betrokkenheid met het geboorteproces en het kind dat geboren wil worden, wordt de pijn ontmoet, toegelaten, zodat de moeder geen belemmering teweegbrengt in de geboortegang van haar kind. Dit vraagt grote psychische en fysieke kracht van de moeder, waarbij ze de steun en aandacht van haar partner nodig heeft. Vindt ze echter vanuit haar gevoelsbinding met het kind hierin de weg, dan opent ze samen met haar kind haar lijf, om het kind entree te geven tot de wereld. Ze laat het dan daadwerkelijk los en blijft desondanks in haar gevoel en zorg diep verbonden met haar kind. Zo toont ze haar bereidheid tot bevallen.

De omgeving

Een normale bevalling hoort thuis te gebeuren in de eigen sfeer en warmte, zonder technische ingrepen en hulpmiddelen. Huis en haard moeten niet verlaten worden om ergens anders een kind te krijgen. De vertrouwde omgeving met vertrouwde mensen bevordert het natuurlijk verloop van de bevalling en accentueert met name de plaats en de taak van de vader. De haptonomische begeleiding tracht jonge aanstaande ouders te bemoedigen hun gezond verstand (lees gevoel) te durven volgen, om weerstand te bieden aan bakerpraatjes, maar ook aan het *klinische* of *poliklinische* model.

Uit observatie blijkt dat een angstige jonge moeder, die poliklinisch wilde bevallen, 'want als er iets mis gaat, dan heb ik alle hulp bij de hand' door de begeleiding veranderde in een zelfbewuste jonge vrouw die volkomen op haar eigen lichaam en haar goede gevoel vertrouwde en daardoor koos voor een thuisbevalling.

Het medische model moet uitgaan van dingen die tijdens een bevalling mis kunnen gaan, maar mag pas in werking treden als er risico's dreigen voor moeder of kind. Dan is de ontwikkeling in de medische zorg levensreddend. Gezonde aanstaande moeders moeten zich echter afvragen of ze zich niet tot patiënt verklaren, als ze alleen uit veiligheidsoverwegingen in het ziekenhuis willen bevallen.

Actieve baring

Met de toenemende bewustwording en zelfstandigheid van de vrouw verandert ook haar baringshouding en maakt de vrouw haar eigen wensen dienaangaande duidelijker kenbaar. Ze geeft tevens aan hoe en door wie ze gesteund wil worden in haar baringsuur. In de haptonomische begeleiding wordt aan de vrouw en aan de man geleerd de *ontsluitingsweeën en persweeën* zo samen op te vangen, dat de vrouw in de pijn niet verdwaalt of in paniek raakt, maar door de pijn heen voeling blijft houden met haar kind. Als de man weet hoe en wanneer hij zijn vrouw tot steun kan zijn, dan krijgen ze inderdaad samen het kind.

Alhoewel een verticale bevalling als regel de voorkeur verdient, zal er steeds samen gezocht worden naar die houding die aan de vrouw de meeste zekerheid biedt en waarin ze de kracht van de persweeën ten volle kan benutten. Het blijft echter van het grootste belang dat de vrouw in het geboorteuur haar eigen gevoel volgt. Elk onnodig of voortijdig ingrijpen hierop, geeft repercussies achteraf. Het laat de vrouw achter met gevoelens gefaald te hebben in een proces waarop ze zich negen maanden lang heeft voorbereid. Een vrouw die haar kind gaat baren leeft in een verhoogde gevoeligheid. Ze voegt zich in het oerritme van de geboorte en de gevoeligheid, die nodig is om haar taak goed te volbrengen, maakt dat ze beïnvloedbaar is door impulsen van buitenaf. Zijn deze impulsen positief, dan verloopt de bevalling des te natuurlijker. Zijn de impulsen negatief, dan kan het geboorteproces niet alleen verstoord maar daardoor zelfs totaal veranderd worden.

Plotselinge complicaties bijvoorbeeld, waardoor medisch ingrijpen noodzakelijk is en de eigen kamer verruild moet worden voor de ziekenhuiskamer, geven gevoelens van teleurstelling en angst. In die moeilijke omstandigheden is het extra belangrijk dat de vertrouwensfiguren van thuis meegaan en aanwezig blijven bij de moeder. Meestal is dit de man, die als steun en toeverlaat zijn vrouw begeleidt naar het ziekenhuis en daar voor haar 'hun thuis' is. Wanneer er een gezamenlijk idee is over de optimale condities die ze voor het kind wensen dan is de aanstaande vader de zegsman, de waker, de probleemoplosser, zodat de moeder zich kan wijden aan het laten komen van het kind, waarbij ze de nabijheid van haar man niet kan ontberen. Hoe liefdevoller de voorbereiding op de bevalling is geweest, hoe tastbaarder het welkom aan het kind, des te beter toegerust en uitgerust een nieuw mensenkind in de wereld kan komen, zelfs als het bij zijn geboorte hindernissen ondervindt. Het is belangrijk dat de moeder hiervan overtuigd is, opdat eventuele faalgevoelens bij haar geen kans krijgen.

Het kind

De eerste uren na de geboorte zijn van grote betekenis. Beiden, moeder en kind, zijn in een verhoogde staat van gevoeligheid voor en naar elkaar. Ze hebben elkaar tastbaar nodig, zodat het prenatale hechtgedrag zich kan omvormen tot het *postnatale hechtgedrag*. Ook hier kan interventie -zoals bijvoorbeeld de scheiding van moeder en kind, omdat het kind in de couveuse moet- een goede ontwikkeling van de moeder-kindrelatie verstoren. Deze verstoring is wel weer op te lossen en in te halen, maar niet dan met extra geduld, extra moeder kindcontact en speciale aandacht.

Het gaat steeds meer tot de goede gebruiken horen het kind na zijn geboorte op het lichaam van de moeder te leggen, waar het immers vandaan komt, waar het nog meedeint op haar adem en waar het onmiddellijk de omvattende hand van zowel zijn moeder als zijn vader zal voelen. In deze eerste uren buiten de schoot van de moeder blijkt de huid- en tastgevoeligheid zeer groot te zijn. Het affectieve huid-op-huidcontact bewerkstelligt niet alleen de activering en de ontwikkeling van de tastzintuigen, maar geeft tegelijkertijd gevoelsgewaarwordingen die zich in het lichaam verspreiden en daar opgeslagen worden in het geheugen. Het is de steeds weerkerende affectieve bevestiging van het kind, als bekrachtiging van het welkom zijn.

Het ritueel van de borstvoeding, de smaak- en reukontwikkeling die hier op natuurlijke wijze wordt aangeboden, het oog-in-oog-contact met de moeder en de moederlijke vertroosting die in het voeden wordt ervaren, zijn even zovele factoren die bijdragen tot verworteling in het leven. Het kind waarvan de honger wordt gestild ervaart dit door zijn moeder, het kind dat in zijn eenzaamheid wordt opgepakt en getroost, ervaart dat het bij mensen hoort. Het kind voelt een ander mens, die goed voor hem is, en die het laat voelen hoe het bijdraagt aan geluk. Dan kan het kind zuchten van welbehagen en zijn gezichtje rimpelen in de glimlach van de herkenning.

Een kind zó verwacht, zó gebaard, zó omringd door zijn ouders, kan zijn leven aanvangen in een goed milieu. Zulke kinderen geven blijk van een opmerkelijke tevredenheid en levendigheid die de lust tot leven accentueren. Het zijn niet enkel verwekte kinderen, maar veel meer gewekte kinderen.

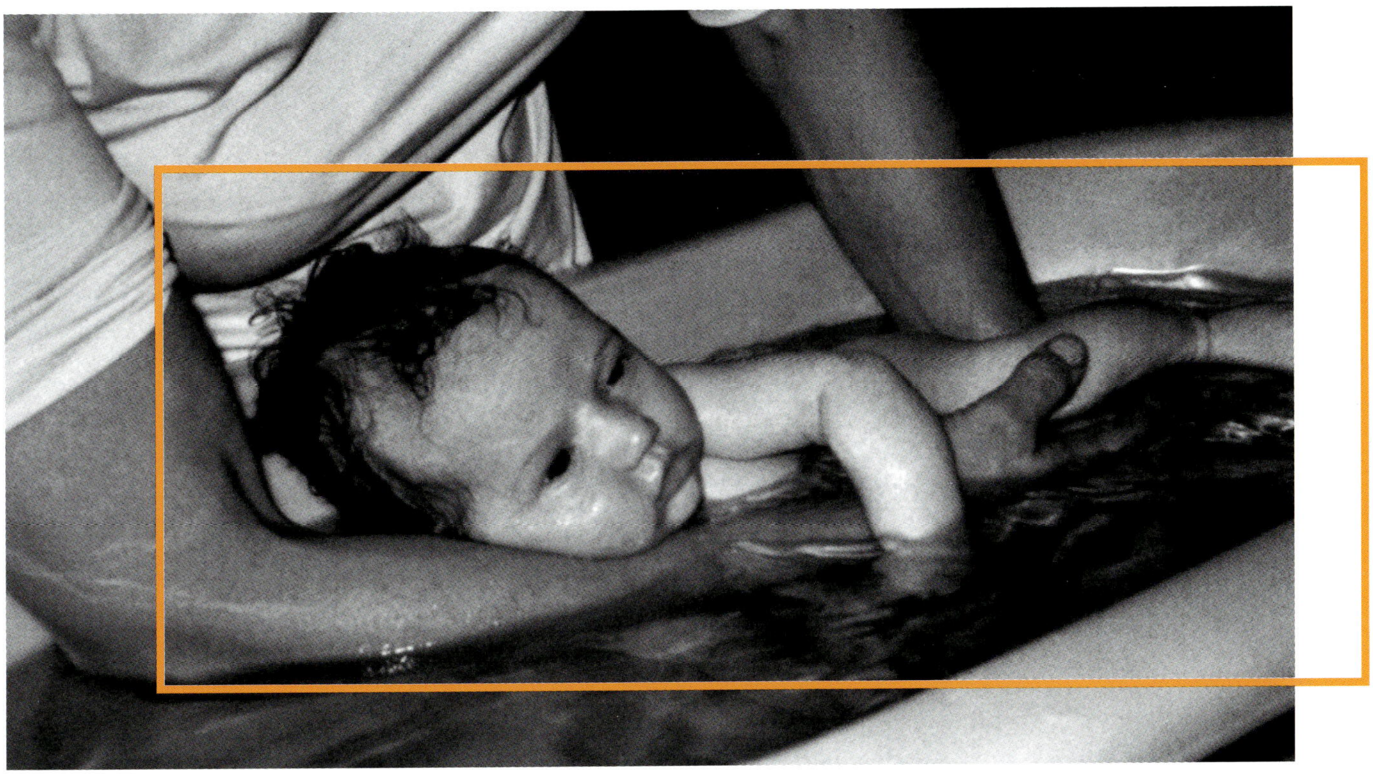

13. Begrippen

affectief	tot het gevoel of gemoed sprekend
affirmatie	bevestiging
authenticiteit	de mens ervaart zichzelf zoals zij in wezen is
autonomie	onafhankelijkheid, zelfstandigheid
basis	het gebied onderaan de romp, waar de wervelkolom oprijst uit het bekken. Wanneer hier steun gegeven wordt, zal een mens zich oprichten en zich tot haar kruin gesteund weten. Basissteun geeft niet alleen lijfelijke steun, maar brengt een mens ook psychisch in balans
basiszekerheid	op basis van een bevestigd bestaan voelen dat zij zich vanuit haar eigenheid kan oprichten en uitreiken naar de omringende wereld
bevestiging	laten voelen dat het bestaan van het kind/de ander gewaardeerd wordt en dat zij als goed wordt ervaren, daarmee wordt een positieve bekrachtiging gegeven. Dit heeft een activerende en vitaliserend effect op ieder mens
haptonomie	wetenschap van de affectieve omgang tussen mensen. De grondlegger is de Nederlander Frans Veldman (1921)
prenataal	voor de geboorte
postnataal	na de geboorte
vertrouwen en veiligheid	voor veel ouders is de wens om hun kind te beschermen zo groot, dat zij zekerheid ontlenen uit een vaste greep om hun kind. Voor een kind ontstaat vertrouwen wanneer de ouders haar laten weten dat zij zich in zichzelf veilig kan voelen. Dit kunnen zij door de basis van hun kind te ondersteunen en daarin de zekerheid laten voelen dat zij met gerichte aandacht om hun kind heen zijn. Een kind kan dan vrijuit bewegen

14. Noten

1. Veldman, F. *Leven Zin, inhoud en betekenis* (Haptonomisch Contact special 2004) blz. 7
2. Veldman, F. *Haptonomie wetenschap van de affectiviteit* (Utrecht 1987) blz. 177
3. Cullberg, J. *Moderne psychiatrie* (Amsterdam 2005) blz. 98
4. Cullberg, J. *Moderne psychiatrie* (Amsterdam 2005) blz. 100
5. Bastiaans, J., Menges, L.J., Dijkhuis, J.J., Terruwe, A.A.A. *Raakvlak heel de mens* (Spruyt, Van Mantgem en De Does, Leiden 1976) blz. 36
6. Gerritse, T.C.A.M. *Over kleine dingen* (Maarssen 2002) blz. 27

Overige literatuur suggesties staan vermeld op www.vhzb.nl

15. Verantwoording

Samenstelling en tekst
Christine Bak
Geertje Bouwman
Monique Duran
Monica Pollmann
Afke van der Werf-Brouwer

Fotografie, fotobewerking en lay-out
Maaike van Esch

Met foto's van
Geertje Bouwman
Rineke Brinkman
Henriëtte van Delden
Monique Duran
Cynthia Flentrop-Turner
Olga Hasenbos
Daniëlla van der Honig
Suze Hoogveld
Kees Leeuwerik
Gerda van der Linde
Ying Mellema
Penny
Monica Pollmann
Ger-Hessel van Urk
Afke van der Werf-Brouwer
Susanne Winkler
Herma Zegers

Over de foto's
De VHZB heeft zich ingespannen om van alle gebruikte foto's de makers en de geportretteerden te achterhalen en toestemming te verkrijgen. Mocht dit in een enkel geval niet gelukt zijn, biedt de vereniging daarvoor haar excuses aan.

Praktijkadressen
Praktijkadressen van haptonomisch zwangerschapsbegeleiders staan vermeld op www.vhzb.nl

Drukwerk
Grafisch Bedrijf Bredewold, Wezep

Bij belangstelling voor overname van teksten of afbeeldingen kan via de website contact opgenomen worden met de VHZB voor afstemming en het maken van afspraken.

april 2008

www.vhzb.nl